改革开放是一项长期的、艰巨的、繁重的事业，必须一代又一代人接力干下去。

——习近平在第十八届中共中央政治局第二次集体学习时的讲话

庆祝改革开放四十周年

国务院参事室
中央文史研究馆

庆祝改革开放40周年口述史丛书

中国农村改革的破冰之旅

——安徽凤阳、肥西农村改革亲历者口述史

安徽省人民政府参事室　安徽省文史研究馆　编

全国百佳图书出版单位
时代出版传媒股份有限公司
黄山书社

图书在版编目(CIP)数据

中国农村改革的破冰之旅：凤阳、肥西农村改革亲历者口述史/安徽省文史研究馆编；白和平主编. —合肥：黄山书社，2019.1

ISBN 978-7-5461-8157-8

Ⅰ.①中… Ⅱ.①安… ②白… Ⅲ.①农村经济–经济体制改革–史料–凤阳县②农村经济–经济体制改革–史料–肥西县 Ⅳ.①F327.544

中国版本图书馆 CIP 数据核字(2019)第 020079 号

中国农村改革的破冰之旅

——凤阳、肥西农村改革亲历者口述史

安徽省人民政府参事室
安徽省文史研究馆 编

出 品 人 王晓光
责任编辑 向 焱
责任印制 戚 帅 李 磊
装帧设计 钱 昆
出版发行 时代出版传媒股份有限公司(http://www.press-mart.com)
黄山书社(http://www.hspress.cn)
地址邮编 安徽省合肥市蜀山区翡翠路 1118 号出版传媒广场 7 层 230071
印 刷 合肥华苑印刷包装有限公司
版 次 2019 年 3 月第 1 版
印 次 2019 年 3 月第 1 次印刷
开 本 787mm×1092mm 1/16
字 数 200 千
印 张 17
书 号 ISBN 978-7-5461-8157-8
定 价 80.00 元

服务热线 0551-63533768
销售热线 0551-63533788
官方直营书店(https://hsss.tmall.com)

2016 年 4 月 25 日，中共中央总书记、国家主席习近平在小岗村考察时指出：“当年贴着身家性命干的事，变成中国改革的一声惊雷，成为中国改革的一个标志。”

（图片来源：新华网　摄影：李学仁、李涛）

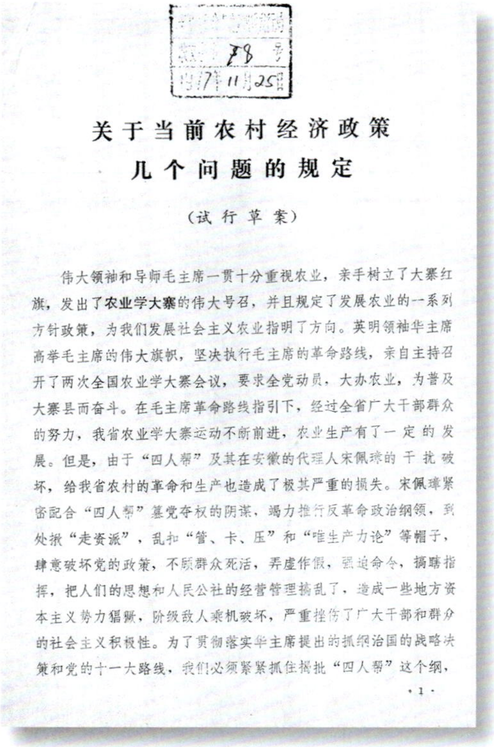

关于当前农村经济政策
几个问题的规定

（试行草案）

伟大领袖和导师毛主席一贯十分重视农业，亲手树立了大寨红旗，发出了农业学大寨的伟大号召，并且规定了发展农业的一系列方针政策，为我们发展社会主义农业指明了方向。英明领袖华主席高举毛主席的伟大旗帜，坚决执行毛主席的革命路线，亲自主持召开了两次全国农业学大寨会议，要求全党动员，大办农业，为普及大寨县而奋斗。在毛主席革命路线指引下，经过全省广大干部群众的努力，我省农业学大寨运动不断前进，农业生产有了一定的发展。但是，由于“四人帮”及其在安徽的代理人宋佩璋的干扰破坏，给我省农村的革命和生产也造成了极其严重的损失。宋佩璋紧密配合“四人帮”篡党夺权的阴谋，竭力推行反革命政治纲领，到处揪“走资派”，乱扣“管、卡、压”和“唯生产力论”等帽子，肆意破坏党的政策，不顾群众死活，弄虚作假，强迫命令，搞瞎指挥，把人们的思想和人民公社的经营管理搞乱了，造成一些地方资本主义势力猖獗，阶级敌人乘机破坏，严重挫伤了广大干部和群众的社会主义积极性。为了贯彻落实华主席提出的抓纲治国的战略决策和党的十一大路线，我们必须紧紧抓住揭批“四人帮”这个纲，

·1·

1977年11月，中共安徽省委发布《关于当前农村经济政策几个问题的规定》，简称“省委六条”。

1978年夏秋，安徽遭遇特大干旱。图为农村干裂的土地。

凤阳县马湖公社在烟叶生产上实行“包工到组、联产计工”的办法。图为该公社女社员在田头晾晒烟叶。

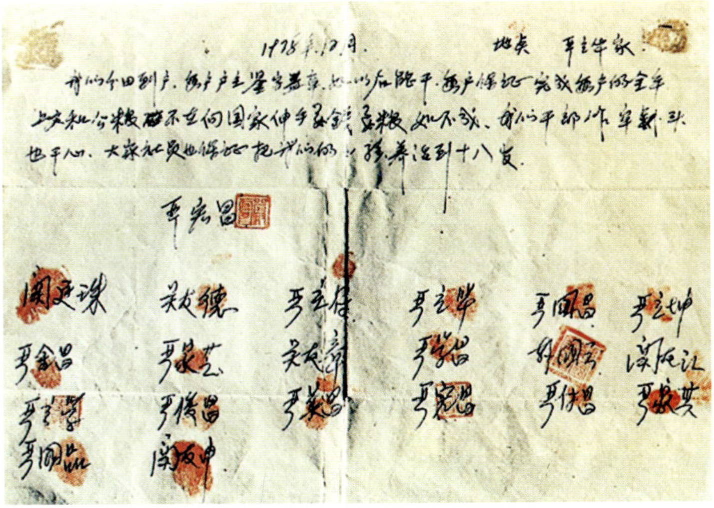

1978年12月　　地点　严立华家

我们分田到户，每户户主签字盖章，如以后能干，每户保证完成每户的全年上交和公粮，不在向国家伸手要钱要粮，如不成，我们干部作牢杀头也干心，大家社员也保证把我们的小孩养活到十八岁。

严宏昌

关廷珠　关友德　严立付　严立华　严国昌　严立坤

严金昌　严家芝　关友章　严学昌　韩国云　关友江

严立学　严俊昌　严美昌　严宏昌　严付昌　严家其

严国品　关友申

1978年，凤阳县小岗村18户农民在“大包干”协议上按下的红手印。

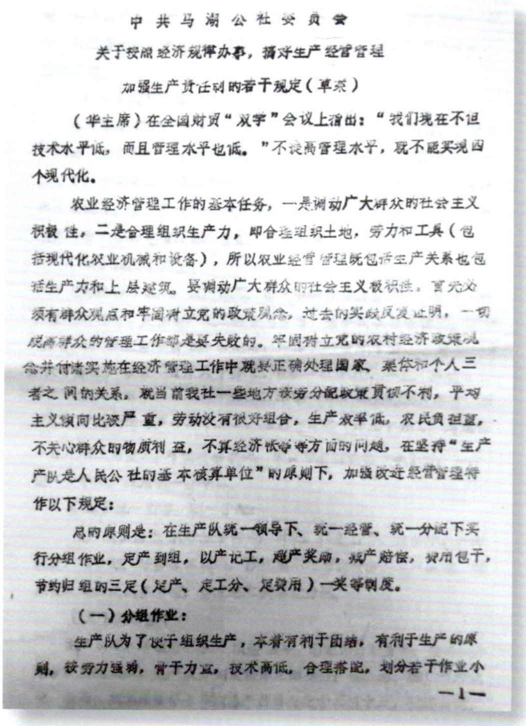

中共马湖公社委员会

关于按照经济规律办事，搞好生产经营管理

加强生产责任制的若干规定（草案）

（华主席）在全国财贸"双学"会议上指出："我们现在不但技术水平低，而且管理水平也低。"不提高管理水平，就不能实现四个现代化。

农业经济管理工作的基本任务，一是调动广大群众的社会主义积极性，二是合理组织生产力，即合理组织土地，劳力和工具（包括现代化农业机械和设备），所以农业经营管理既包括生产关系也包括生产力和上层建筑。要调动广大群众的社会主义积极性，首先必须有群众观点和牢固树立党的政策观念，过去的实践反复证明，一切脱离群众的管理工作都是要失败的。牢固树立党的农村经济政策观念并付诸实施在经济管理工作中就要正确处理国家、集体和个人三者之间的关系。就当前我社一些地方按劳分配政策贯彻不利，平均主义倾向比较严重，劳动没有很好组合，生产效率低，农民负担重，不关心群众的物质利益，不算经济帐等等方面的问题，在坚持"生产队是人民公社的基本核算单位"的原则下，加强改进经营管理特作以下规定：

总的原则是：在生产队统一领导下、统一经营、统一分配下实行分组作业，定产到组，以产记工，超产奖励，减产赔偿，费用包干，节约归组的三定（定产、定工分、定费用）一奖等制度。

（一）分组作业：

生产队为了便于组织生产，本着有利于团结，有利于生产的原则，按劳力强弱，骨干力量，技术高低，合理搭配，划分若干作业小

—1—

1978 年 11 月，凤阳县马湖公社发布在全公社推行"包产到组、联产计工"的文件。

1979 年，凤阳县委领导到梨园公社调查农村情况。

1979 年初冬，凤阳县委书记陈庭元向小岗生产队副队长严宏昌了解实行“大包干”后的增产情况。

1980 年秋，万里和滁县地委书记王郁昭在凤阳火车站。

肥西县小井庄。1979 年 5 月 21 日万里在此召开“包产到户”座谈会。

肥西山南实行“包产到户”后粮食大丰收，农民踊跃到国家粮站交售粮食。

凤阳县实行“大包干”后，花鼓之乡的农民唱起了花鼓戏。

实行“大包干”后的凤阳县各粮站仓库爆满，不得不把收购的粮食临时囤积于空地上。

农业“大包干”发源地——凤阳县小岗村的农民举办文艺演出。

实行“大包干”以后，小岗生产队队长严俊昌（左）、副队长严宏昌（右）与安徽省政府原省长王郁昭（中）合影。

肥西县山南镇小井庄村委会大门。

肥西县山南镇小井庄村“中国农村包产到户纪念馆”大门。

2018 年 1 月 17 日，安徽省人民政府参事室、安徽省文史研究馆口述史调研组一行在肥西小井庄纪念馆前合影。

2018 年 3 月 23 日，调研组一行与凤阳几位被采访者合影留念。

2018 年 9 月 21 日，调研组专程赴京向国务院参事室中央文史研究馆汇报口述史工作情况。

2018 年 11 月 6 日，省政府参事室、省文史研究馆主持召开口述史项目评审会，参事室党组书记、主任白和平致辞。

（摄影：聂元安　杨孝青　徐小满　廖自胜；历史照片提供：钱念孙）

序　言

今年4月，习近平主席在博鳌亚洲论坛2018年年会开幕式上说：历史，总是在一些特殊年份给人们以汲取智慧、继续前行的力量。1978年，以中共十一届三中全会为标志，中国开启了改革开放的历史征程。从农村到城市，从试点到推广，从经济体制改革到全面深化改革，40年众志成城，40年砥砺奋进，40年春风化雨，中国人民用双手书写了国家和民族发展的壮丽史诗，中华民族迎来了从站起来、富起来到强起来的伟大飞跃。

改革开放这场中国的第二次革命，不仅深刻改变了中国，也深刻影响了世界！改革开放四十年取得的成就，充分证明了改革开放是决定当代中国命运的关键抉择，是当代中国发展进步的活力之源，是党和人民事业大踏步赶上时代的重要法宝，是坚持和发展中国特色社会主义、实现中华民族伟大复兴的必由之路。党的十九大描绘了决胜全面建成小康社会、夺取新时代中国特色社会主义伟大胜利的宏伟蓝图，进一步指明了党和国家事业的前进方向。我们要胜利实现既定战略目标，就要坚定不移地走改革开放这条正确之路、强国之路、富民之路。

为贯彻落实习近平新时代中国特色社会主义思想，进一步落实中共中央和国务院《关于实施中华优秀传统文化传承发展工程的意见》，中央文史研究馆自2017年起，面向全社会，长期、系统、有序地开展了文史资料征集工作，主要征集对象是自辛亥革命以来，有关反映中国社会、文化、历史演进变迁的各种形式的文史资料。值此中国改革开放四十周年到来之际，国务院参事室、中央文史研究馆开展了“纪念改革开放四十周年”专题口述史及相关文史资料征集工作，全景展现40年来在中国共产党的领导下，中国人民艰苦奋斗、矢志不渝，成功地走出一条中国特色社会主义道路的伟大历史画卷，以保存历史记忆，记录时代风云，弘扬将改革开放进行到底的时代主旋律，创新发展中国特色社会主义文史研究，丰富中央文史研究馆文史资料库。

“以史为镜，可以知兴替；以人为镜，可以知得失。”口述史料作为文史资料中的独特形式，是通过重要当事人（亲历者）口述方式收集的史料。当事人生动的口头叙述，可还原历史真相，揭示历史细节，彰显历史的丰富性和鲜活性。“纪念改革开放四十周年”口述史工作自2017年仲秋启动以来，得到了各地方文史馆及中央和国家机关有关部门的积极响应和大力支持，征集选题总计达两百多项。其中，各地方文史馆推荐选题多围绕改革开放时期所属省域内发生的、具有改革特色和创新特点的有关重大事件或重要活动；中央和国家机关有关部门则多围绕本部门职责范围和相关领域推荐选题。在广泛征求各方面意见后，我们在众多推荐选题中节选了具有代表性、引领性和全面性的选题开展相关口述史料采集工作，坚持口述者亲历、亲见、亲闻，采访者忠于历史、客观记录，撰稿者忠于“信”、通于“达”、求于“雅”的原则，在各方通力协助下，编纂成书。

本套丛书的内容，基本保持了口述当事人生动的口头叙述风格，在尊重历史事实的基础上，最大限度地还原历史真相，充分展现口述历史的独特魅力。文中配以大量历史照片和实景图片，图文并茂，力求真实、生动、具体地再现历史，留存改革开放的“第一手”资料。

中国特色社会主义进入新时代。在新时代、新起点、新征程上，继续全面推进改革开放，虽然不复当初“摸着石头过河”的艰辛，但是面对更加复杂多变的世界形势和大发展大变革大调整的新时期，中国发展仍面临诸多挑战。数往知来，温故知新，我们编辑出版这套丛书，希望能为广大读者提供一个了解和关注改革开放四十年这段历史的机会；亦希望将这套丛书编成具有文史研究馆特点的丛书读本——讲好中国故事、传播文史声音；更进一步，我们也热忱地希望丛书的编纂和出版能发挥存史资政的作用，为新时代实现“两个一百年”奋斗目标和实现中华民族伟大复兴中国梦贡献绵薄之力。

是为序。

王仲伟

2018 年 10 月 18 日

目　录

概　述

2018年，中国实行改革开放整整40周年。

40年前的1978年，当代中国发生了重要的历史转折，共和国巨轮再度鸣笛起航。

这一年，在北京，中国共产党召开第十一届三中全会，作出把党和国家的工作重心从“以阶级斗争为纲”转移到社会主义现代化建设上来和实行改革开放的战略决策。

这一年，在安徽，凤阳、肥西等地的农民冲破人民公社体制禁锢，悄悄地实行“包产到户”和“大包干”生产责任制，波及全国的农村改革由此起源。

1978年的两件大事，一个发生于执政党高层，一个涌动在乡村田间，相距千里，却交相辉映，影响深远。以这两件大事为重要标志，一个新的时代——改革开放时代，迎面而来。

邓小平曾经指出：“我们的改革和开放是从经济方面开始的，首先又是从农村开始的。”①

1998年9月22日，时任中共中央总书记、国家主席江泽民到凤阳县小岗村考察时说：“邓小平同志开创和领导的改革开放事业，首先是在农村开花结果的，而小岗村又是率先进行农村改革的。”②

---

① 《邓小平文选》第3卷第237页。

② 《人民日报》1998年9月28日第4版。

2008 年 9 月 30 日，时任中共中央总书记、国家主席胡锦涛在小岗村参观“大包干”纪念馆后说：“以家庭承包经营为基础、统分结合的双层经营体制是党的农村政策的基石，不仅现有土地承包关系要保持稳定并长久不变，还要赋予农民更加充分而有保障的土地承包经营权。”①

2016 年 4 月 25 日，中共中央总书记、国家主席习近平在小岗村考察时指出：“当年贴着身家性命干的事，变成中国改革的一声惊雷，成为中国改革的一个标志。”②他还在小岗村主持召开农村改革座谈会，指出：改革开放以来农村改革的伟大实践，推动我国农业生产、农民生活、农村面貌发生了巨大变化，为我国改革开放和社会主义现代化建设作出了重大贡献。对农村改革的成功实践和经验，要长期坚持、不断完善。③

党和国家几任领导人亲临小岗村考察，对发端于安徽的农村改革给予充分的赞许和高度评价，揭示出农村改革的重大作用和深远意义，彰显农村改革对全国改革开放的启迪和借鉴作用，极大地推动了社会主义现代化建设事业的发展。

当年的安徽农村改革经历了怎样跌宕起伏、坎坷曲折的过程？当年的农民们又是怎样冲破重重阻力，悄悄地实行“包产到户”和“大包干”，并推向全国的呢？

安徽是中国中部地区重要的农业省份，又是遭受“左”的错误严重破坏的省份。1977 年，“文化大革命”结束刚刚 1 年，“左”的错误仍然占据主导地位，以阶级斗争为纲、“农业学大寨”运动还在持续。全省经济裹足不前，没有生机，尤其是在农村，农业生产几乎停滞，粮食产量多年徘徊，农民的吃饭问题未能解决，甚至在有

---

① 《人民日报》2008 年 10 月 1 日第 1 版。

② 《人民日报》2016 年 4 月 25 日第 1 版。

③ 《人民日报海外版》2016 年 4 月 29 日第 1 版。

些农村地区,每年都有大批农民外流逃荒要饭。“全省28万多个生产队,只有10%的生产队能维持温饱;67%的队人均年收入低于60元,40元以下的约占25%。”①也就是说,全省90%左右的农村人口没有解决温饱问题。而当时全省农村人口占全省总人口的85%以上。安徽经济处于严重困难境地。

1977年6月,中共中央决定改组安徽省委,调派万里任中共安徽省委第一书记。上任伊始,万里“就先下去看农业、看农民,用三四个月的时间把全省大部分地区都跑到了”,“到农村一具体接触,还是非常受刺激。原来农民的生活水平这么低啊!吃不饱,穿不暖,住的房子不像个房子的样子。淮北、皖东有些穷村,门、窗都是泥土坯的,连桌子、凳子也是泥土坯的,找不到一件木器家具,真是家徒四壁呀”,“解放几十年了,不少农村还这么穷!这是什么原因?这能算是社会主义吗?人民公社到底有什么问题?为什么农民的积极性都没有啦?”②

经过深入农村基层、调查农村实际后,万里对安徽农村贫困状况和农民生活困境,刻骨铭心,“我心里已经认定,看来从安徽的实际情况出发,最重要的是怎么调动农民的积极性;否则连肚子也吃不饱,一切无从谈起。”③回到合肥,他立即与省委其他领导同志“反复交换意见,共同研究解决办法”。同时,“决定派省农委的周曰礼他们再去做专题调查,起草对策”。④

周曰礼,时任安徽省农委政策研究室主任,1960年代初,因积

① 万里口述:“安徽农村改革是怎么搞起来的”,中共安徽省委党史研究室编:《安徽农村改革口述史》第73页,中共党史出版社2006年12月第1版。

② 万里口述:“安徽农村改革是怎么搞起来的”中共安徽省委党史研究室编:《安徽农村改革口述史》第72~73页,中共党史出版社2006年12月第1版。

③ 万里口述:“安徽农村改革是怎么搞起来的”,中共安徽省委党史研究室编:《安徽农村改革口述史》第74页,中共党史出版社2006年12月第1版。

④ 万里口述:“安徽农村改革是怎么搞起来的”,中共安徽省委党史研究室编:《安徽农村改革口述史》第74页,中共党史出版社2006年12月第1版。

极推行“责任田”办法而遭受冷落，长达16年。周曰礼对农村问题有着自己的理解，他说：“农民贫穷，让人揪心。农村问题，说到底是政策问题，是农民与土地的关系问题。种地的是农民，但他们对种什么、怎么种、收成怎样分配，毫无自主权。农民的权利和利益被剥夺，他们哪里有种地积极性？”

在接到万里指示后，周曰礼立即组织省农委政研室调查组到滁县地区，为省委起草制定有的放矢的农村政策，开展调研。

滁县地区，位于安徽东部、江淮之间，下辖凤阳、嘉山、全椒、来安、定远、天长和滁县7县，是安徽重要的农业地区。1975年底，滁县地委在调查研究基础上整理出一份《关于落实党的农村经济政策的调查报告》，上报省委。直到1977年7月，万里等省委领导翻阅过去省里文件、资料时才发现了这份《报告》，并给予肯定性批示。周曰礼之所以选择前往滁县地区调研，主因即在于此。

周曰礼等人在调查研究、反复讨论、汇集不同意见后，起草了《关于当前农村经济政策几个问题的规定（试行草案）》，交给万里等省委领导。在经过省委常委讨论修改，反复征求基层干部和农民代表的意见后，1977年11月15日至21日，安徽省委召开全省农村工作会议，通过了《关于当前农村经济政策几个问题的规定》（简称“省委六条”），并公布实施。

“省委六条”对原有的农村经济政策作了较大幅度的调整，提出要尊重生产队的自主权；减轻生产队和社员负担；允许和鼓励社员经营自留地和家庭副业；允许生产队根据自身情况实行责任制，可以组织作业组，可以责任到人；落实按劳分配制度；以及干部参加集体劳动等。

“省委六条”强调全省农村工作要以生产为中心，与当时仍在推行的“以阶级斗争为纲”思想路线大相径庭，也与“农业学大寨”运动相悖，却得到了农村广大干部群众的支持、拥护。他们仿佛是在严寒的冬天嗅到了春天的气息，他们相互传告，踊跃参加“省委六条”宣讲大会，对省委新的农村经济政策叫好。1978 年 2 月 3 日，《人民日报》在头版显著位置刊登题为《一份省委文件的诞生》的文章，介绍“省委六条”诞生经过、主要内容和深得人心的情况。自此，拨乱反正、纠“左”的政策在农村付诸实施。

“省委六条”下达以后，全省“农村普遍加强经营管理，农业生产责任制有了迅速发展，从不联产到联系产量，于是就提出了联产承包的问题。不少地方开始划小核算单位，有些地方搞起了包产到组，凤阳县有的地方搞了‘大包干’（到组）”[①]。万里 1997 年的这段回忆道出了全省农村落实“省委六条”的史实，农村改革的序幕即将拉开。

1978 年，安徽遭遇百年罕见的特大旱灾。从春季到秋季的大半年时间内，安徽境内除长江、淮河外，绝大多数河流断流、池塘干涸、农田龟裂，全省受灾田地 6000 多万亩，400 多万人和 20 多万头耕畜饮水困难，不得不靠马车、汽车和人力运水。粮食产量下降，农民口粮所剩无几，有些地方出现了农民再次外出逃荒的现象。更为严重的是，由于旱情持续加重，田地干裂更甚，秋种无法进行，直接影响第二年的午季收成，农民生活和农村经济还将面临更加困难的局面。

面对严重的旱情，全省上下紧急动员，投入抗旱。安徽省委发出“倾家荡产，奋力抗旱”的号召，不惜在人力、物力、财力上倾其所有，抗旱救灾。同时，省、地（区）、县各级干部都开动脑筋，积极想办法，采取一切措施，力争减灾救灾，战胜旱魔。

9 月 8 日，万里主持召开省委常委紧急会议，讨论制定救灾度

---

① 万里口述：“安徽农村改革是怎么搞起来的”，中共安徽省委党史研究室编：《安徽农村改革口述史》第 77 页，中共党史出版社 2006 年 12 月第 1 版。

荒的政策措施。万里说:“安徽今年农业基本定局了。定的什么局呢? 定了重灾的局,这是不以人的意志为转移的……必须全力抗旱保粮,能多收1斤是1斤,多收1两是1两。保不住收成,一切都是空话! 农民很穷,他们手中无钱,就是国家供应返销粮也买不起,这怎么行呢!”“民以食为天。我们不能眼看着农村大片土地撂荒,那样明年的生活会更困难。与其撂荒,倒不如划出一定数量耕地借给农民个人耕种。”“在严重干旱的非常时期,必须打破常规,采取特殊政策战胜灾害!”[①]

万里的这番讲话,直面安徽农村受灾严重的实际情况,并提出解决的办法。经过会议讨论,形成了“借地度荒”的决定:一、凡集体无法耕种的土地,可单独划出借给农民耕种,超过计划扩种部分,收获时不计征购,由生产队自行分配;二、鼓励农民利用空闲地、荒地种粮,谁种谁收谁有,不必上缴国家。

“借地度荒”,是对“省委六条”的进一步深化发展,是“解放思想、实事求是”精神的体现,是对农村人民公社体制的大胆突破,是对“左”的错误的强力冲击,是战胜旱魔的有力举措。“借地度荒”政策一出,立即赢得了人心,极大地调动了农民的生产积极性。更让人始料未及的是,“借地度荒”竟然神奇地为实行农村改革扫清了障碍。

肥西县山南区,位于县城西南部,10万人口,17.7万亩耕地,下辖7个公社1个镇,安徽省委“借地度荒”的消息传来,正在抗旱一线的全区干部群众振奋不已。9月15日,山南区委书记汤茂林立即赶往他蹲点的柿树公社黄花大队,主持召开大队党支部扩大会议,讨论贯彻落实省委“借地度荒”的办法。与会同志开动脑筋、集

---

① 万里著:《万里论农村改革与发展》,中国民主法制出版社1996年版,第14~16页。

思广益,决定采取"四定一奖"的办法,即:定任务,每个社员承包一亩麦地、半亩油菜地;定工本,社员每种一亩地生产队补贴 5 元钱;定工分,社员每种一亩地生产队记 200 工分;定上缴,第二年午收时,社员按承包亩数向生产队上缴粮食,其中小麦每亩上缴 200 斤,油菜每亩上缴 100 斤;承包的粮食产量不论超、减,由承包人承担,全奖全赔。

"四定一奖"办法确定后,仅仅两天时间,黄花大队 1690 亩耕地除去 100 亩不宜秋种的土地外,其余 1590 亩耕地按照人均 1.5 亩的面积全部"借"给了社员个人。

黄花大队实行"四定一奖"的消息不胫而走,山南全区的干部群众纷纷要求区委和汤茂林也在他们那里实行"借地"办法。区委立即召开紧急会议,决定在全区实行"借地度荒"。很快,在短短的 20 天内,全区各公社、大队的耕地全部"借"给了社员。人民公社管理体制和"大呼隆"的生产办法一下子被冲破了。

"借地度荒"之所以能遍地开花,是因为它顺应了社员的意愿,调动了社员群众的生产积极性。"借地度荒"打破了陈旧的思想枷锁,蜕变为由"借"为"包"的别样故事。

小井庄生产队归属于山南公社馆西大队,紧邻山南镇西边,全队 21 户 98 口人,有田地 153 亩。1978 年 9 月,为抗旱救灾、适时秋种,小井庄队按照队里的 4 口塘划分田地,把全队社员分为 4 个组,却因为人际关系复杂、矛盾重重等问题,分组难以为继,昙花一现。9 月 23 日晚,生产队长李绍田召集社员在会计李祖忠家开会,决定不再分组,也不搞借地,干脆把田地分到社员各家各户,干 1 年再说。第二天,全队的田地按人口和户数分给了社员,队里的秋种任务、耕牛、农具等也都分包给每个社员。"借地度荒"在小井庄演变成了分田到户、"包产到户"。

紧接着,小井庄人用锄头在龟裂的田地上挖土,用人挖肩挑的办法抬水浇地。仅仅1周时间,全队完成了70亩小麦和30亩油菜的秋种任务,小井庄人创造了抗击特大旱灾的奇迹,更为来年的粮食丰收种下了希望。

小井庄"包产到户"的做法很快传遍了山南区各个公社。在区委和公社干部们的默认之下,全区7个公社纷纷仿照小井庄的做法,假"借地度荒"之名,实行"包产到户"。仅过了1个月时间,到10月底,山南区除2个大队、4个生产队仍然作为"农业学大寨"的典型,没有实行"包产到户"外,其余78个大队1037个生产队都不事声张地实行了"包产到户"。就这样,由"借地度荒"演变而来的"包产到户"于1978年的秋天在整个山南区农村悄悄地诞生了。

到11月上旬,山南全区共播种小麦8万余亩,油菜5万亩,大麦2万亩,总计约15万亩,比计划多播种9万亩,比正常年份多播种7万亩。肆虐已久的旱魔被"借地度荒""包产到户"的农村基层干部和社员彻底打垮了。

但是,反对的声音随之而来。9月下旬,一封来自山南本地的"人民来信"分别寄到了安徽省委、六安地委和肥西县委,状告山南区委和汤茂林,状告实行"包产到户"的农村基层干部、社员。襁褓中的"包产到户"遭遇了凛冽的寒风。

肥西县委书记常振英找到汤茂林,询问他搞"包产到户"是怎么回事?汤茂林汇报了"四定一奖"和"包产到户"的情况,并特别说明是贯彻省委"借地度荒"的决定。常振英听完以后,没有提出反对意见,甚至还表示赞成。①

省委第一书记万里也收到了那封"人民来信"。几经批转后,决定由周曰礼调派部属沈章余到山南,做"不打招呼"的调查。沈

① 汤茂林口述:"肥西山南公社实行'包产到户'的经过",中共安徽省委党史研究室主编:《安徽农村改革口述史》第261~263页,中共党史出版社2006年12月第1版。

章余经过几天实地调查,亲眼见到基层干部、社员对“包产到户”发自内心的拥护。临走时,沈章余对汤茂林亮出了身份和来意,说:“汤书记,你是干对了,中央十一届三中全会正在北京召开,也许今后的路子就照你这么干。”①

1979年2月2日,农历正月初六,省委派出以周曰礼为组长的20人工作组到肥西山南宣讲党的十一届三中全会精神,调查“包产到户”情况。经过几天实地调查,工作组整理了1份《农民普遍要求“包产到户”》的调查材料,由周曰礼带回合肥,向万里和省委汇报山南的“包产到户”情况。

2月7日,万里主持召开省委常委会议,讨论山南“包产到户”问题。列席会议的周曰礼向常委们汇报了省委工作组了解到的山南农村由“借地度荒”转变为“包产到户”的前因后果。常委们听了汇报,认为应当认真听取农村基层干部和社员的意见,“包产到户”是个好办法。曾经参与1961年安徽推行责任田的省委书记王光宇提出要有领导、有步骤地推行“包产到户”。万里在会上表明态度:“我主张在山南公社进行‘包产到户’试验,如果搞错了也不可怕,我们有办法把它改好;即使收不到粮食,省委负责调粮食给山南。”②

第二天,周曰礼赶到山南,在山南公社党委扩大会议上传达了省委常委会议决定在山南公社试行“包产到户”的意见和万里的表态。山南公社党委和王立恒书记立即把这个振奋人心的消息传达到全公社每个生产队。

短短几天时间,山南公社所有生产队悄悄实行“包产到户”的

---

① 汤茂林口述:“肥西山南公社实行‘包产到户’的经过”,中共安徽省委党史研究室主编:《安徽农村改革口述史》第261~263页。

② 窦永记主编:《起点——中国农村改革发端纪实》第249~250页,安徽教育出版社1997年12月第1版。

情况公开化了。曾经以“借地度荒”之名、行“包产到户”之实的农村基层干部和社员，终于放下压抑已久的思想负担，不会有人瞎指挥，强迫他们改正，扼杀“包产到户”了。山南公社由此成为全县、全省乃至全国第一个公开实行“包产到户”的公社。

“包产到户”得人心、顺民意。山南区的其他公社自发仿效山南公社，“包产到户”试点不推自广，很快遍及全区各公社，“借地度荒”的“头盖巾”掀开了，“包产到户”公开亮相。仅仅过了20来天，山南全区实行“包产到户”试点的消息公开了。

历史记录着，从1978年秋到1979年初春，肥西山南的农民用勤劳、智慧和胆识，迈出了中国农村改革的重要一步。

来安县位于安徽东部，隶属于滁县地区。1978年秋，“借地度荒”的决定传到来安，演绎出一段有关县委书记与一个生产队之间共谋“包产到户”的经典故事。

来安县十二里半公社前郢生产队有20户人家，116口人，289亩耕地。由于受人民公社体制禁锢，实行“大呼隆”“大锅饭”，粮食生产上不去，社员生活十分困难，每年都吃国家救济粮，用救济款。当“借地度荒”的决定传到前郢队时，全队社员开会商议实施办法，但商议来商议去，没有结果。队干部说话社员不听，队里没有生产资料，甚至连种子也没有存留。“借地度荒”无法开展，抗旱救灾更是不见踪影，只能干等着国家救灾粮款。

1978年8月才上任的来安县委书记王业美知道了前郢队的情况。11月下旬，他专程到前郢队调查了解。当他看到社员家家破屋冷灶，大人小孩衣不遮体，一幅穷困潦倒的破败惨景时，一下子震惊了，没想到社员们竟然穷成这个样子。他立即召集社员开会，问：“究竟用什么办法才能改变贫困面貌？”社员们纷纷回答：“只有分田单干，‘包产到户’才有救，才能把生产搞上去，但就怕上面不让搞。”王业美回道：“既然大家都讲‘包产到户’好，能让大家吃饱饭,那你们就干吧!”说完,他又补充一句:“这是我个人意见,不是县委意见,所以不要外传。”[①]

仅仅几天时间,前郢队的地分了,上缴国家公粮的任务也随着土地一并分解到每个社员。社员们忙着四处借种子,起早贪黑抓紧秋种,久久未见的生产积极性火山般迸发出来。

没有不透风的墙。前郢队实行“包产到户”的消息很快传开了。一些胆子大的生产队仿效前郢,也悄悄搞起了“包产到户”。到 1979 年初春,来安县有 34 个生产队暗地里实行了“包产到户”。

但是,王业美同意前郢队实行“包产到户”的表态没有得到县委常委们的支持。王业美坚持己见,宣布以个人名义批准前郢队实行“包产到户”试点。为避免将来出问题牵连到其他常委,他特别叮嘱县委常委会记录同志将此记录在案。自此,王业美得到了“单干书记”的绰号。所以,来安县实行“包产到户”的规模和影响都不及肥西山南,更不及凤阳。

如果说肥西山南的“包产到户”起初打着“借地度荒”的旗号,那么来安前郢队则什么旗号也不打,从集体劳动、“大呼隆”、“大锅饭”,直接“跳”到了“包产到户”。

凤阳县位于淮河南边,隶属于滁县地区,人口 50 万,耕地 110 万亩。从 1956 年开始,凤阳农村因为受到“大呼隆”“大锅饭”和人民公社体制的束缚,农业生产徘徊不前,甚至呈现逐年萎缩的状态。1978 年,全县粮食总产 2.9 亿斤,人均产粮比 1955 年减少 190 斤。1956 年至 1978 年的 23 年间,全县共向国家交售粮食 9.6 亿斤,而国家向凤阳返销粮食 13.4 亿斤,购销相抵,凤阳倒吃国家粮食 3.8 亿斤。[②] 同时期,国家还向凤阳发放贷款、投资款 1.36 亿元,

① 窦永记主编:《起点——中国农村改革发端纪实》第 205、206 页,安徽教育出版社 1997 年 12 月第 1 版。

② 陈怀仁口述:《我们的“大包干”稳扎稳打》。

拨付救济款 2838 万元。凤阳成了“吃粮靠返销，花钱靠救济，生产靠贷款”的“三靠”县，也是安徽 10 个最穷县之一。

为改变贫穷落后的面貌，凤阳农民也曾做过许多尝试。1961 年安徽试行“责任田”的时候，凤阳农民积极参与；1964 年，凤阳周圩公社有些生产队不畏险阻，偷偷实行包产到组；而 1978 年春发生在马湖公社的包产到组试点，更是直接引发了全县“大包干”的诞生。

马湖公社位于凤阳县最西边，是 1972 年初由周围几个公社划出部分边远土地组建起来的，只有 4 个大队，4800 多人口，2 万亩耕地，是凤阳的一个小社，也是穷社。马湖公社书记詹绍周 1972 年上任，一直干到 1979 年。1973 年，詹绍周到路西大队前倪生产队蹲点。① 他与大队干部一道，“看着他们（指社员）搞生产”，“到处都要看着、盯着”。搞了一年，“生产开始回升了。但也就是有一点好转，起色还是不大”。第二年，也就是 1974 年，他又在前郢队实行评工记分办法，成立评分小组，每天晚上开会，为社员评工记分。结果闹得矛盾四起，“评分小组被骂垮掉了”，生产也没搞上去。第三年，即 1975 年，詹绍周又想出个新办法，搞包工，即把一亩地的农作物评估算出多少工分后，包给社员去干。未料，包工后的社员只想着多得工分，干的农活却十分粗糙，“比如栽芋头，一定要间隔 5 寸到 7 寸距离，结果他一尺挂两头，间隔足有 1 尺多”。所以，这年的生产还是没搞上去。有社员向他提出“包工还要包产才行”。他当即回道：“那就管了吗？你那意思是还想单干?!”②

詹绍周虽然没答应社员要求单干的想法，心里却在琢磨着如何才能把生产搞上去。到了 1976 年，詹绍周开始在路西大队 10

① 蹲点：指干部驻到生产队参加劳动、指导工作。

② 詹绍周口述：《1978 年春，我在马湖公社搞包产到组》。

个生产队推行烟草种植生产包工到组、联产计工的办法。这个办法是他在汲取河南许昌地区烟草产区实行种植、采烤分开的基础上，结合马湖本地实际情况，与基层干部和社员反复商议后制定的，并且于 1975 年已经在前倪队试行，增产效果明显。路西大队有 20%的旱地种植烟草，1976 年推行包工到组、联产计工办法后，当年就获得了与前倪队一样的效果，烟草产量和质量都比上年有显著提高。

但是，詹绍周的这个做法与人民公社体制相悖。1977 年初，滁县地委派出调查组来马湖公社调查。一时间，人心惶惶，原先实行包产到组、联产计工的 10 个生产队，有 9 个打退堂鼓，不敢再干了。唯一坚持下来的就是詹绍周蹲点的前倪队。

1978 年正月十六日，詹绍周在前倪队开会，商定全队当年的粮食生产计划。社员们因为尝到了烟草生产包工到组、联产计工的好处，纷纷向詹绍周提出把粮食生产也像烟草生产那样包到组，并且表示，如果实行这个办法，保证翻番完成上缴公粮的任务。詹绍周考虑再三，同意了大家的要求，并把原先的包工到组改为包产到组。

前倪队实行包产到组的事情很快便传开了，路西大队其他 9 个生产队也向詹绍周提出同样的要求，詹绍周表示同意。继而，马湖公社其他 3 个大队接踵而至，纷纷仿效前郳队，实行包产到组、联产记工。

1978 年秋，到了检验包产到组成效的时候了。当年，由于遭遇特大旱灾，凤阳全县粮食减产，只有马湖公社没有减产，有的生产队还稍有增加。马湖这个在全县穷得叮当响的公社，第一次站在了全县所有公社的前列。年底，凤阳县召开干部大会，詹绍周在会上介绍马湖包产到组的经验，获得与会代表的一片掌声。

马湖公社率先实行包产到组的史实说明，早在 1978 年开春，安徽农村改革的破冰之旅,已经鸣笛,即将起航。

凤阳县的梨园公社小岗生产队,在仿效马湖公社包产到组的基础上,解放思想,大胆探索,搞起了“大包干”到户,迈出了农村改革标志性的一步。

小岗生产队有20户,90多口人,40个劳动力,1100亩耕地,粮食年产量2万多斤,人均产粮不足250斤,是全公社、全县出了名的穷队。从1958年人民公社成立以来的20年间,小岗队从未向国家上缴过1斤公粮,社员食不果腹、衣不遮体、住不避风,全队人人都外流讨过饭,每家都有人当过生产队长。为了让小岗社员填饱肚子,县、区、公社各级干部们绞尽脑汁,想方设法,就是没法调动社员的生产积极性,粮食生产长年徘徊不前。

安徽省委“借地度荒”的决定和马湖包产到组的消息先后传到小岗,小岗人坐不住了,也想着采取什么办法救灾度荒。1978年11月24日晚,小岗队留在家里的18户社员,每家派1名代表,在村西头的严立华的茅屋里开会。会议围绕着如何生产自救、填饱肚子进行讨论。大家七嘴八舌,你一言我一语,最后一致同意,甩掉“大呼隆”,实行“包干到户”。为此还定下三条规矩:第一,全队分田到户,瞒上不瞒下,不许向外透露;第二,每户收获的粮食,该交国家的交国家,该给集体的给集体,剩下的全部归自己,不准任何人装孬、耍赖;第三,万一队干部为此蹲班房,全队社员共同负责把他们的小孩抚养到18岁。

小岗的做法违反了“天条”,也与人民公社体制格格不入。在“左”的错误仍然占据主导地位的情势下,分田单干就是走资本主义道路,面临着批判、坐牢,甚至死亡的危险。小岗人不畏险阻,勇往直前,努力改变贫穷、落后的命运。

说干就干,第二天,小岗人就把全部土地划分到户。

小岗队分田到户的责任制办法被称为“包干到户”或“大包干

到户”,简称“大包干”。其主要内容是:完成上缴国家粮食征购任务,交足集体提留,剩下多少都归农民自己所有。这个办法是先算账、后承包。与肥西山南先承包、后算账的“包产到户”办法比较,“大包干”办法更简单易行,直截了当。凤阳的干部农民们为此编了顺口溜:“‘大包干’,‘大包干’,直来直去不拐弯。保证国家的,交足集体的,剩下都是自己的。该拿的拿在明处,该得的心中有数。”小岗农民的“大包干”是一项更为大胆的举措,是农村改革的重要标志。小岗农民走在了农村改革的最前头。

在小岗队悄悄地实行“包干到户”的同时,1978 年秋冬,凤阳农村大多数社队借着贯彻省委“借地度荒”决定的东风,纷纷照着马湖的样子,闷头搞起了包产到组,到当年 11 月,全县有 100 多个生产队试行马湖办法。马湖的包产到组从囿于一隅、不事声张,到迅速扩散、人人皆知。大大小小的“马湖”遍布全县。

1979 年 2 月 14 日至 20 日,凤阳县委召开有县委、区委、公社、大队书记参加的四级干部会。会上,詹绍周拿着他在马湖公社实行包产到组时制定的文件,说:“这是我们马湖的‘一号文件’。”他在会上介绍马湖的经验,得到大家一致赞成。会议结束时,县委书记陈庭元代表县委宣布,在全县推广马湖公社的包产到组办法。从此,包产到组在凤阳全县正式、公开地推行开来。包产到组上了县级党委的“红头文件”,名正言顺了。

到这个时候,凤阳的农村改革已经波及全县各个公社、生产队,在参与人数、耕地面积和影响程度上,都大大超过了来安前郢和肥西山南。

由“借地度荒”引发的包产到组、“包产(包干)到户”等各种形式的农业生产责任制,很快在安徽广大农村呈现出星火燎原之势。1979 年初春,淮河以北的固镇、阜南、颍上、濉溪等县,江淮之间的长丰、肥东、无为、六安等县,长江以南及皖南地区的芜湖、宣城、东至等县,皖东地区的嘉山、全椒、定远等县,都有许多生产队实行包产到组、“包产(包干)到户”。

但是,“左”的思想禁锢没有消失,仍在极力阻止任何试图改变旧的生产关系的做法,甚至采取压制、批判和扼杀的手段。更让人担心的是,反对的声音不仅来自农村基层,还包括各级领导机关,而且相当猛烈,大有泰山压顶之势。

1979 年 3 月 15 日,《人民日报》刊登署名张浩的来信,题为《“三级所有,队为基础”应该稳定》,并加编者按语。来信认为:“现在实行‘三级所有,队为基础’符合当前农村实际情况,应充分稳定,不能随便变更”,“搞分田到组、包产到组,是脱离群众,不得人心的。”《人民日报》编者按语坚决支持这封来信,“我们认为,张浩同志的意见是正确的。已经出现包产到组、分田到组的地方”,应当“坚决纠正错误的做法”。

这封来信及编者按语给正在如火如荼发展的安徽农村改革造成极大的冲击。来信和编者按语反对的是包产到组,而此时的安徽农村改革不仅有包产到组一种形式,比之更彻底的“包产到户”“包干到户”办法也已经扩散开了。一时间,农村基层干部农民十分担心,有的准备挨整,有的等待纠正,正准备实行“包产到户”“包干到户”的社队立马紧急刹车,以观动向。此时,恰逢春耕大忙季节,张浩来信和《人民日报》编者按语使原本忙碌的春耕生产戛然而止。顿时,农村形势急转直下,死气沉沉。

凤阳县委紧急召开常委会,商讨应对之策。常委们陷入矛盾、徘徊的焦虑之中。被迫改正,心犹不甘,却又想不出应对办法。陈庭元思考再三,说道:“从凤阳的实际出发,现在纠正,后果不堪设想。‘大包干’才开始,群众的积极性刚焕发出来,如果猛然叫停,春耕肯定大受影响。”[①]最后，县委常委统一认识，决定不理会报纸的说教，先干到秋后再说，是好是坏，让实践检验。

3月15日，正在嘉山县检查工作的滁县地委书记王郁昭从广播里听到了《人民日报》读者来信和编者按语，意识到问题的严重性，他立即赶回滁县召开地委常委会，商讨对策。会议讨论通过了“四条意见”，并立即电话通知各县委，在春耕大忙时节，继续稳定各种生产责任制；不论什么形式，一律稳定不要变动，到秋后再说；如果出问题，由地委领导负责。

在肥西，县委不仅受到《人民日报》读者来信和编者按语的压力，更直接受到安徽省军区一位副司令的当面指责。县委被迫召开常委会。会议反复讨论争议，在县委书记李尚德不在场的情况下，勉强形成县委46号文件，决定将“包产到户”改正过来。但是，文件下发以后，立即遭到更多基层干部和社员的反对。有人甚至揣着县委46号文件，去省农委状告肥西县委。

在来安，王业美的处境十分艰难。来安县委常委会上，常委们一片“纠正”之声，唯王业美坚持“搞过的稳定不动”。面对大家的批评甚至指责，王业美说：“我做得对不对，应当让实践来检验。”会议最后，他引用古装剧《七品芝麻官》中县官的那句话：“当官不为民做主，不如回家卖红薯。”[②]

3月17日，万里到滁县地区检查农村春耕生产情况。一下车，见到干部群众个个面呈苦色，且都急切地向他询问如何应对。万里感到十分吃惊，没想到《人民日报》读者来信和编者按语竟给农村干部群众造成如此严重的压力和后果。他安慰大家道：“那是一

① 窦永记主编：《起点——中国农村改革发端纪实》，第160页，安徽教育出版社1993年12月第1版。

② 窦永记主编：《起点——中国农村改革发端纪实》，第212页，安徽教育出版社1993年12月第1版。

篇读者来信，讲的是他个人看法。他反映的那些问题是支流，不是主流，我们不要受它的影响。不要怕，原来怎么干还怎么干，搞一年再说。”接着，他又说：“什么是好办法？能叫农业增产就是好办法，能叫国家、集体和个人都增加收入就是好办法，反之就是孬办法。我们这儿，不管谁吹这个风那个风，都不动摇。”说到此时，他还特别提到了肥西，说：“肥西县有的区、社搞了‘包产到户’，怎么办？我看既然搞了就不要动摇，一动就乱。政策不可变来变去，农民就怕政策多变。定下来的，就干！”①

万里此行，走遍了滁县地区的全椒、来安、天长、嘉山、定远等县，每到一处，他都对干部群众说：“联产承包制是省委决定的，你们放心干，有什么问题省委负责。”

万里的讲话很快传到全省各地，为正处在犹豫彷徨和担惊受怕中的农村干部群众恢复信心，帮助他们解除思想包袱，稳定他们的情绪。接着，安徽省委发出八条电文，要求不论何种形式的责任制，都要坚决稳定下来，以便集中力量搞好春耕生产。3 月 30 日，《人民日报》发表了安徽省农委辛生、卢家丰两人的来信《正确看待联系产量的责任制》，并加编者按语。编者按语承认：3 月 15 日刊登的读者来信和编者按语，“其中有些提法不够准确，今后应当注意改正”。

从此，因《人民日报》读者来信和编者按引起的一场风波，平息下去了。

1979 年秋，收获的季节到了。

在肥西，全县粮食总产 3.87 亿公斤，比上年增长 13.6%；上缴国家粮食 1.26 亿公斤，比上年猛增 3 倍。到年底，全县有 8199 个

---

① 程必定主编：《中国改革开放的突破口》第 68 页，安徽教育出版社 2000 年 6 月第 1 版。

生产队实行“包产到户”，占生产队总数的97%。在“包产到户”的发源地山南区，仅午季小麦一项产量就达1005万公斤，比上年同季增长2倍多，交售国家粮食500万公斤，比上年同期增加1倍。

在来安县前郢队，当年粮食产量6.5万公斤，比上年增产80%。全队破天荒地第一次向国家交售粮食4500公斤，第一次留有集体储备粮2800公斤，第一次归还国家贷款160元。全队人均口粮第一次达到300公斤。

在“大包干”的源头凤阳县小岗队，全队粮食产量6.6万公斤，相当于全队1966年至1970年5年的产量总和；油料产量1.76万公斤，是过去20年产量的总和；全队向国家交售粮食1.5万公斤，是国家规定任务的10倍；油料产量1.25万公斤；归还国家贷款800元。

这一年，安徽全省粮食总产1609万吨，比上年增产327万吨，是仅次于1976年的历史上第二个丰收年。全省征购粮食40亿公斤，比历史上征购最多的1976年多购6亿公斤。全省返销粮仅卖掉4亿公斤，不足常年的三分之一。全省近三分之二的生产队实行包产到组，接近三分之一的生产队实行“包产（包干）到户”。事实说明，安徽的农村改革之路走得对。

但是，改革从来没有坦途，“左”的错误仍然禁锢着人们的思想，左右着人们的行为。争论没有停止。中央文件仍有规定：不准“包产到户”，不准分田单干。国家农委和部分省区负责人仍然认为“‘包产到户’是搞资本主义，破坏了集体经济，要坚决地和这些人作斗争”。1980年1月，在国家农委召开的会议上，周曰礼代表安徽作长篇发言，介绍了安徽实行“包产到户”“大包干”的改革成效，却遭到国家农委领导和大部分与会代表的反对。2月和3月，国家农委主办的刊物《农村工作通讯》连续刊发《分田单干必须纠正》《“包产到户”是否坚持了公有制和按劳分配？》两篇重点文章，严厉指责“包产到户”是“分田单干,导致两极分化”,“‘包产到户’既没有坚持公有制,也没有坚持按劳分配,它实质上是单干”。这些上纲上线的批判,在1980年上半年达到高潮。农村改革再次面临着考验。

1980年2月,万里调离安徽,任国务院副总理,分管农业。他刚上任不久即看到了《农村工作通讯》上的文章,感受到国家农委反对和抵制农村改革的“氛围”。在思虑再三后,他找来吴象、张广友等人[①],要求他们写文章回击农村改革反对者的论调。吴象、张广友俩人都是安徽农村改革的见证者,十分了解安徽农村改革的艰辛过程。他俩精心筹划,很快就完成了7000多字题为《联系产量责任制好处多》的文章。文章摆事实、讲道理,用1年来安徽农村实行“包产(包干)到户”发生的巨大变化,阐释了“包产(包干)到户”解放了生产力,得到了基层干部农民的拥护和支持,驳斥所谓“‘包产到户’是走资本主义道路”“导致两极分化”等错误言论。万里审阅这篇文章后,建议以安徽省委农工部的名义在《安徽日报》上发表。不料,被安徽省委拒绝了。4月9日,《人民日报》破天荒地全文刊出此文,凸显党中央机关报公开支持“包产到户”的鲜明立场。新闻宣传媒介支持农村改革的声音从此开始。

1980年初,受“左”的思想影响,省委对农村改革特别是“包产(包干)到户”的态度有所变化。从4月初到8月份,省委连续在蚌埠、芜湖、巢湖和合肥召开四次会议,对“包产(包干)到户”予以批评指责,并且扣上“经济主义”“机会主义”的帽子。受此影响,一些地方开始“围剿”、批判“包产(包干)到户”,责令“包产(包干)到户”立即刹车。重压之下,许多农村干部心有余悸,惶恐不安;更多农民群众不愿改回去,又苦于没有应对办法,只有消极抵制。安

① 吴象:时任中共中央书记处研究室室务委员。张广友:时为新华社记者。

徽农村改革困难重重,前途未卜。

关键时刻,邓小平发表了重要讲话。5月31日,他与中央有关负责人谈话说:"农村政策放宽以后,一些适宜搞'包产到户'的地方搞了'包产到户',效果很好,变化很快。安徽肥西绝大多数生产队搞'包产到户',增产幅度很大。'凤阳花鼓'中唱的那个凤阳县,绝大多数生产队搞了'大包干',也是一年翻身,改变面貌。有的同志担心,这样搞会不会影响集体经济。我看这种担心是不必要的。"①

邓小平的这番谈话,十分及时,是对安徽搞"包产到户""大包干",实行农村改革的莫大支持与肯定,给大胆探索农村改革的广大干部群众吃了定心丸,为几年来围绕"包产(包干)到户"姓"资"姓"社"问题的争论,画上了休止符。

这年9月,中共中央召开各省市自治区党委第一书记座谈会,讨论加强和完善农业生产责任制问题。会上,有的省委书记仍然认为人民公社道路是"阳关道",而"包产(包干)到户"是"独木桥",贵州省委书记池必卿坚持实事求是的立场,说:"你走你的阳关道,我走我的独木桥,我们贫困地区就是独木桥也得过。"这句话一时成为农村改革初期的名言。"《人民日报》还借此名言发表了一篇长文,题目就叫《阳关道与独木桥》,为'包产(包干)到户'说好话,很受农民欢迎"。②

这次会议通过了一个纪要,随即以中共中央〔1980〕75号文件形式发布。这份名为《关于进一步加强和完善农业生产责任制的几个问题》的"红头文件"指出:"实行'包产到户',是联系群众、发展生产、解决温饱问题的一种必要的措施","是依存于社会主义经济,而不会脱离社会主义轨道的,没有什么复辟资本主义的危险,

---

① 《邓小平文选》第2卷,第315页,人民出版社1994年版。

② 万里口述:"安徽农村改革是怎么搞起来的",中共安徽省委党史研究室编:《安徽农村改革口述史》第82页,中共党史出版社2006年12月第1版。

因而并不可怕。”初步为“包产到户”定了性。

“包产(包干)到户”从出生那天起,就是“黑户口”,就被无辜地烙上“单干”“走资本主义道路”的印记,就是被批判、被压制、被排斥、被纠正的对象。而现在,仅仅过去几个月的时间,就乌云散去,晴空朗朗。“包产(包干)”到户得到了邓小平的赞许和支持,更是第一次出现在中共中央“红头文件”中,并得到积极的评价。“包产(包干)到户”从安徽走向全国,从农村基层提升到党和国家最高决策机构,正式登堂亮相了。

到 1980 年底,全国有一半以上的生产队实行以“包产(包干)到户”为主要形式的农业生产责任制,其中安徽更是多达 70%以上,剩下不足 30%的生产队主要实行包产到组生产责任制。安徽省委也改变了态度,重新回到支持、鼓励“包产到户”的立场上来。四川、贵州、内蒙古、甘肃、广东、河南、河北等省也都普遍实行“包产(包干)到户”生产责任制。农村改革如星火燎原,遍及全国。当年,全国粮食总产量 32056 万吨,是 1949 年以来第二个高产年,全国农民人均纯收入比上年增长 42.2%。一些长期贫困地区,粮食产量成倍增加,一举解决了人民公社体制下长期没有解决的温饱问题。至此,以家庭联产承包责任制为主要内容的农村改革,终于夯实了牢固的根基。

1982 年开年第一天,中共中央发布了党的历史上第一份有关农村工作的一号文件。这份名为《中共中央批转〈全国农村工作会议纪要〉》的“红头文件”,是在中共中央〔1980〕75 号文件基础上,进一步确认“包产(包干)到户”属于社会主义集体经济性质,毫不含糊地为“包产(包干)到户”正名。到这年年中,全国 86.7%的生产队实行“包产(包干)到户”责任制,农村家庭联产承包责任制的新体制初步形成,旧的人民公社体制基本解体。

从 1983 年到 1986 年,中共中央每年都发布关于农村工作的一号文件。1983年发布的一号文件《当前农村经济政策的若干问题》，主要是从实践与理论两方面阐述并高度评价农村改革，并着手对人民公社体制进行改革，实行政社分开，撤社建乡。1984年发布的一号文件《中共中央关于一九八四年农村工作的通知》，提出了发展农村商品生产的问题，确定农民土地承包的长期性。1985年发布的一号文件《中共中央、国务院关于进一步活跃农村经济的十项政策》，为农村经济发展做出十项政策规定，力推农村改革向外延扩展。从此，农村经济由计划经济向商品经济转轨。1986年发布的一号文件《中共中央、国务院关于一九八六年农村工作的部署》，明确提出以深化改革的办法去解决农村改革中出现的新问题。

在中央连续5个一号文件的指导、支持和鼓励下，全国农村以"包产（包干）到户"为主要形式的家庭联产承包责任制，势如破竹，迅速发展，到1984年底，全国569万个生产队，99%以上实行"包产（包干）到户"，牢牢地占据农村经济的主体地位。农村经济逐年增长，1982年，全国农业总产值比上年增长11%；以后每年比上年分别增长14.5%、14.5%、13%和3.5%。全国粮食总产量不断增加，1982年35450万吨，1984年达40731万吨，农村一些地区甚至于出现了过去没有过的"卖粮难"的情况。这些都彰显着以家庭联产承包责任制为主要内容的农村改革给农业带来了前所未有的大发展，使农民生活走上了温饱、小康之路，为建设社会主义新农村和美丽乡村提供了丰富有益的经验。

坚冰融化，大地回春，启动于安徽的中国农村改革破冰之旅，成功起航。

本书课题组

2018年10月

我们的“大包干”稳扎稳打

——陈怀仁口述

访谈时间: 2018 年 3 月 21 日上午 10 时至 12 时左右

访谈地点: 凤阳国际大酒店

口 述 者: 陈怀仁(1978 年任凤阳县委办公室秘书)

访 问 者: 沈葵　庆跃先　杨孝青　徐小满

录音整理: 杨孝青

文字整理: 陈怀仁　徐小满

我叫陈怀仁,1944 年 11 月 8 日生,凤阳县大溪河镇草塘村人。1954—1958 年,在陈桥小学读书;1958—1960 年,在长塘小学读书;1960—1963 年,在小溪河中学(初中)读书;1963—1966 年,在凤阳中学(高中)读书。1966 年高中毕业,还有十几天就要高考了,赶上了“文化大革命”,凤阳中学“停课闹革命”。1968 年底下放回老家,到 1970 年我上了安徽师范大学中文系。按照学生的学习进程,整整耽误了四年时间,好在我在高考前分科复习时报的文科,到安师大又学习中文,学习专业没变。

1973 年初毕业后,分配到凤阳县毛泽东思想学习班(县委党校),“学习班”隶属县政工大组宣传小组(宣传部),我就在宣传小组上班。这一年,我上半年到滁县地委党校学习 3 个月,下半年到

安徽省委党校学习3个月。年底回县后,被借调到县办事大组(县委办公室)秘书小组(秘书科),次年年初正式调到秘书小组。我在县委办公室工作6年多时间,跟了3任县委书记当秘书:第一任是顾志瑞(1974年1月—1975年11月),他后来升任滁县地委副书记、中央组织部办公室主任,直到退休;第二任是孙秀山(1975年11月—1977年12月),他后来升任滁县地委常委、宣传部长,又调任滁州师专党委书记,直到退休;第三任是陈庭元(1977年12月—1980年5月),他后来升任滁县地委副书记、专员、安徽省人大副主任,直到离休。

陈庭元任书记期间,遭遇1978年的特大干旱,全县塘坝干涸,小河断流,山区和高岗地区,大部分井底干枯,人无水吃,畜无水饮,大片庄稼被干死。那年的特大灾害情况,我在《万里与凤阳“大包干”》里也写了。万里同志1978年7月19日下午来凤阳视察旱情，他听县委书记陈庭元，县委副书记、革委会主任吉诏宏汇报这些情况后，亲自到农村检查灾情，重点视察了霸王城、门台子两个电灌站和临淮关轮船码头。他发现电机太老，耗能大，效率低，指示县委抓紧时间更新。他视察临淮关轮船码头时说，你们这个轮船码头到现在还全是人力搬上搬下，设备太陈旧了！工人太辛苦了！要想办法创造条件改善改善，搞半机械化也是好的。之后，万里亲自过问拨给我县无偿抗旱经费110多万元，从北京市平谷县调来70多人的打井队，帮助我县打机井123眼、砖井500多眼；还从部队调集100多辆汽车拉水供应灾区，共解决10000多户农民吃水和22000多头牲畜饮水问题，并解决一部分地区抗旱救苗用水，大大地缓解了我县受旱灾情。从此，凤阳最穷的印象已在万里的脑海里深深地扎下了根，从而也萌生了他对改变凤阳贫穷落后面貌的思考。

同年9月11日，万里同志再一次来凤阳视察灾情，在凤阳召开定远、凤阳、嘉山三个县的负责人会议，他再三叮嘱大家，要千方百计地解决受灾地区农民饮水、吃粮和烧柴问题，以保证他们在那里安心居住下去。会上，根据陈庭元、吉诏宏的汇报，供应我县农村救灾粮8000万斤（实际用掉6953万斤）、救灾款391.7万元、救灾煤600吨，还指示县委给重灾区社员从集体耕地中增划一部分菜地，借一些小粮地、饲料地（每人半亩、每头老母猪半亩），让农民自由种植度荒。这些都为我县人畜安全过冬，及时投入1979年春耕生产提供了物质保证。特别是为我县农民敢于撼动20多年来土地公有制模式、实行“大包干”打下了思想基础。

20世纪70年代，凤阳的经济来源主要依靠农业，工商业所占比例很小，因此，全县的工作重心在农村，我也是多数时间跟随书记跑农村。1978年，陈庭元当书记时，经过真理标准大讨论、贯彻党的十一届三中全会和安徽“省委六条”精神，农村工作正酝酿着一场大的运动——农村改革。当时谁也没想到，我们凤阳人搞的“大包干”倒成了全国农村改革的发源地。今天，你们省参事室、文史馆领导和文化大家叫我讲讲40年前凤阳农村搞“大包干”的情况，我就根据我的记录和记忆，主要从三个方面讲一讲。

一是为什么要搞“大包干”？就按照原来的办法搞不行吗？二是“大包干”是怎么搞起来的？三是什么叫“大包干”？“大包干”到底是个什么东西？它的具体内容是什么？作用是什么？再一个呢，就是对“大包干”的一些探讨、研究，“大包干”是不是只能在改革开放初期管用，现在还管不管用了？对这些问题我们怎么样全面地理解和认识。下面我先讲第一个。

第一，为什么要搞“大包干”？大家都知道，1958年“大跃进”时期，有几大几高嘛，“大集体”“大呼隆”“大跃进”“大锅饭”“高指标”“高估产”“高征购”。哪个地方搞的集体规模越大，产量吹得越高，哪个地方就是先进的，就受到表扬，各地争先恐后，你比我大，我比你高。比如，小溪河人民公社以公社为生产单位，成立老黄忠突击队、穆桂英突击队、男青年突击队等各种生产突击队，社员并大庄，行动军事化，干活战斗化，劳力和耕畜的调配由人民公社统一指挥。为了搞好公社领导树立的丰产方、样板田、示范田，从30里以外调突击队去干活。突击队把他们示范田、丰产方的活干完了，回到自己的村庄，农时已过了。加之把大量的劳力抽去大炼钢铁，造成大面积庄稼种不下去，土地抛荒，秋天粮食大减产。到了1960年，全县粮食总产量只有9500万斤，比1949年9900万斤减少400万斤。出现了人口大量外流和非正常死亡现象。

1961年党和政府已经认识到了问题的严重性，接受了教训，进行调整。调整以后，实行“三级所有、队为基础”，就是以生产队为核算单位，劳动力不再由全公社统一调动了。以生产队为单位干活，相对好多了。但是，以生产队为单位的管理办法，干活还是“大呼隆”,它不适应当时的生产力水平。当时的生产力水平就是锄头、镰刀,小犁、小耙、小牛拉。干农活是跟着天气转的,上午晴天要锄田,下午下雨要栽秧、薅草。有的生产队一百多人,队长管理水平跟不上,人多调配不科学,干活窝工,再有几个滑头的、捣蛋的、爱讨巧的,天天无宁日,生产不可能搞好的。从 1961 年到 1978 年,又经过 17 年的实践,“三级所有、队为基础”的管理体制还是不行,广大社员普遍感到不满意,有群众编的许多顺口溜为证。

反映队长催人下地干活难的:“头遍哨子不买账,二遍哨子探头望,三遍哨子慢慢晃。”“队长吹哨吹破嘴,喊人下地跑断腿,喊了半天人半数,到了地里鬼混鬼。”

反映社员干活不积极的:“上工像绵羊,休息似倒墙,下工赛虎狼”,“晚上工,早下工,到了地里磨洋工,反正记的一样工。”“你站我也站,到晚八分半。”

反映社员在队里干活消极怠工回家干自留地卖力的:“集体大田养精神,自留地里打冲锋。”

反映社员收入低的:“辛辛苦苦干一天,不值一包光明烟(一毛九一包)。”

因为社员在生产队里一年累到头,年终分红时分不到什么东西,生活不保,就要想办法从别处挣点钱养家糊口。这也可以从顺口溜中反映出来。比如,我们武店区盛产石头,淮南、淮北煤矿都要用大量的石头圈地下巷道,社员经常偷偷地上山打石头拉到武店车站卖。编的顺口溜是:“东山石头武店卖,一天能卖几十块,有酒有肉又有菜,哪有心思学大寨。”刘府区的顺口溜:“大桥的萝卜四清的菜,刘府街上小买卖,一天能卖好几块,有米有面又有菜,哪有心思学大寨。”这里讲的“大桥”是大桥大队。“四清”是四清大队,四清大队是搞“四清”运动的时候,“四清”工作队给起的名字。

临淮镇、顾台公社、黄湾公社、枣巷公社 4 个镇社,是沿淮 105

华里的湾区,那里柳树多,不生虫,长势好,但柳树成不了大材,只能做小家具,许多农户都会做木匠活。也有顺口溜:"桌子板凳小锅盖,躲躲藏藏上街卖,一天能卖好几块,有米有面又有菜,哪有心思学大寨。"

还有个很有意思的一家人,是城北公社夫子营大队一户社员。他家也是打石头到城里卖。凤阳有几个山产白玉石,叫凤阳玉。这户农民所在的生产队管理比较严,你私自打石头上街卖,生产队要扣你工分,哪天你不去生产队干活,不仅不给你工分,还倒扣你一天工分。后来,他家因为经常打石头不去队里干活,工分被扣光了,还倒欠队里的。再要到队里干活也挣不到工分了,他干脆就不干活了。一家子都搬到石头塘里住,天天打石头,春节也不回家。过春节时写一副对联贴在塘口上。上联是"打石头上街卖生产队我分文不交";下联是"喝泉水吃蟠桃真是神仙过的日子";横联"塘口风光"。

这些顺口溜表示,武店区的石头值钱,"一天能卖几十块,有酒有肉又有菜,哪有心思学大寨"。其他几个地方一天只能卖好几块,有米有面吃就行了,也没有心思学大寨。大家把"大寨"当作社会主义的一种模式,在生产队里干活,就是学大寨,就是干社会主义,社员都不想干那样的社会主义。

凤阳农民怎么习惯编顺口溜呢?我们曾经探讨过,是学习小靳庄学来的。1975年,到处都在宣传学习小靳庄,开赛诗会。县委在县体育场召开学习小靳庄赛诗动员大会,县委副书记宁金茂带头作诗朗诵。有的地方,社员干活要经过赛诗评工记分。有一天,我跟顾志瑞书记下乡,到板桥公社南寇生产队遇到一个赛诗的场面。全队社员在栽秧休息的时候开赛诗会。很多老百姓都不会作诗,其中有两个人我还记得很清楚,一个是一位青年女社员,她编的"诗"是:"我们大家来栽秧,遇到老天下大雨,下的雷暴倒酱缸,你下你的雨，我栽我的秧。”大家一听，说，这首诗好，思想觉悟高，老天下雷暴雨都坚持栽秧，不耽误干集体活，为集体生产积极性高，给她评 10 分工。最后有一个跛子，他有点瘸腿，叫他作诗他说作不好。队里规定，你作不好诗要扣工分的，不作诗不行啊！后来逼急了，他说：“我一腿粗一腿细，不能犁田会耙地。”乖乖！这下一评，比那个女社员更好。说，我们残疾人都参加社会主义建设，那就给他评 12 分工吧。所以，老百姓是怎么会编顺口溜的？赛诗会可能就是一个来源。

小平同志主持中央工作时，到大寨开过一次全国农业学大寨会议。那次江青也去了。我们凤阳县委书记参加会议回来说，江青在会上提出学习小靳庄作诗，后来邓小平讲话时说，学大不学小。

我罗列以上那些顺口溜，既是社会现象，也是社会实质问题。社会现象是：反映农民都不愿意干集体活，热衷于干自留地、干私活赚钱养家糊口；社会实质问题是：我们当时农村的社会主义生产管理体制好不好？对不对？广大群众拥护不拥护？很明显，是不好的，不对的，广大群众是反对的。但是，我们的基层干部都不敢从这些方面找问题。哪个生产队生产搞得差了，不是说有阶级敌人破坏，逮到“四类分子”批判一通；就是说生产队长有问题，撤换掉。也有顺口溜：“算盘响，换队长。”每年秋收分红结束后，工作队就进村，找落后队发动群众揭盖子，找原因，开批斗会，换队长。每年都换一茬子队长，有的队家家都干过队长。

我说的那些顺口溜有野史也有凤阳正史，是记录在案的。那时候，县里发现哪个社队生产落后，工作不好，就派调查组去调查，回来写调查报告，找原因，顺口溜反映的现象，多数是作为落后的、被批判的反面教材。

多年来，县、区、公社领导也拿出不少招数。比如，1973 年，县里把大溪河、板桥两个大公社边缘几个最落后的穷大队划成一个小公社，叫江山公社，配备得力干部，加强领导。县委派去的第一任书记叫宋家银，合肥人，说话合肥腔（比如老母鸡[zī]），平常好哼小倒戏。县委在全县大会上宣布他去任江山公社第一任书记时，他高兴地发表就职感言，唱起了小倒戏：“江呀啊，山呀啊，如此多娇呀啊！……”他到任后开始大干。他认为，队大人多热情高，干劲大，把公社附近的几个生产队合并成一个300多人的大生产队，起名红旗队，作为他抓的点，每天红旗招展，轰轰烈烈。干了两年没有起色，被悄悄地调回县里。

第二任书记叫马传祥，他接受前任书记的教训，不再搞并大队的形式主义。他认为，江山公社农业上不去，主要矛盾是水利条件差，于是大搞水利工程。在山胡岭上凿干渠，要将燃灯水库的水引到江山公社。大干两年，3米多深的切岭干渠工程也干成了，但是，燃灯水库离江山公社50多里，是末梢子水，一到旱季，水库里的水就少了，放不到那里就干掉了，白白干了两年。有的队因干工程把种子吃掉了，耕牛卖掉了，比以前更穷了，搞得广大干群怨声载道，又草草收兵，调走了。

第三任书记叫叶兰友。他说我来试试瞧。他认为，前两任书记都没抓到点子上。他说，江山公社工作上不去，主要是“公”与“私”的斗争没斗好，是社员家自留地和家庭副业与生产队争肥料、争劳力、争时间争的。于是，他大砍自留地，大杀家庭副业，大割资本主义尾巴，限制饲养家禽家畜。草塘大队祁西生产队社员祁荣之一家养了30只鸭子，被勒令把鸭子全部处理光，还拴两只鸭子挂在家主颈子上，到处游乡批斗。割了两年资本主义尾巴，把社员家仅有的一点买油盐钱的收入也割掉了。

前三任书记都是满脸大胡子，调走后，社员也给他们编一通顺口溜：“宋胡子江山如此多娇，并大队，红旗飘飘；马胡子干切岭，累断腰,水没引到;叶胡子试试瞧,资本主义尾巴砍大刀。三胡战江山,不如'大包干'。"

多年来,许多公社都在探索、试点各种形式的管理办法:宋集公社的"三组(长年组、临时组、专业组)四定(定任务、定时间、定质量、定工分)"责任制;城南公社齐涧大队的"分组作业,定额包工(长年包工、季节包工、小段包工、按件包工,比照同等劳力包工)"责任制;总铺公社小石塘生产队的"分组劳动,定产到组,超产奖励,减产赔偿"责任制。由于都还是集体生产,由于只是将"大呼隆"变成"小呼隆",总是见效甚微。

出现这些问题的根本原因是,生产关系与生产力不相适应。我们凤阳是个农业大县,1955 年到 1978 年 23 年的合作化时期,全县共向国家交售粮食 9.6 亿斤,国家向凤阳供应回销粮 13.4 亿斤,两项相抵,倒吃国家粮食 3.8 亿斤,凤阳成了个"种田靠贷款、吃粮靠回销、花钱靠救济"的三靠县。年年人口大批外流,外流人口最多时达到 10 万多。每年春节前,上海、南京、杭州、福建、广州催带外流的电话电报像雪片样的飞来,县里在火车站、汽车站、轮船码头设立劝阻站,派大批干部出去带外流,忙得晕头转向,还天天挨批评。

当时,安徽有定(远)、凤(阳)、嘉(山)、宣(城)、郎(溪)、广(德)、泗(县)、五(河)、灵(璧)、固(镇)10 个穷县,凤阳是最穷县之一。俗话说,穷则思变,要改变自己的困境,改变贫穷落后的面貌,(所以)对真理标准大讨论、党的十一届三中全会和安徽"省委六条"精神理解得最深刻,执行得最快。这是凤阳县率先实行"大包干"的原因。

第二,"大包干"是怎么搞起来的?凤阳的改革还是稳扎稳打的。安徽是有三个地方率先搞起农村改革的。一是凤阳县,一是肥西县山南区小井庄生产队,还有一个来安县十二里半公社前郢生产队。这几个地方在省里都是有名的,挂上号的。凤阳的改革我怎么讲它是稳扎稳打的呢? 陈庭元书记是比较稳重的。他1958年被打成右派,说他思想保守,实际上是实事求是的成分多一点,后来工作比较谨慎。凤阳的改革,所谓的稳扎稳打也与万里同志有很大的关系。万里有五次来凤阳嘛! 每次来都很及时地解决了很重要的问题。

凤阳农村改革开展最早的是马湖公社。1978年3月份,马湖公社书记詹绍周,一是学习“省委六条”,一是从报纸上看到有的煤矿联系产量计资。这个人很动脑筋,他说,工人能联产计资,我们农民就可以联产计酬啊! 他在蹲点的那个大队的8个生产队搞起了分组作业、联产计酬责任制。具体做法是:分组作业,联产计酬,费用包干,统一分配。每一百斤产量的打分标准是:鲜山芋10分,小麦60分,水稻60分,黄豆70分,杂豆80分,高粱50分,玉米50分,花生50分,油菜籽150分,芝麻200分,烤烟(每斤均价五角)300分。规定全队统一做场,分组收打,粮食统一过秤入仓,各组抽人保管。生产队以各组实交产量多少、质量孬好,给计工分。分红时,各组凭工分多少从队里分回实物,再按工分分给社员。

他们这种做法虽然条条框框还很多,但是,有了“联产计酬”这一条,就大大地调动了社员的生产积极性。大旱之年,全县农业大幅度减产,唯有他们实行“联产计酬”的8个生产队没有减产。县委对他们这一做法,采取不制止、不宣传、不推广的“三不”态度,密切观察,多次去了解情况,帮助研究解决具体问题。

1979年元月3日,在省委扩大会议期间,万里同志召开定(定远)、凤(凤阳)、嘉(嘉山)、宣(宣城)、郎(郎溪)、广(广德)等穷县负责人座谈会,陈庭元、吉诏宏二同志在会上汇报了我县马湖公社“分组作业、联产计酬”责任制的情况及群众要求包产到组的意见。万里同志说:“‘分组作业、联产计酬’可以搞,鼓励你们搞。”陈庭元、吉诏宏汇报两件事:一是联产计酬,一是包产到组。可能对包产到组,万里同志已经知道有肥西县"包产到户"试点了,就没作回应。万里说:联产计酬可以搞,鼓励你们搞。省委扩大会议结束后,陈庭元、吉诏宏两位领导回到县里就推广马湖公社的"分组作业,联产计酬"责任制。所以凤阳这个改革是得到万里同意的,也算是稳扎稳打呀!这是第一个阶段。这个阶段叫做"大包干"的启蒙与前奏。

1979年2月14日至20日,凤阳县委召开四干会——县、区、公社、大队书记四级干部会议,也就是农村工作会议,开了7天,花了很大的工夫。7天会议,开始的前两天是宣传中央其他政治工作上的政策,后5天专门讨论农村生产责任制问题。会议期间,进行大会发言,安排有关公社介绍经验,重点听取马湖公社介绍"分组作业、联产计酬"责任制。在分组讨论时,大家把各种做法加以比较,有的说,"一组四定"定不住;"定额包工"包不好;"全奖全赔"奖不着,赔不起;"五统一"统不起来;马湖公社"联产计酬"效果好是好,就是太繁琐,不容易搞。梨园公社石马大队书记金文昌说,他们这些经验只是在大会上介绍得好听,实践中不好干,都不如我们大队小贾生产队实行小组包干简单。有的同志说,政府不就是想多要一点粮食嘛,干脆来个"大包干",该给国家的我们交齐,该给集体的你提留去,剩下的你不要管,由我们小组社员自己分配。在讨论情况汇报会上,多数区委书记都反映下面要求搞"大包干"。县委认为,"大包干"肯定效果好,也倾向搞,但是,关系到"三级所有,队为基础"问题,不敢擅自决定。15号晚上,我和田广顺两人在县委农村政研室起草农村工作报告,就是"大包干(到组)"的事写不下去了。陈庭元书记对这个报告很关心,一会儿来一趟,一会儿来一趟。这时候,我们正想要打电话请示省委政研室和地委政研室,恰巧,地委书记王郁昭于2月15日下午赴合肥开会路过凤阳。我俩建议陈书记去请示王书记，如果王书记要同意讨论“大包干”，我们就可以把它写上了，不然的话，我们这句话还要空着。陈书记就去了，没多会儿回来摇摇头说：(王书记)没表态、没表态。晚上，陈庭元、吉诏宏又去县委招待所向王书记汇报群众要求“大包干”的意见，争取请他同意我们提出在会议上讨论。陈书记回来很高兴的样子说：“管(行)了，他答应把我们这个意见带去向万里请示汇报了。”18日上午，王郁昭对陈庭元说，昨天他向万里书记汇报了凤阳要求搞“大包干”的意见，万里书记说可以搞。陈庭元又问：“王书记，万里书记讲‘大包干’可以搞，我们就在会上宣布叫干了?”王郁昭说：“你们就干吧，万书记说‘大包干可以先搞实验，个别包到户也可以实验’。”19日晚，县委召开常委会议，传达万里、王郁昭的指示精神，进行讨论，一致通过，在全县推行“大包干”。

1979年2月20号，陈庭元同志在县委工作会议上宣布，在群众自觉自愿的情况下，在全县实行“大包干”生产责任制。所以，我们县的农村改革，是从马湖公社“分组作业、联产计酬”开始的，马湖公社的联产计酬是“大包干”的前奏，对全县的生产责任制都有启发。1979年2月20日，是凤阳“大包干”的诞生日，是农村改革第二阶段的开始，是“大包干”到组，还没到户，就叫“凤阳大包干”。

社员对实行“大包干”非常欢迎，大概在县四干会后15天左右，就在全县推广开了，全县有70.8%的生产队都搞了“大包干”。

“大包干”一开始搞得迅猛异常啊！各个队都在连天加夜分组、分牛、分农具、丈量土地，像大革命一样，轰轰烈烈地干起来了。广大社员都动起来了。突然来了这么一个波澜壮阔的“大包干”运动，都是些新鲜事物，刚刚搞，有些政策跟不上，也出了不少问题。为了总结经验，指导全县，县委又于3月15日召开区、(公)社书记会议，进一步分析形势，讨论制定“大包干”的具体政策，指导全县顺利地、更好地推行“大包干”生产责任制。可是，这天下午，大家正在高高兴兴地汇报情况时，突然，参加会议的人都在交头接耳，脸色不好看。原来是《人民日报》头版头条以《“三级所有，队为基础”应当稳定》的大标题发表张浩的来信和编者按，内容与改革开放相悖，不利于实行“大包干”。大家都知道《人民日报》头版头条加编者按的分量，一时闹得人心惶惶，直到晚上，大家都在闷闷不乐，这下怎么办啊？在这关键时刻，万里同志又来到滁县地区，他当天晚上叫随行人员张万舒给凤阳县委打电话，正好是我接的。张万舒传达万里同志说的话：“‘大包干’要让实践来检验，‘大包干’只要能增产，不仅今年干，明年还要干。”当天晚上我就将万里的电话记录向县委陈书记汇报了。这下有撑腰的了，大家都松了一口气。3月16日，县委召开常委会议，传达万里同志电话指示，又进行了人人表态式的讨论发言，一致通过决议：“继续稳定、发展‘大包干’，如果今后有问题，由县委集体承担。”3月17日，陈庭元在区、（公）社书记会议上宣布这个决议，从此人心才算稳定下来。

1979年6月5日，万里又来凤阳。当陈庭元向他汇报到干部群众反映“‘大包干’真正好，干部群众都想搞，只要给干三五年，吃陈粮烧陈草”时，万里同志高兴地站起来，笑着说：“那好啊！能吃陈粮烧陈草，我就批准他们干三五年。”陈庭元又汇报说，目前“干部怕错，社员怕变”的思想还很严重。万里同志坚定地说：“错不了，错了我负责，问题就是看你们能不能搞好生产，社员能不能富起来。只要能增产，什么也不要怕，多一级核算照样是社会主义”，“你们要搞三年‘大包干’，我就同意你们搞三年。不过现在不推广，搞三年看，能搞好，我再推广你们的经验”，“……三年能不能把凤阳花鼓（指讨饭碗）丢掉？要甩到太平洋里去”，“要往致富上想，中国就是富慢了，要在社会主义制度下富得越快越好。”万里同志这些重要指示，对我们既是支持和鼓励，又是鞭策和希望，全县广大干群都为我们的“大包干”得到万里同志的当面表态支持而欢欣鼓舞。

所以我讲，凤阳搞“大包干”，搞农村改革是稳扎稳打的，它不像肥西县那样要担风险，也不像来安县直接宣布单干……凤阳每向前走一步都经过请示汇报，是很有把握，很顺当的，而且能够恰如其分地解决农民的问题。所以凤阳“大包干”进展很顺利，当年成效十分显著。1979年，全县粮食总产达到44000万斤，比1978年的29500万斤增长49%；人均收入150元，比1978年的81元增长85%，一年甩掉了逃荒要饭的帽子。“大包干”的丰硕成果，使全县广大干群心潮澎湃，欢欣雀跃。江山公社时任书记陈本田说：“以前看江山一片荒凉，来江山脑闷愁肠，年年都吃回销粮，公社书记干不长；今年实行‘大包干’，粮食产量成倍翻，干部满意，群众喜欢。”城北公社姚湾大队一位70多岁的姚老先生对“大包干”赞叹不已，比古论今地说：“大清朝顺治皇帝不理政事，天下大乱，民不聊生；康熙皇帝施行裕民政策，当时出现了麦秀双穗、马过双驹，夜不闭户、路不拾遗，十人九歌、龙颜大喜的盛世。我们今年像康熙年间一样，也是‘麦秀双穗、马过双驹，十人九歌、皆大欢喜’。”陈庭元讲话很幽默，他说：“康熙怎么样？康熙不如我们现在，我们有拖拉机，他康熙没有。”我当时感到很好笑，陈庭元真有意思。后来，我们又到了考城公社。社员姚登祥、姚登凤两家，用大条石雕刻“鸟枪换炮，今非昔比”“黄金时代，幸福之最”的大字砌在新盖瓦房的大门头上，以此表示对“大包干”的颂扬，祝愿“大包干”永存。社员们见到陈书记，都情真意切地说：“陈书记，多亏县里政策好，我们才有这么好的收成。”陈庭元说：“是中央政策好，省委地委政策好，要不是他们好，我们县里哪能好得起来呢？”

1979年，全县明确宣布推行的是三种形式的责任制：一是以队为单位搞好“一组四定”。有的生产队干得很好，不愿意分开。比如,梅市公社姜庄大队,大队书记叫林万才,他工作能力强,大公无私,办法好,那时候村里就统一盖楼房分给各家各户,一家两上两下的、三上三下的。它(大队)本来就富裕,社员都不愿意分。还有城西乡,土地少,条件好,他们也不愿意分。二是“分组作业、联产计酬”,就是马湖公社的这个办法。三是“大包干”到组,在社员自觉自愿的情况下,实行“大包干”。这三种形式由你们选,你要干哪一种都行。陈庭元书记工作非常细,每一步都要请示,得到同意后,再经县委常委集体讨论通过再执行。你们听我介绍到现在,凤阳的“大包干”是稳扎稳打的吧?

以上这些是1979年全县“大包干”到组,取得这么一个好的效果,而且稳扎稳打的。我现在再讲小岗村的“包干到户”。当时小岗村正式名称为:凤阳县板桥区梨园公社严岗大队小岗生产队。小岗生产队有名气以后,社会上用习惯的称法称它“小岗村”,这“村”不是行政“村”的“村”,而是农“村”的“村”。

1979年4月10日,县委书记陈庭元去梨园公社检查工作,公社书记张明楼最后吞吞吐吐地汇报了小岗生产队群众自发分田到户的事,陈庭元吃惊地问:“怎么能让他分到户呢?你们公社没过问么?”张明楼说:“我们也是才知道的,已经派人去制止了。”当时陈庭元心里哪受得了呢?“大包干”到组干得这么好,全省都是拿我们当典型,外地也来学习。而且社会上有赞扬的,也有反对的,这心里还没落实呢,你又搞一个队分田到户。所以他的心里不能接受。离开公社一里多路,又叫车子开回头,亲自到小岗队了解情况。当时公社到小岗队没有大路,就是草田埂。车子两个轱辘走田埂上,另两个轱辘走田里,哐叽哐叽地到了小岗村北边一个干渠沟北。看到两个青年男女在干活。陈庭元说,看看去。走到跟前,陈庭元先打招呼。陈庭元和农民讲话非常有办法,他问的话叫人家好回答。陈庭元说:“你们锄花生的可对?”社员答:“对,我们锄花生的。”陈庭元走到跟前说：“今年花生种得多不多？”社员回答：“种得多。”陈庭元说：“你们花生长得真好，匀匀满满的就像摆棋子一样好看。”社员说：“要叫这样干啊，我们明年种得还要多。”哎！这话里就有话了，怎么叫“叫这样干”？陈庭元就想点子跟他们搭话，说：“你们是两口子吧？”社员说：“对对，我们是两口子。”说说讲讲陈庭元就进入主题了，说：“你们队是分到户里干的吧？”两个人非常敏感，说：“不是的，不是的，我们是分到组干。”陈庭元又问：“既然是分到组里干的，一个组起码有十个八个劳动力呀，怎么就你俩人干活呢？”两个人愣掉了，答不出来了。因为公社已经派人去做思想工作，叫拢到组里干了，社员都知道。今天见到县里又来了个坐小车子的大官，两个人更害怕了。所以张口结舌说不出话来。到这个时候陈庭元已经心知肚明了，知道他们已经是分到户了，就给他们台阶下，假装糊涂说：“噢！我知道了我知道了，今天逢集，你们组里其他劳动力都去赶集了，就你两口子在干活，对吧？”两人连声说：“对对对！他们都赶集去了，就我们两口子在家干活。”所以说，我们是 1979 年 4 月 10 日发现小岗队分到户干的，我们就是这天发现的。几天后，陈庭元又去梨园公社。张明楼汇报说：“陈书记，遵照您的意思，公社派几位得力干部去小岗队做工作，动员他们并到组里干。并采取措施，把全队的种子、化肥、耕牛贷款都扣在公社，等他们并组后再发给他们。”陈庭元和张明楼一同到小岗队挨门挨户地走访社员后，用商量的口气说：“老张啦，他们的庄稼已经分到户里安种了，投入有多有少，再并起来分红时不好算账，就让他们干到秋再说吧。”陈庭元的话使张明楼感到突然，就说：“陈书记，您上次的意思是不准分到户干，这几天，外公社也有人知道了，说我们梨园公社分田单干，搞资本主义。”陈庭元说：“他们已经穷灰掉了，还能搞什么资本主义？全县有 2000 多个队，就算他这一个队是搞资本主义，也搞不到哪里去，最多多收一点粮食吃。”张明楼很犯难地说:“陈书记,我也知道社员这样干能干好,但是以后要犯错误怎么办?”陈庭元沉思着说:“要有错误我们县里承担,不要你公社负责。”张明楼手一伸说:“行,那您写个条给我。”陈庭元板着脸说:“这样的事只能干,哪能写条子呢!”张明楼说:“我的书记,如果将来出问题,您调走了,我到哪找您去?”陈庭元无奈,坐上吉普车一路一语没吭回到县里。次日上午,陈庭元又到梨园公社,他带着县委办公室主任田广顺、县委农村政研室主任周义贵、板桥区委(辖梨园公社)书记林兴甫一同前往,请他们共同作证,如果小岗队“包干到户”犯错误由县里承担。就这样,小岗队的“包干到户”幸存下来了。

需要说明一点,上面介绍张明楼和陈书记两人有那么多的对话,似乎他张明楼就是改革的阻力,是落后的。不能这样看。我们不能一边赞扬陈书记,一边对张书记给予批评,把人家搞灰暗掉了,不能这样,对吧?我对张明楼这个人还是非常赞成的,他的头脑很清醒,他明明知道社员“包干到户”能干好,但是周围公社都在指责他,他的压力很大。县里来几位领导作担保他就同意了,是可以理解的。同时,此人是个老党员、老干部,忠于党,在中央没有正式文件,政策尚未明确之前,有点迟疑是可以理解的。我们要对他有个正确的评价。

我再重复一遍,陈书记是1979年4月10号第一次到小岗队,第一次发现小岗队分田到户的。后来有人问,小岗到底是哪一天按手印的?我们现在说不清楚具体日期。对于这个历史问题,我们没有亲眼见,现在说不清楚。只能由小岗村农民追忆。我现在写的就是小岗队“大包干到户”是在1979年4月10号之前,我敢讲是绝对正确的,随你说“前”到哪一天,我也没有错。具体日期我真不知道。但,我说在4月10号之前是绝对正确的,那是我跟着陈书记亲自去的,亲眼见的。

小岗村“大包干”第一手材料、核心的东西我都知道。第一手材料是，1979 年 4 月 10 日，我跟陈庭元去小岗，亲眼见到他们已分到户的，是县委书记发现的；核心是，小岗队在全县是第一个全队分到户的，当时全队都分到户的全县就它一个队。在小岗队的影响下，1980 年下半年，全县才推广小岗队经验，全面“包干到户”。所以说，小岗队是在全县率先“包干到户”的，对全县“包干到户”是有贡献的，是实实在在的。还有一个具体情况。凤阳县在 1979 年 2 月 20 号全面推行“大包干”到组时，全县也有不少是包到户干的。比如，队里的软腿子户、难缠户、懒汉户。分组是自找对象，那些户，有个别的最后实在没人要了，队里就给他几亩地让他自己家干，也叫“包干到户”。这样的户大约要占全县生产队总数的百分之五。后来发现，自己干的户庄稼长得比包干到组的好，包干到组的庄稼长得比没分开的生产队好。到农村一看，层次分明，非常清楚。有一次，我陪陈书记下乡，到陈圩子公社一家单干户史成德家去看看，他很不好意思地说：“哎哟，书记，我们家是软腿子户，几个小组都不要，不好意思。”陈书记说：“怎么不好意思呢？你看你的庄稼长得比他们组里长得好，你怎么不好意思？”陈书记表扬他干得好，鼓励他明年还这样干。很有意思的。

凤阳县的农村改革进程有三部曲：1978 年 3 月，马湖公社“分组作业、联产计酬”；1979 年的 2 月 20 号，全县推行“大包干到组”（同年 4 月 10 号发现小岗生产队全队“大包干到户”）；1980 年下半年，全县推行“包干到户”。“大包干到组”和“大包干到户”统称“大包干”。

还有人问过这样一个问题：“大包干”这个名字是谁先提出来的？最早是什么时候提出来的？我的回答是：载入凤阳史册的是 1979 年 2 月 14 日至 20 日，县委召开农村工作会议期间，梨园公社石马大队书记金文昌说：我们大队小贾生产队实行小组“大包干”

……另外,我最近翻看一下老笔记本,1979年元月份前后有两次记录“大包干”这三个字。一次在县委常委、办公室主任周文德办公室,他说:“最近有人提出要搞‘大包干’。”我感到很新鲜,就随手记在笔记本上。还有一次,我跟陈庭元书记下乡,他在一个公社干部会上说:“‘大包干’不能搞。”我也记在笔记本上。

以上是介绍“大包干”是怎么搞起来的。

第三,什么叫“大包干”?“大包干”到底是个什么东西?我来说说,看可能说得清楚。“大包干”主要有承包内容、管理办法、分配方式三个要素。承包内容是:把生产队分成若干个组,队里的土地、耕牛、农具、还债任务、上交任务,按人口分到各组(“大包干到户”的,分到各户)。管理办法是:由各组(“大包干到户”的,由各户)当家做主,废除生产队的一切管理权。分配方式是:“保证国家的,留足集体的,剩下都是自己的。”就是保证把国家的公粮、农产品订购任务、还贷任务交齐,把大队依法规定的集体提留交齐,剩下的收入全由“大包干”组(或“大包干”户)自己分配。以上就是凤阳“大包干”的全部内容。

安徽农村改革的进程和逐步深入程度,是否可以这样划分:一是凤阳县马湖公社的“分组作业、联产计酬”。它实行的“联产计酬”,能调动社员的生产积极性,解决了一点人际关系问题,但是,生产出来的产品还要纳入生产队统一分配,还没有脱离生产队的领导,没有摆脱生产队的束缚,只能算浅层次的初步改革。二是1979年2月20日,凤阳县的“大包干到组”。小组脱离了生产队领导,彻底摆脱了生产队的束缚,废除了生产队,一切由小组里社员当家做主。但是,小组还是集体生产,只是由“大呼隆”变成“小呼隆”,还会产生新的矛盾。就像孙中山只把皇帝赶跑了,革命尚未成功。三是1978年9月15日,肥西县山南村小井庄生产队的“包产到户”。“包产到户”能充分发挥家庭细胞的作用,做到人尽其才、物尽其用,将劳动生产能量充分发挥到极致,但是,它只是向生产队承包产量,自己没有生产管理和分配权。生产队不仅有“五统一”“六统一”在管住他的生产、管理过程,还有权将他生产的粮食收到队里统一分配。生产队就像一个集体生产“大呼隆”的幽灵在你头上荡来荡去,使你挺不起腰杆子干事。四是 1978 年 10 月,来安县十二里半公社前郢生产队的分田单干。分田单干虽然使家庭享有充分的自主权,家庭能量充分发挥,但是它无章无法,不成体统,成不了气候。五是凤阳“大包干到户”,彻底解决了集体生产“大呼隆”、吃大锅饭的弊端,成为中国农村成功改革的发源地。

凤阳“大包干”发生不少故事,我给你们讲一个。1993 年秋,天津市政协常委、文化局长叶厚荣同志来找我。他是安徽肥西县山南区人,很关注老家肥西县的“包产到户”和凤阳县的“大包干”,他开着面包车带几位作家来写剧本。我当时是县委常委、宣传部部长,见到来那么大的省级领导,又是我们安徽老乡,就赶快去向县委书记汇报,请书记来接待他。他坚决不叫去,说:“我哪位领导也不打搅,只找到你就行了。”我不知道他是怎么知道我的,我说:“好吧,要我做什么,请指教,我洗耳恭听。”我陪他跑城乡采访两天。回天津前,他要和我讨论一件事,认真地说:“凭什么我们肥西县山南村小井庄生产队、柿树公社黄花大队‘包产到户’比凤阳‘大包干’早,又是万里支持的,又是安徽的试点,可现在全国、全世界都知道有个凤阳‘大包干’是中国农村改革的发源地,而从来不提我们肥西县‘包产到户’一个字? 到底是为什么?”我说,“我来说说,您看对不对”。我说,“你们山南村小井庄我去考察过,从字面上看,‘包产到户’只是把产量包到户,生产队还搞个‘五统一’在管着你,后来又加一个‘统一’,有‘六统一’。应该说,改革还不算彻底。也可能在实际上,各包产户根本不买你生产队那一套,我干我的。但在宣传上是受到影响的。另外,十一届三中全会公报明确提出不许分田单干、不许‘包产到户’，当时，‘包产到户’没有记者敢写，没有报纸敢登，宣传上受到冷落。到 1980 年 5 月 31 日，邓小平在与中央有关负责同志讲话后才解除这条禁令。而凤阳‘大包干’包得彻底，生产、管理、分配所有的权利统统归承包者自己所有，生产队管不着。尤其是‘大包干’这个名字起得好，比如，‘大包干’三个字的含义是：第一个字，‘大’者‘广’也，是广度。一切生产、管理、产品处置权统统归包干组（包干户）。第二个字，‘包’者‘社’也，是社会主义性质。大凡承包经营项目，都有发包方和承包方，‘大包干’的发包方是生产队，生产队是代表公社、大队、生产队‘三级所有、队为基础’的社会主义。我承包方是签订契约承包经营你社会主义项目的，所以我干的是社会主义，不是资本主义，不犯法！第三个字，‘干’者‘深’也，是深度。我依法交足国家的、留足集体的以后，剩下都是我自己的，彻头彻尾、彻里彻外，一竿子到底都由我自己当家做主，生产队一丝一毫也管不着。所以说，凤阳‘大包干’名字起得科学。实际上，肥西的‘包产到户’同凤阳‘大包干’在效果上是一样的，只是名字不同。好比肥西、凤阳两家同时生两个小孩，都长得白白胖胖的，都很喜人。但是，肥西的名字叫‘包产到户’，违反‘两个不许’，记者不敢写，报纸不敢登；凤阳的名字叫‘大包干’，合理合法，来凤阳写‘大包干’的报道、小说、论文、剧本、电视、电影，搞什么都得奖，所以凤阳‘大包干’被宣传得广泛。

“关于改革早迟的问题，小井庄、黄花大队是 1978 年 9 月 15 日‘包产到户’的，凤阳的马湖公社是 1978 年 3 月联产计酬到组的，比肥西早，但是肥西是到户的，马湖公社是到组的。总体来说，肥西和凤阳两个县在安徽农村改革中是并驾齐驱、并肩前进的，应该这样评说。就是肥西的名字没有凤阳起得好，来安县也是如此。”我说完后，叶厚荣老乡说：“你讲得有道理，我听明白了，实质是一样的，就是凤阳名字起得好,我没有意见了。”他说:“老弟! 我服气了。”

后来,他当选天津市政协副主席,联系文化工作。他著书立说,是一位很有作为的领导干部。他在任天津市政协副主席期间,每两三年来一趟,我俩处得特别好。有一次我在北京开会,他得知后,叫我散会后一定到天津去。我到天津后,受到他热情接待,留我在天津参观几天,吃西餐,听京剧,还邀请张辉瓒的孙子来陪同。后来我俩是好朋友,至今仍有来往。

凤阳“大包干”能够顺利实施并推广,有许多因素,其中还有一个就是凤阳当时的领导班子好。县委常委班子 9 大成员中有 5 位是“老右派”。县委书记陈庭元是“右派”,县委副书记、“革委会”主任吉诏宏是“极右”,坐过牢,县委副书记王予新是“极右”,坐过牢,县委副书记秦言永是“右派”、县委常委李伟是“右派”。什么是“老右派”? 就是浮夸风时期他们说点实话。他们这 5 个“老右派”思想比较一致,在一个领导班子中占多数,意见好统一。实行“大包干”是正正规规经过县委常委研究决定的,而且还通过请示万里同意的。所以说,凤阳是真正扎扎实实的,稳扎稳打的。

据说,肥西县的“包产到户”就是山南区委书记汤茂林主持开会形成的决议,县里不支持。来安县委书记王业美是单枪匹马搞分田单干,其他领导不沾边。我很敬佩王业美,他看准了就敢大胆地干,义无反顾。但就是名字起得不好,分田单干太直白,明显地跟中央文件唱对台戏,后来被批得够呛,叫他“单干书记”。好在后来滁县地委对他还不错,安排个组织部长(的位置给他)。

凤阳的农村改革,上面紧紧扣住中央的政策,下面真诚听取群众的呼声,中间正确理解领导的意图,循序渐进,稳扎稳打,最后取得成功。要想干好党的事业,就要把中央的政策和老百姓利益结合起来才行,光凭一头热、一头劲不行。

40 年了,时间长了,记不全了,请批评指正。

1978年春，我在马湖公社搞包产到组

——詹绍周口述

访谈时间：2018年3月21日下午2时半至4时

访谈地点：凤阳国际大酒店

口 述 者：詹绍周（1978年任凤阳县马湖公社书记）

访 问 者：沈葵　徐小满

录音记录：徐小满

文字整理：徐小满

我是詹绍周，1930年出生，今年88周岁。我是凤阳县梅市公社人，上学读书到小学六年级。那时候家穷，小学毕业以后就念不起（书）了，进不了中学，就辍学不念了。参加工作之前，我在家，在生产队搞裁量员，不是测量员。裁量员就像会计一样。1952年底，我出来工作，一开始在银行搞农经员，干到1955年，到农村营业所，就是银行下属机构营业所，搞营业所副主任、主任。1956年，抽到县委组织部审干办公室，搞审干员。那时候搞审干就是干部审查。我在审干办公室，比较难一些的（工作），他们都交给我，叫我去查。我一生追求一条，就是实事求是，不冤枉人，也不包庇人。所以，我在审干室工作，我经手审干的人，对我不是像仇人一样，对我还是客客气气的。我跟他们（被审查的人）讲："你的历史问题

我给你查清楚，但是，你愿意承认你就承认，你不愿意承认就挂起来（放到一边）。”所以，这些人对我都有好感。那个时候，我就是这样搞审干（工作）。审干搞结束后，1957 年，我到门台子区，在区委会搞组织干事，搞了 1 年，就到了 1958 年大炼钢铁。

1958 年大炼钢铁，大家都去炼铁，我也参加大炼钢铁去了。随后就建立人民公社。刘府（乡）建立的公社叫太阳升，武店（乡）建立的公社叫东方红。我就到武店的东方红人民公社去工作了。一开始，我搞组织干事，后来搞组织部长，就是在人民公社里搞组织部长。1963 年，我到龙坝公社搞副书记，主持工作，实际上就是书记。1963 年后，我到县里来了，在县委组织部搞整党工作队，搞（干）队员。随后，从整党工作队里出来。后来就到了“文化大革命”，我又到刘府，在刘府区委搞组织委员。以后，我又从刘府区到凤阳县西泉采石场，任场长、书记，这是个县采石场。这大概是 1968 年或者 1969 年。在这里一直干到 1972 年。这年，我从采石场到马湖公社任书记，一直干到 1979 年。在马湖干公社书记 8 年。可以说，我是在凤阳县当公社书记当的时间比较长的一个。

我在马湖，一直在农村，就是搞改革。当时马湖的背景就是，上面有压力，下面有追求。上面的压力就是农业超“纲要”。这个超“纲要”是 1970 年的时候，国家开了个“北方农业会议”，对人民公社提出要求，就是农业超“纲要”。会上要求人民公社抓紧时间超“纲要”，“一年不行，两年不行，三年四年总可以了吧。”我到马湖是 1972 年,距这个北方农业会议已经过去两年了,按超"纲要"要求的时间还有最后两年。所以说,上面有压力就是指农业超"纲要"任务期还剩下最后两年。下面有追求是什么呢?我到马湖当书记的时候,到公社各个生产队转了一圈,了解了解下面情况,结果发现生产队生产不大像样子,都在磨洋工、混工分。我就召开全公社生产队长会议。这是我当书记后第一次召开这样的会。我在会上批评(他们),对他们(参会的生产队长)发火。我说:"你们把生产队搞成这个样子,把群众搞得没得吃没得穿,你们怎么对得起群众!"这一讲,乖乖!麻烦来了!遇到什么呢?金槐生产队有个指导员,叫金传云(音),他站起来顶了我一句:"詹书记,你批评我们什么?哪个社员吃饱肚子不愿意生产?"他这一顶撞,底下(参会的)生产队队长、副队长那些人都起哄。有的就说,你(詹绍周)来干试试!我也听到了这个话。当时,会议搞得我处境很尴尬,会议开败场了。这个败场就是砸场的意思,会议被搞停掉了,我讲话被底下人顶回去了。过了一会儿,我没批评他们,顶我就算了。因为他们顶我的话也是反映了当时实际情况,我也不好批评他们,听听他们(顶撞的话),也就拉倒了。散会以后,公社"革委会"副主任王永成就说,詹书记第一次开会就搞败场,我们下一步还怎么工作呢?他说这话的意思就是影响了詹书记和公社干部的威信。这个就是,下面有追求,有呼声!

马湖公社不大,就 4 个大队 4800 多人。每年吃国家回销粮 32 万多斤,回销款是 4 万多元。那时候的回销粮都是 1 斤回销粮带 7 分钱,公家再补 7 分钱。那时粮食卖 1 角 4 分多 1 斤,就是补一半,其余那一半要你自己给钱。1972 年,还是 32 万斤回销粮、4 万多元回销款。这年就算糊过去了,应付过去了。1973 年春天,《人民日报》发表了一篇评论员文章。这个文章里面要求公社干部要下到生产队蹲点,要求你沉下去,到生产队去。县里也提出这个要求。

按照上面的要求，我们就去生产队喽。具体哪些人到哪里去蹲点呢？马湖公社主要有4个干部，我是公社“革委会”主任、党委书记，还有一个公社“革委会”副主任，一个组织部长，一个武装部长。马湖公社就4个大队，我们就一人包一个大队，安排到大队去。他们3个同志为了照顾我，叫我到距公社最近的路西大队去。我是公社一把手，又要看家，又要蹲点，把我安排在公社边上，方便我工作。

我到路西大队去，又把大队的干部往生产队派，要求他们到生产队蹲点，就是一层一层往下安。路西大队有10个生产队、5个大队干部，正好一人摊两个生产队。我就召集大队干部开会。我说，你们一人包两个生产队，你们自己选。结果，他拣两个，他包两个，5个干部4个拣过了，还剩最后一个干部没拣。最后一个大队干部叫刘海友(音)，是大队副书记。这个时候，他说话了：“乖乖！好的(队)你们都拣去了，留下两个最(困)难的给我！我不干。”我一听，他一个人不干，这上午开了半天会等于白开了，没分成。怎么办呢？这时，大队“革委会”副主任，就是副大队长闫树田(音)嘴快。他说：“詹书记，都快中午了，下午再开吧，上午就散会吧，先回家吃饭，下午再开。”我一看，也没什么办法，那就宣布散会了，上午的会就白开了。到下午，继续开会。都到齐了，闫树田说话了：“上午搞了半天，我看这样吧，我嘴快些，詹书记你和刘海友留前倪、东闫这两个生产队。这两个队最困难，也难搞。”还说：“以刘海友为主，詹书记当刘海友的后盾。”这话的意思就是叫我陪着刘海友去那两个队蹲点。听闫树田这么一说，我想到了什么呢？当时就想到了上次那个会，就是我召开的全公社第一次生产队队长会。那个会上有人顶我，要我到生产队干试试。我也确实想试试(到生产队蹲点)，搞搞看！当时我就感觉，到生产队搞，确实不容易搞；搞不好,我这个公社书记最起码脸面上讲不过去,但是真的要试试看,起码也有这个经验,打开个局面吧。最后,我跟刘海友讲:“这样子吧,前倪队最困难最难缠,我俩重点抓前倪队,带着东闫队。”这个会就这样定下来了,各个大队干部也都派到生产队蹲点去了。

之后,我把刘海友带着到前倪队,开生产队社员会。这个生产队穷到什么程度呢?那个睡觉的房子漏雨,漏到外面不下家里下的程度。怎搞外面不下家里下呢?过去不都是草房子嘛,雨停了以后它还顺着草滴啊,这不就漏到房子里面了嘛。所以说房子是外头不下(雨)家里还照样下。群众穿衣都破破烂烂的。我给他们(前倪队)总结有4句话:良田荒芜十一年,缺吃少穿雨愁眠,吵打无耻亲友脸,偷盗亲友苦难言。这个“良田荒芜十一年”从哪来的呢?我在前倪队召开生产队会,我跟他们(社员)说,你们要好好干,你们不好好干,年纪轻轻的,老婆都要(娶)不到!我这一讲,有小年轻的就接我的话茬说开了:“詹书记啊,我们都做好准备了,我们准备当五保户的接班人呢。”这个前倪队有4个五保户,这4个五保户既没有后代,也没有人养,都是生产队包起来的,所以,这些小年轻就是比照这些五保户过日子。我一听,说:“乖乖!你们这么悲观啊。”这时候,有个女的叫王碧英(音)就跟我讲,她自从结婚嫁到这个生产队,就没锄过头交(第一遍)地。这个生产队大部分都是旱地,种一季庄稼一般要锄三次地,去除地里的杂草。生产队11年没锄过头交地,都不好好干,哪能收到粮食呢?!年轻人哪能要到老婆呢?!所以我总结的第一句“良田荒芜十一年”就是指这个。“吵打无耻亲友脸”是怎么回事呢?怎么吵打呢?这个生产队都是一个姓,都姓倪,一个姓都分两下子,一个东头,一个西头。两下子成天闹打架、吵嘴,不和啊!东头的倪姓是武店公社前倪大队的亲戚,西头的倪姓是我马湖公社后倪大队的亲戚。所以,东头和西头的倪一吵架,就把那两个大队的倪姓都牵进来了。他帮他的亲戚,他帮他的亲戚。这一帮,把两头的亲友脸都搁进去了,打的都是亲友脸。我到那(前倪队)去了以后,首先要解决这个问题。我就把前倪大队后倪大队两个书记找到一起谈话。我说:“我到马湖公社来当书记,在前倪队蹲点。这个队(前倪生产队)内的社员再吵再闹再打,由我解决,你们两个大队不要插手。”我就把他们(两个大队分别支持前倪生产队东头西头倪姓)隔断了,叫他们不要再干预了。我把他们阻拦好了。这样就减少了矛盾。最后一句“偷盗亲友苦难言”什么意思呢?怎么偷盗亲友呢?过去农村不是夜里有打更吗?是防小偷的。晚上,有小年轻的值更,有生产队或者社员家养的小猪跑出来了,小年轻就给逮到杀吃掉了。人家小猪跑出来能跑多远呢?人家就怀疑是前倪生产队社员干的。结果一查一问,哪有不透风的墙呢?一查一个准。但这些(偷杀猪的)小年轻跟他们(丢失小猪的)都是亲戚关系,所以,吃了就拉倒喽。这个前倪生产队就是这样的一种情况。

我到前倪生产队蹲点,怎么弄呢?从一开始我就对刘海友讲:“要看着他们搞生产,看(盯)着!看紧着!到处都要看着。”就这样盯着催着促着搞了1年,生产开始回升了,也就是有一点好转。这光回升有好转,但起色还是不大,不知道(下年)再怎么搞了。

第二年(1974年),我对刘海友说:“搞评工记分吧!好好搞。”那时候,人民公社里不是实行生产队评工记分嘛,我们就按这个办法,让社员晚上开会,大家一起给每个社员评工记分。结果,晚上评工记分会一开,没人讲话,都不吱声。为什么不讲话呢?因为一讲话、一评(分),他就得罪人。哪个愿意得罪人呢?这个会一开就开成个哑巴会。唉,没办法。那个生产队长怪有水平的,他见开会时间太长,又没人说话,他就说了:“今天晚上算了,有的没好好干的今天也不点你名字了,散会。”他是自己给自己圆了场,散会就是喽。我看(落个)这样的局面,怎么搞呢?我就想办法了。我要生产队成立个评分小组,不是那种把干活社员都召集起来的开会评分。我对刘海友和生产队长说:“哪个(社员)干得好坏由评分小组评定。这样搞,(开会)范围小,由评分小组评定,干得好的给他增加一点工分,干得不好的扣一点分。”就这样,由评分小组来评社员工分多少。一开始,评分小组评定社员工分都是增加工分,没有扣工分的。我就压他们,给他们压力。我说:“都是增加工分,没有好好干的也不扣分,这哪照(行)啊。”我这样一说、一压,有的就扣分了。扣分总要有人在会上说啊。于是,就有人讲哪个哪个要扣点分,哪个干得不好要扣分。结果,这一扣,扣出矛盾来了。有被扣分的家里,男的不讲,女的说话了,骂娘腔都出来了,就讲:“人家不好好干你不敢讲、不扣分,为啥要扣我家男人的工分。”今天她骂,明天她骂,把这个评分小组给骂垮掉了。就这样,搞了 1 年评工记分,评分小组被骂了 1 年,没搞好,骂垮掉了。

1975 年开始,我就跟刘海友讲:“搞包工,就是包到人。”比如割麦子,麦子不是旱地作物吗?一墒子一墒子种的。我就让他们算,割麦子,一墒子记多少分;锄田,一趟子或者一亩地给你记多少工分。就这样搞,采取包工。但是,这个包工呢,有进步也有弊端。它的弊端是什么呢?就是一搞包工他就想加分。他不想着干活,就想多挣分,少干活。比如讲,这个生产队地块大,又是旱地。到雨天要栽芋头。我就对他们提出要求。我说:“芋头一定要 5 寸到 7 寸远栽一栏子,也就是芋头秧要间隔 5 寸至 7 寸,不能太近也不能太远。”结果,下雨天大家都把芋头栽下去了,因为雨后地里很潮湿,不能马上下地查看、检查,要等到天晴几天后才能下地查看。我们下地一查,他一尺挂两头,哪止 5 寸到 7 寸呢?间隔足有一尺多。所以我讲他是“一尺挂两头”,也是农村土话。这个时候,有的社员就跟我提出来了,说:“詹书记,你来我们这边这两年生产好一点了,但是照这样干还不管(不行)。”我说:“怎么搞不管呢?”他说:“产量还是上不去啊。还是不管!”我说:“那你讲怎么(能)管呢?”他说:“你包工不包产不管。”给我提出要搞包工包产。我一听,乖乖,那不能搞。就冲了他一句:“那就管了吗?你那意思是还想单干?!”他叫(被)我冲得也不说话了,末了说了句:“不批准拉倒就是喽。”

虽然当面批评了他,但事后我心里就琢磨这个事。我琢磨什么呢?我(觉得)批评他有点亏得慌(没道理)。他说的是实话嘛。我就想,这包产是个好办法,不照(行)就搞(包产)试试。但怎么搞包产呢?我就在反复琢磨。

这是1974年底1975年春的事了。当时,我们马湖公社有烤烟种植生产,种植烟叶子的地占全公社20%的旱地面积。前倪生产队也有部分旱地种烟叶子。我们马湖公社“革委会”一个副主任带着公社的一些生产队队长也包括前倪生产队队长去河南许昌参观那边的烟叶生产情况。回来后,我就问前倪生产队队长。我说:“你去参观那(许昌)烟叶子(生产)怎么样啊?”他就跟我讲:“乖乖!他那边烟叶子长得好!”我就问:“怎么个好啊?”他说:“烟叶子长得漫过头顶。”我又问:“怎么搞的长得好呢?”他说:“烟叶子不是分生产和采烤两下子(部分)吗?他们把它两(生产和采烤)分开,生产给生产的工分,采烤给采烤的工分,采取的是这个办法,所以产量高。”我听他这么一介绍,就琢磨着我们这边的烟叶子(生产、采烤)怎么搞。这个烟叶子呢,长得越好越难炕(烤)。产量低了呢,你搞包产就能搞到产量高啊,他(种植者)就能多得工分了。但是,产量越高却炕不到好颜色。细叶子差价大,孬的两毛钱1斤,好的块把钱1斤。我就在这上面做文章,采取卡两头,又要卡产量提高,还要卡质量提高。一开始,我就采取烟叶子生产包工到组、联产记工的办法,就是又记工分又记产量,1斤烟叶子记多少工分,卖多少钱记多少工分,5角钱几分工,1斤烟叶子几分工,又卡产量,又卡质量。我就采取这个办法。哎,这真有效果!把烟叶子生产搞上去了,质量也弄好了。但是也出了问题。出什么问题呢?这个烟叶子是国家收购,跟群众私下交易价不一样,国家收购的价格还没有群众私下交易价贵,也就是群众私下交易的那些烂的碎的烟叶子价格比国家收购的整齐的烟叶子还贵。我就想,要是把烟叶子烤得好一些,国家收购时就能按好烟叶子给价钱了。于是,我就到他们下烟叶子的地方去看。不看不知道,一看才晓得。乖乖!那些小年轻的他腰都不弯,拿起来朝地上呼哧一放,这烟叶子都是现炕出来的,焦得很,被他这呼哧一放,都搞碎掉了,这样搞,烟叶子哪能卖到好价钱呢?我就对他们讲:"你这腰都不弯,这烟叶子都让你搞碎掉了。"他回讲:"碎了又不少卖钱啰。"其实这样搞,国家收购的烟叶子质量并不是最好,群众私下交易的烟叶子质量也不好,而且当时是不能公开买卖烟叶子的。但是,生产队烟叶子生产搞包工到组、联产记工,的确比以前没搞好很多了。

来年(1976 年),我又叫马湖公社路西大队 10 个生产队都采取这个办法(烟叶生产包工到组、联产记工)。当时,只限定于烟叶子生产采烤。就这样又搞了 1 年。

这个事呢,很快就传出去了,就是生产队在烟叶子生产上搞包工到组,(队)分开分到小组了,烟叶子又按产量又按质量记工分。结果就传到了滁县地委。地委听到我搞包到组、搞烟叶子按产记工,就来查我。调查组里有个芮宽平(音),当过研究室主任,是他陪着来调查。他就对我讲:"詹书记,他们(调查组)来前倪生产队查烟叶子(包工包产)事情,查你的生产管理;你工作忙,就不要跟着(调查组)了,我去陪他们。"实际上,老芮讲这个话我也听得懂,意思是叫我回避,实际上就是查我嘛,老芮就叫我不要参加了。

调查组查过以后,第二天要走了。当天晚上老芮跟我说话:"詹书记,我们明天就要走了,(我们)准备准备,好跟你汇报。"我一听，心里明白了，他暗示的话我也听懂了。实际上是他们（调查组）内部有争论，意见不统一。老芮呢，赞成我的管理办法；地委来的两个人呢，他们不赞成。老芮就给我一句话："詹书记，他们（调查组那两人）到时候给你汇报（调查结果），你该讲的话还是要讲哦。"这是老芮给我的一个暗示的话。之后，老芮一个，加上来的两个，一个叫张奇科（音），一个叫李什么？记不得了，共 3 个人，找我谈话，就是调查组找我谈谈他们这次调查的初步结论。姓张姓李两人讲了，讲过之后就给我提出来说："你这个管理办法涉及方向路线问题。"说得很严重。我一听，我既然已经到这个程度（指方向路线）上了，也就是讲打破头、上了山也就这回事了。我也无所谓了。我说："我怎么有方向路线问题啊？我是按照《人民公社六十条》办的，（其中）'31 条'是评工记分，'32 条'是劳动组合，'32 条'劳动组合里面允许到组。我是根据《人民公社六十条》里面'31 条''32 条'办的。"调查组听了我讲的这些后，其中一人说话了："它（《人民公社六十条》）里面是讲了评工记分，但没有讲联系产量，要遇到年成不好，没有收成（产量）哪有工分呢？"我也没饶他，就辩论。我说："年成不好我给他一万分也分不到东西。挣一万分又有什么用呢？"（调查组）本来是准备给我定性给我戴帽子的。结果，他们叫我这么一顶，也没说过我。他们又自己开始圆场了，就对我说："我们回去汇报后再说吧！"他们（调查组）回去以后，再也没跟我说什么，我也不去问，就拉倒了（算了）。我们两方（詹和调查组）都拉倒了。这个事情就搞到这个程度，不了了之。

当时，我这（路西大队）10 个生产队都实行这个办法（烟叶子生产实行包工到组、联产记工）。地区调查组突然来搞调查，一搞一轰动，其他生产队来年都不敢干了，不敢这样搞了，我这个管理办法给他们（调查组）搞冲击掉了。只有我蹲点的前倪生产队，社员给我提出来："詹书记啊，你叫我们搞的这个办法可以。你看看这两年我们搞得有吃有穿的,生产搞好了,国家任务也完成了,这样搞不错啊。”叫我不要改回去,还按这个办法搞。我说:“那不改(回去)怎么搞呢?(不行啊),上面老来(不停地来)查啊。社员就说:再来查,我们就说是自已搞的,不往你头上推。”我说:“这是我蹲点的地方,又是我叫搞的,瞒就能瞒得住吗?”我嘴上这么说,心里还是赞成不改的。结果,我也就默许这个生产队继续搞。所以,我这个马湖公社路西大队 10 个生产队,只留有前倪生产队仍然在搞烟叶子生产包工到组、联产记工,其他生产队都搞垮(改回去)了。这已经是 1977 年的事了。

1978 年一开春,过去人民公社生产队春天第一次会议叫“一月早知道”。正月十六日,前倪生产队开会,定产量、定指标、定措施。定过以后,我就给他们提要求。我说:“1 年完成上缴国家(粮食)任务要翻一番。”就是要求他们加 1 倍。这时,生产队队委里面有一个人叫倪从金,外号“抠子”,他跟我讲:“詹书记啊,你要是把粮食生产像烟叶子(生产)那样包到组,按产记工包到组,别讲翻一番,翻两番我们都能完成。”那个时候,我们(指农村基层干部)只要听到把上面的任务(上缴国家粮食)能够多完成,心里面不晓得多愉快。我一高兴,就说:“好,你们搞。”我这边话刚讲出去,那边心里面就害怕了。我赶紧又说:“那这样子吧,凡是上磙子的(农作物)不包,不上磙子的都按产记工。”我说这话,是给自己留了余地。这个前倪队 500 多亩地、20 亩水田,烟叶子生产还占 25%,那就是山芋占大头,山芋生产哪要上磙子呢?起(收)山芋就起,用不上磙子。棉花也不要上磙子,花生也不要上磙子。搞(算)到最后,这几样(农作物)都不要上磙子了。最后只剩下小蜀黍,就是高粱。我说:“小蜀黍不上磙子不照吧?”有一个生产队干部就回话了,说:“只要想干,就有办法。”他说:“我们把这个小蜀黍砍下来,先把头去掉,就是把每个头(高粱粒头)剪下来,不带节,就管上秤了!按产量（记工）就上秤称啊！”我一听，咦，他们都有好办法。这样搞，小蜀黍也可以包掉了。就剩一个水稻了。这个水稻没办法搞包产到组、联产记工，好在它只有 20 多亩，对全生产队的粮食生产影响不大。

前倪队搞包产到组、联产记工的办法很快在马湖公社范围内都传开了，（大家）也都在悄悄地照着这个办法搞。我是马湖的书记，也不作声，让他们搞。

1978 年大旱，旱得很。后来，前倪队的队长倪兴邦对我讲："詹书记啊！你可知道我们放水抗旱放了 43 天啊！”这年，因为大旱，凤阳全县各个公社（粮食）都减产，只有我马湖没减产。为什么马湖没减产呢？我这一包产到组，他积极性高啊！没有肥料，他自己拿钱去买化肥什么的。前倪生产队一个队分成 4 个组，其中有一个组有个女的叫倪从英，她离婚时男家给她点钱，她把这个离婚给的钱交给组里，买化肥搞生产。这个积极性高涨到这个程度。

这一年，我马湖公社抗旱放了 43 天水啊！因为马湖秋天大部分粮食（农作物）是山芋，更是因为搞包产到组，所以没减产。年底，县里召开四干（县、区、公社、大队）会。会上，有人问我："人家都减产，为什么你马湖没减产？”最后，县里叫我在会上介绍马湖（的经验）。我就在会上拿出一份文件，我说："这是我马湖的‘一号文件’，我今天就向大家介绍介绍这个‘一号文件’。”搞得下面开会的都拍巴掌笑。中央有“一号文件”，马湖也搞“一号文件”，人家能不笑嘛，搞得底下哄堂大笑。我就（在会上）给他们介绍这个（包产到组）管理办法。经过我在县四干会上这么一介绍，这个办法随后在全县传开了。以后，凤阳县委有三句话，县“革委会”副主任徐万里他主持一个会议，他讲了三句话。他说："马湖这个管理办法，不宣传、不推广、不制止，‘三不’。不宣传就是不对外宣传，不推广是指不在其他公社生产队搞，不制止是还让马湖继续干。”县委当时对我讲的就这三句话。小岗生产队后来采取马湖的办法了。

小岗的“大包干”最初是受我马湖影响的。小岗生产队一开始是一个队分两个组,两个组后来到4个组,4个组再到8个组,8个组后就散掉了,到户了。实际上他们是按照马湖的包产到组办法一步一步散掉的。(上面)去查了,查了他也有理啊!哪个来查小岗,他们就顶回去,说:“马湖能搞我们不能搞?”县里对小岗讲,马湖那个(指包产到组)不推广,小岗就回顶:“马湖能干为什么我们不能干?”所以讲,小岗搞“大包干”是受我马湖“包产到组”的影响。

1979年,我仍在马湖公社。省里有个作家叫曹玉模,正在凤阳,为凤阳写些文章在报纸上刊登,其中有个报告文学《鼓乡春晓》,里面登了我俩的一段对话,也是曹玉模采访的时候我讲的。我说:“马湖这两年底下生产队有吃有穿搞好了;过去‘穷’也是我们,现在‘富’也是我们。那个时候,要求不高,能有吃有穿就叫富啊!”曹玉模讲:“詹书记讲得对,穷富都是宝盖头,穷是八下面一个力,八个人在一块压弯了腰。”他这个《鼓乡春晓》报告文学实际上是我讲述的。

1980年,我到梅市公社,就是我家里的公社,县委叫我当小溪河区委副书记兼梅市公社第一书记。临去(上任)之前,县委书记陈庭元给我交代,你到梅市(公社)狠狠抓抓生产,生产队要稳定,不能再动了。叫我要稳定,意思是,农忙季节,改革不能再改了。那时候,凤阳的(农村)改革一开始是东三区允许学马湖的办法,西三区不允许。因为西三区生产好一些,东三区穷一些。梅市也属于东三区。我是4月份去的梅市。到梅市后,转了一圈,跑了20多天。我一看,生产队社员干活不像样子,我就着急啊!梅市公社不是靠着嘉山县嘛。我就到交界的地方去看。我问社员:“你们这边跟嘉山那边哪个（生产）搞得好？”社员对我讲：“詹书记，现在他们还不如我们，但是，再过两年我们就不如他们了，因为什么呢？他们（嘉山县）采取凤阳（小岗队）的办法，一竿子就到底了，就是搞包到户了。人家（嘉山）包到户，我们这（梅市）不允许。人家明年就要超过我们了。”我一听，乖乖！这么快啊！这边还是老一套，没有动，不改不行啊。梅市（公社）又是我老家，公社里不是亲就是友。我回去后，对我的风声（议论）就多了，说：“我们家的詹书记回来了，‘单干书记’回来了，这回我们管（行）了。”他们给我起的名字叫“单干书记”。

梅市公社有个姜庄大队，是全县“农业学大寨”的点。梅市公社原来的第一书记叫林万才。我去梅市前，陈庭元把我们两人弄到一块讲话，对林万才讲：“姜庄大队还是你来抓，你还干你的。”又交代我：“你也不要干扰他（林万才），你管你的 6 个大队（梅市公社共 7 个大队），他（林万才）管他的 1 个大队，他也不要过问你管的 6 个大队。”

我在梅市转了一圈以后，5 月 2 号，我在姜庄大队召开有侯王、李武、官塘 3 个大队的会议，叫这 3 个大队的大队长、会计、社员代表都来参加，还叫每个生产队来 3 到 5 人开会。结果，姜庄大队的那个庄子有 4 个生产队，听讲我在那开会，社员们放下地里的活，都跑回来听会，来探口气了。我在会上把我看到的下面生产队干活不像样子的情况讲给他们听。我就讲：“你们分开算了，‘路烂不如早脱鞋’，早点分开。”

这是 5 月 2 号，3 个大队就（这样）分开了。我是 4 月 5 号到梅市的，距（我）到梅市不足 1 个月。

我把这 3 个大队分开后，还剩下 3 个大队。这 3 个大队一分开就影响那 3 个大队了，那 3 个也要分。我下去到生产队跑，那 3 个队的社员成阵（群）地跟后面撵我，也要求分开。我就给他们采取游击战的办法。凡是撵到我的,我给他们就是一句话:“你们自己讨论,愿意分开的你们就分。”我还说:“到 5 月 12 号,你们愿意分的赶紧分,不愿意的就不要分了。农忙了,不能再拖了。”实际上,我给他们下了 10 天的紧箍咒,这 10 天分不了的就不允许分了。他们(这些大队)怕不给分就搞得快一些,很快就分掉了。还有个队的干部给我提出问题:“我这个生产队不改可照?”我说:“我也没有叫你一定要改,也没叫你不改。”我说:“你回家开社员会,社员要改就改,不愿意改就算了。”我说:“随便你。”

这一弄,把梅市也搞分掉了。梅市这一分,县里还有 9 个公社不允许包到户。梅市分掉后,影响那 9 个啊。红星公社有个姓史的书记,底下的社员闹分开,一分开就要量土地啊,他就不给分。人家量地,他收人家弓子。人家(社员)就对他讲:“梅市能分,为什么我们不能分?”总铺区的区委书记到黄泥铺(公社)下面的大队,看到那里也在搞分开,他就觉得不能分。大队书记就对他讲:“你不叫我们分也管(行),你能止得住(停下来)就不分,我是止不住。你要能把梅市詹绍周书记逮起来,我们就能止得住了。不然控制不住。”

这样,在梅市干了 1 年。这一年也倒霉,梅市发大水,一夜之间淹掉了好几个队,房子都淹倒塌了。陈庭元就讲:“绍周真倒霉,头 1 年来就遇到这么大灾害。”他下到梅市被淹生产队去看灾情,一片汪洋大海,只能坐船过去。有个大队的组织委员姓钟,当过兵。陈庭元就告诉他,这个船很危险,若出问题的话叫老钟保护我(詹绍周)。陈庭元说他自己不要保护,他会水。这年的梅市公社要不是早早分开搞包到户,那可是真的毁了。这么一分一包,当年的梅市全公社并没有减产。虽然有些生产队被淹光了,地也都淹掉了,但还有其他生产队,由于搞分开包到户,生产搞得好,补了受水淹的生产队。

1981 年,我从梅市回来了。回到武店区[①]任区委副书记。后来,(上级)准备叫我在这个武店当书记,原来那个书记准备给他调出去。他不肯走。一开始给他安排去刘府区当书记。他提出刘府是他家里头,回家乡工作不好,他不愿意去。后来让他去临淮关那边,他也不肯去。一耽误,就把我的工作压下来了,本来准备让我在武店接他的班。压下来以后,巧了,县交通局 3 个局长、副局长闹乱子,3 人搞不到一块儿,这个局就瘫痪掉了。陈庭元就叫我去交通局当局长,陈庭元讲我又是局长又是书记,副局长要我自己配。我去交通局干了 8 年。最后,我在县交通局干到退休。

① 马湖公社为武店区下辖公社,这里口述者的"回到"即是此意。

我召集了十八户来开会

——严宏昌口述

访谈时间：2018 年 3 月 22 日上午 9 时至 11 时
访谈地点：凤阳县小岗村严宏昌家中
口 述 者：严宏昌（1978 年任凤阳县梨园公社小岗生产队副队长）
访 问 者：沈葵　徐小满
录音整理：徐小满
文字整理：徐小满

我叫严宏昌，出生于 1949 年，是凤阳本地人，我家里有姊妹七个，我是老大。我自己有五个小孩，两个女儿、三个儿子。

我是个本土的小岗人，所以对小岗在“包干”前的状况也有所了解。这一段的历史我是听我父辈他们讲的。这个地方（指小岗这一片地区）是 1950 年解放以后，1951 年开始实行土改的。土改以后家家分了土地，那个时候不但能满足自己的生活，还有余粮卖给国家。从那以后一直到 1956 年，小岗没经过初级社和互助组，直接一步进入高级社，所以 1956 年进入高级社，就实行了集体大生产，到 1957 年这一年，粮食生产就滑坡了。上年（1956 年）小岗还收 16 万斤粮，到 1957 年就滑坡了，只收了五六万斤粮食。到

1957年的下半年，就开始吃国家的回销粮。那时候讲的是入社自愿、退社自由，所以那时候老百姓就要求退社。正在退社的时候，“反击右倾翻案风”从城市反到了农村，从那个时候起谁要闹退社，谁就被戴上帽子，所以那时候老百姓不敢讲（退社）。小岗从1957年开始吃国家的回销粮，就这样年年在吃用国家的，也就是从那个时候开始，小岗一直没有好的起色。1958年进入“大跃进”时期，实行大兵团作战。到1959年，就开始没有粮食吃，紧接着就是三年困难时期，饿死了不少人，剩下的还有外逃的，只剩下10户39人。三年困难时期以后进入“文化大革命”（时期）。在此期间，从1962年起开始实行“三自一包”。搞农村土地“三自一包”，正好在饿死人的时候，老百姓渴望找到点谋生道路，就多划了自留地。所以1962、1963、1964这几年，老百姓的生活稍微充实了一点，因为农村的小园地[①]划多了,自己还能收一点。我们这里搞农村土地"三自一包"我们没尝到甜头,因为刚开始有这个政策的时候,我们就没搞,一直到最后才开始实行。而且我们刚刚搞,老百姓刚种,又把土地收回到集体去了。这样一种一收,老百姓心里不平衡啊,刚种下去的土地最后又收回集体了,所以等粮食还没成熟的时候,哪家种的粮食哪家老早就把它偷吃掉了。那时候小岗生活困难,刚刚有一点粮食,不管你是集体的还是(自留地的),老百姓早给你吃完了。这叫"偷新",粮食还没成熟呢!从那时候起小岗就流传着一句俚语,"种二十收十八,不用镰刀上手扒"。意思是(一亩地种下)20 斤种子,回来只能收 18 斤的粮食。"文革"期间虽然说是农村,也有一些乱七八糟的造反派,既不是家属也不是什么派别就乱七八糟这么闹起来了,所以基本上也没有人过问粮食生产。这样没有人问,老百姓就正式开始讨饭。在过去饿死人的时候,讨饭的都很少。从"文革"开始后小岗年复一年的,不管上面派多少工作组、宣传队等等,那都是一个共同的口号,说真正的无产阶级应该是一无所有的。既没有自留地,也不能喂鸡猫猪狗,什么都没有,只能要饭。小岗上的人不管岁数大小,人人要饭。当时都是出去要,从自己家的边坊左右是要不到的,甚至跑到淮河两岸,也是要不到吃的。(出去要饭的)一个人的也有,或者老妈妈带几个子女的也有,一家待一堆的很少。我是(先到南京)从南京一直要饭要到上海,到嘉兴。那时候就扒火车、扒探车,津浦线上的探车到(凤阳)车站停车了,我们都很难在探车上找到座位,根本没地方坐。火车拉煤的箱子里头挤满了人,比客车(里的人还)多。从北方山东、山西、河南这一带过来的车,车里头都满满的,全是人,都是出去要饭的。我们到南方要饭,一天聚要饭的都能聚到上千人

① 小园地即自留地。

碰面,所以要饭都要不到吃的。到吃饭的时候(家家)都把门关上、插上,在屋里偷吃。要说哪家有给一个要饭的(吃的),呼啦一下门口去几十口,他家(自己)不吃也不够给的,所以生活是相当得艰苦。虽然说我们到嘉兴那一带去要饭,根本要不到饭吃,到收萝卜的菜园子里头,拾一点萝卜头子,或者比如再迟一点了,到收麦子的时候,(在)桑园里边或者是有桑树果子的地方,揪点桑果子吃吃,要饭要不到,人家根本不开门。那时候要饭不分季节,只有收庄稼的几天回家看看,有时候到家也聚不到人,连自己的家人也碰不上面。(生产)队开始是不让出去要饭的,有时候下来一部分工作组,带一点供应粮下来,分给老百姓,有时候就没有带粮食。比如说你是这个工作组的干部,你看我家今天没烧锅,我家一点粮食都没有,你叫我干活,好,我还在生产队干活。明天我家还没烧锅,小孩饿得直嚎。在这样的情况(下)你没办法,你把你有限的工资掏了三块两块给我去买点供应粮来家,那能解决几天的温饱呢?到一定的程度实在不管了(不行了),你也没办法,只有说出个介绍信,叫我们出去要饭。所以那时候要饭都带着介绍信,有带生产队介绍信的,有从生产队到大队介绍信的,再有从生产队到公社介绍信的,三级证明。出去要饭,如果没有这个证明,到哪都把你当作盲流,抓进遣送站。

一直到 20 世纪 70 年代,小岗年复一年,粮食年产量始终徘徊在两三万斤。需要吃用国家的,吃国家的供应粮。即使是好的年成,风调雨顺的年成,也要吃四五个月(的供应粮),差的年成都要吃到 11 个月(的供应粮),要靠国家养。在这样的状况下,群众也想自己能不能不出去要饭,所以今年巴(望)来年好,来年还是破小袄,小岗的粮食(年产量)始终徘徊在两三万斤。过去的两三万斤不是收了两三万斤都分给老百姓吃,生产队要留下一部分作为集中粮,两三万斤粮食起码要留 1 万多斤,剩下的万把(斤)几千斤让老百姓分，一百多人吃万把斤粮食，所以当时在小岗能吃到上百斤粮食的人没好一点（没有多少），群众的生活相当艰苦。我们始终感觉，生产队集体生产的体制（存在弊端），我们老百姓由于没有的吃，保不住集体生产的劳动力。因为他没的吃不能在家劳动，所以生产上形成了恶性循环，越是没人干，越是没有收益。小岗生产队从那以后就流传是个三靠地、老百姓吃粮要靠国家的供应，花钱要靠国家的救济，集体生产要靠国家的贷款，从种子开始，耕牛、农具，全要靠国家的。所以 20 世纪 70 年代初，我下学（退学）以后，有点看不惯这种体制和生产队干部的一些做法。

我在小溪河镇上念的高中，念到高一上学期我就下学（退学）了。我念书的时候条件相当艰苦，那时候虽然上学不需要多少钱，但是也要花钱，因此主要靠家里的供应。我住校要交伙食，拿供应本去根本交不掉，因为拿供应本买的都是粗杂（粮），山芋干、大馍、玉米、高粱之类的。学校出介绍信，生产队出介绍信，大队出介绍信，公社批到粮站，用那个小本子去抵扣换粮票，二斤到二斤半换一斤粮票，回头再把粮票交到学校。我那时候念书一天就吃二两饭票。早上一两，一小勺子，小芋头干子弄得那些似挂碗似不挂碗的稀汤，舀到碗里一口就喝掉了。喝掉之后，碗再舔舔，就了事了，到中午就不吃了。那些家庭条件好的学生中午放学就到食堂去吃饭，我们就待在教室里头，等学生走了了（走完了），看看没有人了，到校外，不管什么野草野菜，扒一点回来，弄点水洗洗，给它揉揉，揉得差不多了，吃一点。晚上再吃一两粮票的粮食，再喝一口。因为晚上 10 点半才下晚自习，那不吃饿得招不住（受不了）啊！我从上初中就开始住校，一直坚持了两年多时间。在学校里就想，我们都是受毛主席的教育，也想好好念书，将来能报效祖国。后来没有学校可以考了，我就回到了自己的家乡，想建设好自己的美好家园。（我）在年轻的时候也是雄心勃勃（的），哪知道真正回到生产队一看,不是我心里想的那样的。1970年的下半年,我退学回来,生产队叫我在家教小学,每个月给我记300(工)分,发九块钱,教了三个多月。我到家一看生产的方式和生产队的状况,我就给生产队的干部们提了一点建议。这些干部都是我的叔叔大爷,年龄(都比我)大一点。(我)给他们(提)建议,(他们)说不行。那时候小岗一年换一茬干部,(有)一个说法叫做"算盘响,换队长"。一年干到底,分点钱,少的二三分,多的毛把,干得不好你这茬干部就要给换(掉),所以叫"算盘响,换队长"。看到这样的状况,我就提出我要出去打工,过去出去打工就是出苦力。我为什么提出出去打工?因为我在家看不惯(生产队干部的做法)啊。我说出来了,有的干部还不高兴,毕竟都是长辈,我又能怎么样呢?所以就想着(出去),眼不见心不烦。我就跟我父亲说,我不能在家干,我还得出去。他说你为什么要出去?我跟我父亲讲,我说你看,你们年龄大的不都在看牛房嘛,你们每天晚上在牛房点的煤油,一户煤油(需要)七毛多钱,你们还要上信用社去办贷款,如果办不到贷款,你们都没有灯点。我说我出去,起码交点钱给生产队,你们起码能解决一点牛房点灯的钱。最后我就跟工作组申请,我要出去,我交点钱给生产队,看看我一个月要交多少钱。最后工作组组长说,"你出去可以,经生产队研究你1个月要交15块钱给生产队,记150分"。我当时思想上什么准备都没有,又不像现在知道去哪里打工,哪里有招工的,那时候根本就没有头绪。最后我想想,闯吧。我就同意了,1个月交15块钱给生产队。

出去打工的第一年我在津浦线铁路高头(上面)抬土方,一年干到底,最后挣的钱不够交给生产队。一天到晚抬得肩膀都肿老高,只能挣个七八毛钱,再除掉一天两毛多一毛多的伙食费。我一个月要交15块钱给生产队,(平均下来)一天需要挣到五毛钱以上才够。干了几年,正好父母他们在家喂小猪,小猪也给卖掉了,几只鸡也卖掉了,加上我剩下的钱才够交给生产队。所以从那以后,(我)想光出苦力也不行,要学技术,在铁路高头(上面)从抬土方到砌石坡,最后搞浆砌水沟,搞建筑,做桥梁,这些技术我都掌握后,我从帮人家干,最后自己来组织工人,自己承包工程。1973年左右我就自己承包了,我从蚌埠工务段承包活。开始我搞建筑的时候从三个人搞零修,搞到二三十人,最后搞到二三百人。那个时候一个月能拿到上百块钱,县长还比我少两块多钱,所以我干得也很满意。我为什么在工地上发展得比较快?我采取的策略就是我包下了一个工程,工程的预算表往桌子高头(上面)一摊,比如讲我是搞房屋建筑,预算表上,瓦工需要多少工时,瓦工整个工程需要摊多少钱。我找到瓦工组头子问他:"这一项工程你敢不敢接?你要敢接,只要按质按量,按我的要求做好,你十天做好我给你这么多钱,你一天做好我也给你这么多钱。"木工就木工组包,钢筋工就钢筋工组包,各管其责,所以我在工地上就实行了包干制。人家工地的小工一天能挣七八毛钱到一块钱,到我那就能挣到五块钱。三级工一天能挣1块6毛多,到我那里就能挣6块钱朝上。四级工一天能挣2块多,到我那就能挣到8~9块钱,五级工一天能挣3块多钱,到我那就能挣到10块钱左右。我采取的是多劳多得的办法,这种办法很能提高工人的积极性。凡是我接手的工程,不管是半年的期限还是三个月的期限,我都能提前一半时间完工。

一直干到1978年春天,下边(指小岗生产队)就一直邀请我回来。有人说了,严宏昌在外面,五湖四海的那么多人,他都能搞定,小岗这一百多人,又是他自己的家,他搞不好吗?他毕竟是这个生产队的,还是叫他回来。公社书记去找了我很多次,我就回避他。社员的意见也是想叫我回来,最后工作组看我不愿意回来,那就想着办法对付我。开始给我定的是每个月交15块给生产队,后来涨到45块钱,交45块钱我也不愿意回来,我情愿每个月交45块钱,又给我涨到90块钱,我还是不愿意回来,最后给我涨到要交150块钱一个月,再停掉我们全家包括我父母的供应粮,什么都不给了,后来我实在没有办法,在1978年的中秋节前十天左右,我回到了小岗。

我回到小岗正好是生产队选干部的时候,梨园公社副书记钱进喜来小岗组织选举。因为当时是生产队叫我回来,老百姓叫我回来,干部也叫我回来,所以我得到了全票。选举最开始选3个人,就是队长、副队长和会计。后来选副职的时候,我就提出,不要选了,我就要3个。在我们的上一届,有队长、副队长、妇女队长、民兵排长、指导员、两个队委委员,加上会计、两个记工员大概有十来个干部。当时小岗生产队是20户,除掉两户单身汉外,还有18户上有老下有小的,就有十来个人是队委会班子里边的。我从外头回来的时候,遇到他们在开会,我刚一回来起码要带点烟之类的东西,就像现在讲的也要巴结巴结他们。这样他们给我方便,同意我出去,不给我困死在家里头。我到那给他们散一圈子烟,拉拉关系。所以他们见到我都非常客气,包括这个队的所有的群众和干部,平常谁过年过节家里过不下去的,我就给他个三块五块的。当时由于干部比较多,公社下点救济款、供应粮,首先有一个要求,要保住干部家的生活,饭要先给他们安排。干部不能出去要饭啊。既然要干部待在家,就要把他一天八两的口粮安排掉,安排剩下的再分给老百姓。比如说小岗这个月下的供应粮是500斤,那首先按一天八两的标准给干部家安排好,剩多少再安排老百姓,摊三两就三两,摊一两就一两。每次开会,因为半斤供应粮、两三分钱的救济款,能吵一夜导致最后会开不成。这就叫“穷死奸,饿死吵”啊!所以首先从这一点考虑,我认为不能要这么多干部。其次是每一次下田劳动,大家都知道反正小岗劳动到秋天又分不到什么,反正工分就随便记,所以干部不干活,甚至包括他的家属、家庭干巧活。那还剩下几户不是在班子里头的,下田还有劲干吗?最后形成了一个恶性循环。所以那天选干部我只要三个,公社说那不行,那底下必须还要得选,我说你要再选我就不干了,就算给我开除小岗户籍,我也不愿意待在小岗了。那时候我本来就不想回来,你硬叫我回来,你不同意我只选三个干部,那我宁愿离开小岗。最后公社同意了,就选了三个干部。刚选过,严立学就讲了:"宏昌,我一直都是小岗生产队的会计,也干了十几年了,会计我负责干好。"严俊昌是我的哥哥(堂哥),他说:"宏昌兄弟,你看我也不识字,我也在生产队当了十几年干部了,你回来干,点子由你想,你说怎么干,我们就怎么干。"我说:"行,靠哪一个都不管(不行),我们共同努力,共同协商。"最后我表大爷关庭珠说了:"宏昌啊,说到小岗的难啊,比你大比你小的,全都在里面当过干部,就差你一个,因为你这么多年一直在外头,我们最后唯一的希望就落在你身上了,看你能不能领着我们,一天能给我搞两顿菜稀饭喝,不要出去要饭,我就满足了。"他说:"我最好的黄金时代就15年。这15年是什么时候?就是从土改到高级社。"他说:"我有十来年都没喝上一碗洋面浆了"。我当时听了真是觉得好心酸。一碗洋面浆不就是小面汤嘛,十来年都没喝到嘴。

他说过这些话以后,我的脑子里觉得压力很大。还有人说:"宏昌,你看看这回带我们怎么干?"话是很容易说,但是怎么做?小岗年复一年,一二十年下来了都没干好,我又怎么弄?因为群众对我们的希望很大,所以我感到压力比较大,那真是睡不着觉。我和我父亲那两天晚上,一谈话就谈到大半夜。最后我说,首先要保证群众吃上饭,群众没有饭吃,他老是要饭,生产怎么能干好?怎么样能提高群众生产的积极性,这是很关键的。过去我在外头打工,小岗生产队一百多人,出工最少的经常就是我们家族的几个人。我就告诉我家属:"你不要出去要饭,我在外头挣点钱,你要在生产队劳动。”始终就她一个人参加劳动。她一个人能干多少？能养活一百多人吗？老百姓彻底失去了对集体生产的积极性。所以我第一个念头就是把小岗生产队分成两个组。当时我写了一份报告，交给严立学，我说：“你给我送到公社，交到张明楼书记手里头，看看能不能批准我们分两个小组。两个小组就可以互相竞争，东组干到了东组分配，西组干到了西组分配”。结果拿到公社去以后，公社不批，后来我说就是不批，我们也得这样干。

第二个做法就是多划自留地，一人半亩也行，一亩也行，反正小岗地多。人人都同意我的意见，说，“那好，要是多划自留地的话，那我们起码一年要少要半年饭啊”。所以群众非常支持。划开自留地，也不像现在要去量，因为生产队有地亩本，坐在家里头，你家几口人，摊几亩地，你的几亩地是哪几块田，你就知道了。划好以后，正好在九、十月份冬耕的时候，老百姓都到田里去挖自己的自留地，生产队的地没人挖。我就带着哨子，到田里挖生产队的地，那时候队里耕牛弱，没办法冬耕犁田，就用锹挖地。结果在庄子高头（上面）吹了一圈哨子，没有人，我到田里一看，都在田里头挖自己的地。一大清早早饭都不吃，就上田里挖自己家的地了。最后我到田里头吹哨子，把他们都聚来了，他们把锹朝田埂上一放，自己朝田埂上一坐，有的人还朝田埂上一躺，（说）哎呀我累死掉了。我带着一连挖了两三天都是这个状况，每天我们十几个人挖的地，比不上人家两个人挖的地。我当时总结这就叫“自留地里去打工分，集体地里去养精神”，那集体还是干不好呀！我想这不管（不行），分开一个星期以后，我宣布所有的自留地全部收回，已经挖过了的，我就给他们记工分。

第三个方法，我想到了我在工地上搞的“包干”，所以我就跟我父亲讲能不能嫁接到农村生产上？我父亲说那也行，但是这个事不是一般的事，年龄大的都讲，如果把土地分到户，就像碰高压线呀！那时候没通电，什么叫高压线，什么叫电，老百姓没有概念，只是听过一个传言，高压线厉害，人一碰它就会死。但是不管怎么说，唯独把土地分到各家各户，才能提高农民的生产积极性，而且再也找不到更好的方案了。有了这个想法以后，我就找到群众，把我的想法（告诉了他们），（把土地分到户的想法只有）相当知己的人才能说，要不然一说出去，马上“坏分子”的帽子就给我戴上了。当时（群众）听到我这个想法也都很吃惊，这要犯法的啊！那犯法又能怎么办呢？已经到这种地步了，我就跟他们讲，我们这样干，谁都知道会犯法。但是我为什么要这样干？我说我们实在被逼得没有办法。你看就拿我讲，我虚岁30了。我在家里是老大，应该要接过顶梁柱的担子了，但是怨我自己生不逢时啊。我上不能养老，下不能养小，中间不能兼顾姊妹兄弟。我自己要饭，有时候东一趟、西一趟的都不一定能要到吃的。后来在外打工，还是干不安，最后还是叫我回来。我说我们既然分田到户，我也害怕，但是我回到小岗进入生产队队委班子，如果还是平平淡淡按过去那种干法，干到头还是换队长，老百姓还是要饭啊。我们假如能瞒上边，我们不要瞒我们户里的主要人员，我们先干上一年，干出成绩了，我们摆在桌面上向公社书记汇报。我说我相信他，都是为人民谋福利的。到那个时候，党再说我们这种做法是错误的，坐牢也好，杀头也好，我们也认命了。最后讲通了以后，我们就采取了地下党单线联系的方法，不公开。比如我今天跟你讲的，你认为你在小岗生产队你跟他关系好，你再去问他，你问他的时候你就不要把我说出来。他再去问别人，找他的下线，他就不把你说出来。大家哪有不同意的呢？都同意，就是一条，谁敢带我们这样干？我说我们既然是小岗生产队队委班子的成员，你们只要愿意干，我们就敢领着你们干。最后我就把这些情况告诉我们生产队的其他干部。由于他们一个是年龄比我大，二是都在生产队（干了）十几年的干部,他们对分田到户这个事情很敏感。我说天这个窟窿是我捅的,由我负责,所以最后(生产队的其他干部)都没话说了。

我通知所有小岗在外头要饭的家主,回来一个扣一个,就不要再出去要饭了,叫他家里其他人出去要饭,等扣齐了我要开一个重要会议。那时候要饭跑得东的东西的西,有的常年不回来。一直等了几个月的时间,最后上有老下有小的 18 户家主都到了,就(差)两户单身汉,临走的时候光知道他们俩上江西要饭去了,始终等不回来。因为他俩是单身汉,家里面又没有什么挂念,只要自己每天能吃饱就照了(行了),他俩也不回来,也没有他俩的信息。一天,有个被扣下来的家主找到我说:"宏昌,我们实在不能在家等了,能不能也放我们出去要几天饭,我们要几天饭以后再回来。"我说:"那你出去要几天,他也出去要几天,我什么时候才能把你们又聚到一堆?"我说:"现在我们这 18 户上有老下有小的正式户都到家了,你们等我明天通知,差这两户单身汉,我替他们看看有没有人愿意担保。如果行的话,我们就马上开一个会,如果不行的话,我明天下午跟你们说,你们该出去要饭的再出去。"①

当天十点钟左右,我就去找(那两户单身汉的亲属),头一回找的是严立学,因为严国昌是一个老头单过的,严立学、严立坤是他儿子。我想我找他两个儿子担保,应该没有问题。我找到严立学,我说:"老头(严国昌)要饭没回来,你能不能保证他跟我们是一致的意见,不能朝外说,愿意这样做?"严立学说:"这个我不能担保,你去找我大哥,(问问)他可愿意。"我就找到严立学的大哥严立坤,最后严立坤给他父亲做的担保,这就顺利解决了严国昌这一户。

另一个单身汉就是关友德。我找到了他亲大哥关友章,关友

① 严宏昌、严俊昌都是十八户农民开会的召集人。

章说:“这不行,你如果是发供应粮和救济款,叫我签字担保我愿意,叫我担保这个(指分田到户)是要坐牢的,我根本不敢担保。”他不干。正好到中午了,他们就把菜稀饭盛到桌子高头(上面),叫我在那吃饭,我说不了,我就回来了。我正在这犯愁,还剩关友德一个人,应该怎么解决?谁来给关友德担保?正好到家时我父亲就问我了,说:“宏昌,看起来你今天事办得不顺心”。我就说关友德找不到人担保,我父亲说:“他找不到(人担保),你去找你表大爷替他担保。”我表大爷就是关庭珠,他是关友德的亲叔爷。我说这也是个办法。我吃过饭就去找了关庭珠,关庭珠二话没说(就答应下来),说:“宏昌你放心,他的这个事情由我负责。”就这样 18 个家主都到家了,两户没到家的也有人担保了,这 20 户齐了。

齐了之后,我想今天就开始搞。平时开会都是在村子的中间聚齐。那天我就想了放在哪里开呢?想来想去,最好是放到我们村的最西头的第二家——严立华家。那之前我从来没在他家开过会,我为什么要选在他家呢?因为他家有前后两间草房。他家属休息什么的,都在后边的堂屋里面,所以前面的房子没有人。我们事先定在那里,就是要保证没有人朝那里去,如果在庄子中心开会,还会有人来看看,来听听。再有我给它推迟到太阳快下山才开会。那时农村都是吃两顿饭,到三四点钟或者两三点钟弄点饭吃,吃过了就带小孩睡觉了,所以庄子高头(上面)就不走动了。我这时候就招呼严俊昌和严立学,我说你招呼哪几家,你招呼哪几家,我来招呼哪几家,所有的人招呼去开会,不要说是开会,都到顶西头严立华家碰头,不要一阵(一起),遇到人也不要说开会。那时候庄子住得比较乱,不像现在。我说有的走门口,有的走家后,都是单溜地给我溜到他家,最后我们就这样分配好了。我招呼过了我首先到严立华家,后来三三两两就都到了。老百姓都是常年在外头要饭,那一天一下见到了都非常高兴。有人掏出了烟袋,给你吸两口,给他吸两口。

那一天是1978年的11月24号,讲到这个日期,它还有一个小插曲。当时我们开会就问了,今天是什么日子?按照阴历来说,老百姓要饭都要昏头了,哪知道初一十五的。那我说阳历今天是什么日子呢?他们也不知道,因为那时候农村讲阳历的人还不多,再说也从来没见过日历簿。由于我们经常在外头干活我们讲究日期,最后大家回忆,我说有没有到12月了呢?有的说差不多了,阳历应该到12月了,所以那天我就写的是12月。过了两天以后,我到小溪河供销社去买墨汁,到那我一看日历簿,是(11月)26号。我心里想这还没到十二月,我们前天开会就写12月了,是不是日历簿没撕啊?我就问那个称盐的营业员,我说:"同志,今天是多少号啊?"他说:"那不挂着的吗?今天是11月26号。"我说:"这准确不?"他说:"准确,我今天早上才给撕掉的。"所以我们(那天开会)的日期是11月24号。就这个小插曲。

那天开会,我们所有人到了以后,第一个问题都是:你在哪要饭?你在哪要饭你能要到吃的?都是谈这个事的,没有一个人谈小岗集体生产的事。他们谈我就听着,整个小岗生产队的一二十户,唯一的关注就是怎么能要到吃的,没有人考虑怎么去发展生产。所以我当时感触很深,我就讲:"我们小岗不能老是要饭啊,我们自己跌倒自己要爬起来。党和国家养活我们大半辈子,我们是农民,我们有手有脚有力气,我们还有小岗这片土地,我们为什么收不到粮食?为什么自己解决不了自己(的吃饭问题)?端着碗上人家门口去要饭,听了多少难听话,给国家拖了多少后腿,常言道'人要脸树要皮',我们实实在在要去走自己的路了。今天我叫你们来开会,我不说你们也明白。"但是我们谁都没提。因为分田到户这个事很敏感,他没人敢提啊。我说:"我今天叫你们来,我们要共同商讨,我们的路怎么走。"说到这,我就把我带的一毛五一包的淮北烟拆开了，这18户家主人人都会吃烟，正好一包烟散了一圈。散完了以后，我就跟他们讲："把土地分到户，但是你们必须要保守住秘密。"我说："你们不是说没有人带你们干嘛。你们只要愿意，办法是我想的，点子是我出的，我自然就负责带你们干。可是有一条，你们必须要听我的。你们要是不听我的或者保守不住秘密，你们就等于提前把我送到监狱里去了。"我说："我们既然要干，今天大家只要同意，我们开弓没有回头箭，必须要认真干下去。怎么干？我会告诉你们。你们今天如果有其他看法，算我这场会议没开。"我说："重点还是要靠大家，不是靠我一个人强行叫你们干。我们为什么要这样做？我们最终的目的，是争取后半辈子向国家做贡献，我们不要要饭了，到那个时候我们才真正是国家的农民。我们才能直起腰！抬起头！"

听我讲了之后，大家都说："你说怎么干我们就怎么干。"我说："我的第一个要求是瞒上不瞒下，对下就是我们今天参加会议的这18个人和没回来的两个单身汉，我们回去告诉自己的妻子儿女、亲戚朋友，任何人不能朝外说，只有我们这些人知道，这是第一个要求。第二个要求，我们要想尽一切办法克服困难，有亲投亲，有友访友，都要给我留在家里把生产搞好。生产搞不好，到年底老百姓没吃的还不给我送监狱里去了。"我说我们除了要够自己吃的，(还要)踊跃地向国家做贡献，那时候国家收粮食是相当紧张，国家都没有粮呀！我们生产队20多年没向国家做一点贡献。我说："我们就不管它多少斤，只要够吃的，剩多剩少我们全部交给国家。每一家的国家任务和集体任务，我都是按人的比例分下来的，你收多还是那么多比例，你收少也还是那么多比例。完成上交国家的比例，留够集体的，剩多剩少，都是你们自己的。你投入的多，你收的多，你剩的就多；你不干，你懒汉，你收的少，完成国家的，留下集体的，你剩的就少。这个很明确的。"我这样一说，大家那都放心得不得了。有的人就讲了:“宏昌,我们还要赌咒发誓吧?”我说:“你看我们这一家子都是上有老下有小的,赌什么咒?我来写,你们同意就来这盖个章,你们要有一个不同意的,今天这会都开不成。”当时严立复就问了:“宏昌,你准备纸了吗?”我说:“我又没有纸啊。”他讲:“我回家拿去。”我说:“你家有纸啊?”他说:“你看我原来是生产队的记工员,记工员都买那簿纸,我回家去拿。”他就回家拿了两张白纸来。我就顺手按照群众的意见,写了几条,最后有年龄大的人说,那这样也不行啊,万一要瞒不住,他要倒霉了,或者坐牢杀头,他这小孩又怎么弄呢?比如讲他要坐牢了,我们这些户,挨个排队去给他送饭。如果他要是杀头了,我们把他家小孩带着要饭,最后有人说那干脆给他小孩养活到 18 岁。于是我又补充了这一点。

我们怎么分田呢?那就是一个队划成两个组。两个组,我划成四个组,四个组再划到八个组,直到划到八份的时候,基本上都是亲弟兄或者是亲父子,划成这样,就是被窝的话全部朝外说了。如果你们能划得好自己家分,如果划不好,再找我们干部。那也用不着找干部,哪家分不好呢?当时分的时候有人问,那这个地怎么分?有人就说了,给地亩本叫宏昌分,他也没在家干过生产,他也不知道哪块地孬哪块地好,哪块地地亩巧,哪块地地亩吃亏。他说怎么分,分到哪就是哪。所以大家一致意见地亩本给我。我说:“那行,有地亩本就好分田,但是分田的事也要考虑一个方法。划组的时候,小岗东西划开,打个界限。西组的地在西片,东组的地在东片,不能说东组的地分到西组去,西组的地再岔到东组来,所以我就给它划成两个界限。土地划过以后我就问他们:“我们今年生产怎么干?”11 月 24 号开的会,眼看着到阳历年[1]左右划地,划

① 即元旦。

过地就基本上临近春节了。正好在年初二还是初一的时候，有社员来找我了，说："宏昌，公家牛房那里有群众在里面抢牛粪，你也不去看一下。"当时我一听，这是好事呀，那个公家牛房的院墙里边一二十年都没有人挑一筐粪到农田里去了。我说："今天听你说这个话，我感到非常新奇，你也去抢，大家都去抢。"牛房前后左右的粪或者土，都被老百姓挑回家了，最后连牛房院墙的墙土都被扒去做肥料了。从这一点我看到了很大的希望。

我就跟我父亲研究了，我们应该怎么干生产？我本身在生产这一方面不太精通。我父亲讲："你要抓住两个方面，一个是经济作物，一个是群众的生活保障。"群众的生活保障方面，那时候没敢想什么精米细面，就是一人不能少于一亩地的山芋，栽山芋、杂粮，再一个就是花生，没有肥料，它照样能长。我父亲就讲了这两句。正好我在凤阳的工地，一些工程和账还没有结清。这一天我到凤阳工地去看交班的情况，回来路过临淮关，遇到五河的一个老头，挎几斤花生米在路边的临淮汽车站偷卖，那时候被发现是要被没收的。我说："老大爷，你这花生米卖多少钱一斤？"他说："一块二一斤。"我说："你能不能给我称两斤？"包两包，一包一斤，我称了两斤花生米回来。晚上我给拆开一数，一包820粒，一包840粒。我也没干过生产，我也不知道一亩地得多少种子。我就想大约一亩地得五斤，五斤我就按800粒一斤算，是4000粒。4000粒我算它缺口1000，损耗1000，最后也能收2000粒。那时候国家收花生是五毛二一斤，100斤花生也有52块。这都是保守估算，我心里想，如果每人种不少于一亩花生，多的不反对，经济作物也就抓起来了。

头天数过花生粒，第二天我信心十足。吃过早饭，我就挨个招呼一圈去开会，贯彻春耕生产。我把种花生这个想法的来龙去脉说给大家听，大家都认为种花生是有保障的。他们说："宏昌，一亩哪止2000多粒，一亩地最少也得收七八斤啊！”我说：“你们就投亲访友借账来投资生产。你家有个小板凳能卖两毛钱，你都给我拿到街上卖掉，来投资生产，到秋天就能换一把椅子。”我说：“你们这样干到秋天还怕没钱还账吗？”大家一听，都说可以干，有的户给家里的东西卖掉就买花生种，但是在我们那买不到，都是到五河、嘉山[①]去买。其次就是山芋，每个人至少种一亩花生、山芋，多了不反对。

这两项定下来以后，群众都是按照这个思路去干。正在这样干的期间有个事就发生了。由于我们这一年（指1979年）从春节前后，不光老百姓的墙土抢掉了，牛粪抢掉了，而且我们要在年里加班，把地犁过来。这些荒地草地犁过之后经过一个冬天的上冻，来年春耕搞山芋、搞花生才好办啊。但是生产队的牛力比较弱，搞不起来。我说：“你们各家去找各家的亲戚朋友，到外边队里面去借牛、借农具。”这样一搞，大家就各家想各家的点子，整个凤阳县的冬耕都还没开始，小岗的上千亩地都犁过来了，再加上我们点了将近三百多亩花生，所以公社发现我们可能把土地分到各户在种，就把我们的供应粮、牛草贷款、化肥贷款、种子都停掉了。都停掉了之后那就麻烦了呀！于是我召集生产队的队员开会，我们怎么解决这个难题？我们不能灰心，没有肥料，我们集各家的农家肥。不给牛草贷款，各个小组虽然一家一户摊不到牛，但是几家可以摊一头小牛。可是小牛要喂啊，那就由我们来想点子，到别处去借草，到秋天我们再还他，不能给牛饿死掉。这样就解决了第二个问题。第三个最大的问题是老百姓的吃饭问题。我说我们就把家里的茶缸子、小罐子什么的都算上，叫小孩提着到周边要饭，大人就在家里保证生产，我们不艰苦，不像这样做，永远都没有出路呀！

---

① 今明光市。

这一个阶段我们坚持下来了，到秋天才有收益，我们有了收益，从此以后才能站起来。在这个阶段就必须家家户户搞好生产，不准出去要饭，叫小孩要饭。所以各家的小孩都在周边村里要饭，要到汤就提到田里给大人喝汤，要到菜稀饭就提到田里给大人喝菜稀饭。小岗家家户户都不冒烟，因为没有粮食，什么都没有。

那时候（买）稻种要靠国家的三级指标证明，结果公社这一级死活不愿意给。那时候买粮食，市场上也买不到，那种子就更不要谈了。我到公社一连去要了好几趟都没给，好话都说尽了，我差点就给书记磕头了。当时只有严立学一个人陪着我去，但他也不敢正面参与。我一连跑了十几趟，好话都说尽了，但是公社还是不给。后来没办法，一直拖到离夏至还有五天，农村到夏至再打稻子，那只能收瘪子了，所以季节很关键。离夏至还剩五天的时候，我又跟严立学两个去公社书记那了，还是一样，不愿意给。不但不给还说我是什么现行反革命，要斗我 96 场。我也说他（指梨园公社书记张明楼）："我也是最后一次找你，你今天不给我，再过三天以后你再给我，你给我我都不要了。"那都过期了，我还要干什么呢？那天公社书记还是不给我种子。我想，哎哟反正就这样了，我也不巴结你了，我也不给你点头哈腰了，所以我就把我想说的话，一股脑儿说给了张书记听。我说："你也是农民出身，你作为公社书记，你看老百姓家家户户讨饭，你忍心啊？为什么总干不好，你不知道吗？"我说："我这样干（指分田到户），我并没有得到你的认同，我也没通知你，也不牵连你这个公社书记。天是我戳的，楼是我顶的。你不睁一只眼闭一只眼，你也不应该拿这些话伤我。你一口一个反革命，我就是反革命，我也没做什么坏事，不就是为了老百姓能吃上饭嘛。"那一天我给他摆明了很多话。他最后答复我的就一句，他说："你说千说万，你是在我梨园公社的管辖之内，你的头被砍掉，我的头甚至都会被你带掉。"我说："谢谢张书记，你这句话说得我明白了,你放宽心,不管犯多大罪,我不会牵连你们的。”我说:“那到底给不给了?”他说:“不给。”正在那吵的时候,正好从东边开来一辆小吉普车,张明楼说:“我没有时间跟你啰嗦,来人了。”他走了。我想我再待在这也没什么用了,我就回家了。

回到家,我刚把菜稀饭盛到桌子上吃了半碗的时候,公社青年团书记来了。先进来的是严俊昌,他说:“宏昌,你怎么还在家吃饭?”我说:“我刚刚从公社要种子回来,没要到。”他说:“后面有个车开了过来,恐怕是来逮你的,你赶快跑。”我说:“我往哪跑?我既然做了,公社都知道了,我往哪跑?”正在这说的时候,公社青年团书记就进来了,说:“宏昌,那后边有人找你,你到你们原来的社场上去。”我说:“好,我把这两口稀饭喝掉。”稀饭喝过了,我就跟他一起去了。到那离他们二三十米远的时候,张明楼就指着我说:“你看就是他。”我光听到他指着我说“就是他”,再说其他话我就听不到了。我就朝他们跟前走,走到跟前,张明楼说:“宏昌,这是我们县里面的陈书记[1]。”他这样一说,我当时思想是相当紧张。在过去一个县委书记到农村来是从来没有的,县委书记到小岗也是打破历史呀!当时我就朝他跟前走,他伸出手,我说:“陈书记你好。”我也伸出手,就握了个手。他说:“你就是严宏昌啊?”我说:“是的。”他说:“你年龄不大呀。”我说:“虚岁接近 30 了。”他说:“我听说你把小岗队的土地分到各家各户干了。”他这一句话说了之后,我的脑子哧溜溜地打旋,我是说实话还是不说实话。如果说实话,之前开会都说要瞒着的。如果不说实话,这是一个县委书记,我要对他说了假话,也属于不忠。稍微一迟钝,我想就如实向他汇报吧。我说:“陈书记……”我就刚刚说了“陈书记”这三个字,他就把我的话打断了,他说:“我已经问过了,那个在田里锄花

① 即当时的凤阳县委书记陈庭元。

生的人说，你是把地分到各家各户了。”我说：“是的。”陈庭元说：“我看了很多地方，我也是农民出身，我在生产方面也算是内行吧，这么多年我从来没看过像小岗今年这样规模的花生，你们这边花生有多少？”我说：“有 300 亩左右。”他说：“你们这片花生田摆得像棋子一样，这在全县都是少有的。”他说：“你既然把地分开，你能把它干好吗？”我说：“陈书记，我现在就把人头赌给你，如果说到秋天我干不好，我的人头你拿去。”他说：“你就这么自信啊？”我说：“陈书记，只要没有天灾，今年我就能对国家有回报。除了这片花生，我还有两三百亩的山芋，春天都已经栽下去了。”我说：“就这两项，起码要赶上过去生产队 2 到 3 年的总产量。”我没敢多说，只敢说 2 到 3 年。只要公家还能给我种子，我到秋天还能给国家贡献粮食。他说：“你真能干好，我三年不要你小岗交一粒公粮给国家。”当时我一听他这样说，我说：“陈书记，你等到秋天再来看。”他说：“那你这样干，公社不给你种子，我也没有办法。”我说：“那你能不能跟张书记讲一下呢？”他说：“好，那你到这边来。”最后他把我叫走，离开他们（指梨园公社的干部）私谈。他说：“刚刚在公社里跟张书记吵的恐怕就是你。”他说：“化肥、牛草、贷款、供应粮，已经不给你们了，种子我看什么时候让张书记给你们。”我说：“陈书记，我只要种子，其他的我也不要了。只要给我种子，我没有意见。”（陈书记）说：“好，那我帮你说。”最后我去找张明楼要种子，张明楼说：“那不行，陈书记没给我文件。”陈庭元说：“我说话我负责。”张明楼说：“你说你负责，空口无凭啊。你明天如果调走了，查到种子是我给小岗的，那我是要倒霉的，我又上哪找你去？”他这样一说，陈庭元也非常为难。最后板桥区的区委书记林兴甫和王从权说：“陈书记能调走，我俩调不走吧，由我俩负责。种子给小岗，保证与你没关系。”最后张明楼给了我种子。

种子分下来之后，我们连天连夜地把种子种到了地里，所以群众生产的积极性特别高涨。当年(1979年)我们花生就收了将近4万斤。山芋、杂粮、豆类这些全都没算,就算小麦、水稻这两项,就收了139000斤。当时有群众说:"宏昌兄弟,我们收了不止这么多粮食吧?"我说:"我不能再多说了,再多说没人会相信。"我说:"毛主席都教导说,我们在定计划的时候要留有充分的余地。"所以这一年(1979年)我们就瞒下了很多产量,我们人均年收入从不到20块钱跳到了400块钱。老百姓的情绪相当高涨,那时关庭珠这些年龄大的又说了:"哎呀,我这辈子还是第一次看到收这么多粮食,真是瘸子过沟,猛一蹦啊!"意思是过去那么穷,我们现在一下子就这么富了。那时候我们生产队上交国家的任务是一头猪,结果我们卖了35头,并且大部分家庭还留一头自己杀着吃。老百姓不但说不需要(再去)要饭,有的吃了,而且生活的方方面面都有了很大的提高,老百姓那真是高兴得不得了。那到年下[①]了,互相请年酒,到你家吃饭,到他家喝酒,老百姓之间的关系非常融洽。过去的房子,泥巴墙、破草房东倒西歪的都不去修,都是漏的,这一年(1979年)以后家家户户换草房,修缮了房屋。从那时起,小岗的粮食产量就一年接着比一年高,头一年(1979年)是13万多斤,将近139000多斤。第二年(1980年)就达到22万斤,第三年(1981年)就大概接近30万斤了。

我干(副)队长一直从1978年干到1979年5月份。那时候分田到户一旦暴露了就会被打成现行反革命,队长就不能干了,就剩下严俊昌和严立学他们两个干了。1980年元月22号会议结束万里就来了,万里允许我们继续这样试。陈庭元表态,让我们干一年到秋。地委王郁昭书记表态允许我们试两年,1980年万里来表态叫我们试五年,最终就是这个结果。我那时候已经不是生产队干

① 指过农历年的时候(多指正月上半月)。

部了,不让干了。我也不是中共党员,有的人说:“你们介绍他入党,他分田到户是被划过现行反革命的,说不定哪天他要是现行反革命,你看你们作为介绍人该怎么办?”我听到这些话感觉很为难,最后就没入党了。

后来江泽民来(开座谈会)就在我家,胡锦涛来的时候我没在,习近平来座谈我们都在场。“大包干”这件事总的来说还是得益于领导的决策和党的政策。

我在小岗生产队当队长

——严俊昌口述

访谈时间：2018年3月22日上午11时至12时

访谈地点：凤阳县小岗村严俊昌家中

口 述 者：严俊昌（1978年任凤阳县梨园公社小岗生产队队长）

访 问 者：沈葵　徐小满

录音整理：徐小满

文字整理：徐小满

我叫严俊昌，我今年77岁，属马[1]。我就是凤阳本地人，我有六个儿子、两个闺女、九个孙子、五个孙女、三个重孙子和四个重孙女，一大家有几十口人呢。

回忆当年的经历，我没有想到能有今天这么好的生活。我们党胜利以后[2]，群众基本上能解决自己的温饱问题，没有出现逃荒要饭的现象。但是从1958年“大跃进”以后，群众的生活被破坏了，政府的大好形势也被破坏了，到1959年就开始饿死人了。这

① 出生于1942年。

② 指1949年中华人民共和国成立以后。

三年[①]小岗上饿死了不少人。我当时才十八九岁，我没有饿死掉，可以说什么都吃过的，那真是从死人窝里爬出来的。1961年以后，因为饿死了很多人，就解散了过去"大呼隆"的集体生产劳动形式。人都饿死掉了，还一天到晚搞假大空，我深深地体会到这种大锅饭不能再吃了。当时有个妇女她家丈夫、孩子都饿死掉了，她怨天、怨地、怨我们党的干部。她说："我们家男人、孩子饿死掉了，干部家的老婆怎么还能生孩子呢?"她恨得说："我如果有能力，我要把干部家的孩子肉割来炒着吃。"我（听到她说的这些话）头皮都麻了。我说："天啊，一个女同志为什么能恨到这种程度？我哪天如果能当上干部，我（可能）要死在群众的面前。"干部搞特殊，没有死掉，活着他会受到人民的痛恨，这是一种阶级恨。所以在当时的

① 指1958年到1960年。

环境下,有人给我介绍对象,我根本不答应。因为我连自己都养活不了,我还要处什么对象。

1961 年我成家了,我家属她确实可怜,兄弟姊妹都饿死了。我当时跟她说:"我不能和你成家,因为我连自己都养活不了,你跟我在一起早晚还是会饿死的。"她说:"我跟哪个在一起不挨饿呢?我有了丈夫,我就有了依靠。我能够死在丈夫面前,我就知足了。"我一听她说得这么惨,我不能再拒绝了。我们是八月初几见的面,谈了没几天到了八月十六,她搬过来了,到我这一件衣裳都没有。那时候一人才发三尺布票,吃饭要粮票,穿衣要布票。

毛泽东说过:"只有落后的干部,没有落后的群众"。那时候小岗生产队为什么干不好?关键是"大呼隆"的集体生产形式挫伤了农民的积极性。因为在这种生产形式下勤劳人受打击,懒汉受表扬。为什么懒汉受表扬呢?小岗年年不断有工作组来,但是工作组是来干什么的?来抓形式,搞一些形象工程。我当时就反对这种做法,我当干部,坚决不搞特殊化。因为我不愿意搞特殊化,所以我后来不当生产队干部了。

1977 年底,庄稼还没收完的时候,梨园公社有人找到我,问哪个是严俊昌?我说:"我又不是干部,你找我有什么事?"他说:"小岗这一两年的生产还是不行,担子你还要担起来,我们了解了,你当干部不搞特殊化,你又不能去要饭,那还不给你饿死了,你这次再干两年(生产队队长),你全家的生活,我们公社包了。"我说:"我要是当生产队长,我就不要你包,换句话说,如果我要你包我全家的生活,我吃饱了,我就会挨群众骂。我不要公社给的任何特殊待遇。"

(再次当上生产队长后,)我就想,我们应该怎么做才能救活小岗这一百多口人？有次开会，有个老头说了，要么一家伙干[1]。我说：“如果把土地分到户能把生产干好，那我们就这样干。”又有老头说了：“俊昌，这个路是走不通的。社会主义的车子朝前滚，你如果这么干，你就是现行反革命。”我说：“只要能干好，管他车子朝前滚朝后滚，只要能滚饱我们大家的肚子，哪怕拉去杀头，我能看到你们吃到一顿饱饭，我也认了。”我说：“你们这几位老年人都代表着某一个家族，比如你姓关，你姓韩，你姓严，你这一门下现在划成两个组，两个又分成四个，四个又分成八个，就这样彻底把地分到户。”当时严立学的父亲严国昌说：“俊昌，你这个马没有笼头，马去掉笼头只是野马，你认为你的命不值钱，你死掉一了了之，谁来帮你照顾你的家属和孩子？”我说：“你的情意我领了，但是我现在就是不死，我也保不住我老婆孩子了，不但我一家保不住，我们小岗上的孩子都保不住了。孩子们在家里书都没法念，一天到晚在采野菜，采好野菜，都蹲在地上叫苦。”有一次杨家英（音）家两个女儿没采到野菜，被打得很惨。我说：“杨家英啊，你倒是作孽，你给她们打得半死，你想想你能忍心吗？”他说：“俊昌，你看我们连菜汤都没得喝。”我想想，狠下决心，坚决走这个路[2]。我把我的命交给人民、交给党。如果我被逮去，我就问我身犯何罪？那反过来说，我们一天到晚逃荒要饭，连裤子都没得穿，这还能是社会主义道路吗？后来严国昌说：“你召集十八户来开会，就说如果分田到户的路走不通怎么办？”他说：“枪打出头鸟，你是生产队长，万一这条路走不通倒霉的是你啊！”

后来我就按照严国昌说的（召集了 18 户来开会），大家说，如果我真的坐牢了，或者枪毙了，他们（负责把我的孩子）养活到 18

---

① 指直接把土地分到户。

② 指分田到户。

岁。[1] 我问大家:“如果分田到户的路走不通,你们会不会后悔?”大家说不后悔。之后大家就按了手印。我说:“我们这么干是违背党的政策的,但是我们要自力更生,自己救自己,自己跌倒自己爬起来。我们把生产干好了,第一个不能忘记国家,我们小岗过去每年上交国家的任务是 1800 斤粮食,我们首先要完成国家的任务,第二个要留足集体的,第三个才是我们自己,大家有没有意见?”大家说:“没意见,我们既然把生产干好了就不能忘记党,要踊跃地把粮食贡献给国家。”之后有人说了:“分田到户的事情任何人不能讲,家里亲戚朋友都不能讲。你如果讲出去了,我们一季都没干完,一顿饱饭还没吃到,就倒霉了,这多冤啊。”所以大家都发了誓,小岗的土地就分到户了。

从(1979 年的)春天我就开始号召,家家让小孩去要饭,哪怕在家吃树皮、啃树叶子,也要把生产安排下去。我们号召群众有一分钱都要拿去买种子,那年我们点了有 100 多亩花生,花生和山芋长得非常喜人,邻队一看,小岗生产队在干什么呢?有次开生产队队长大会,党委书记[2]找到我说:“你到我办公室去一下。”当时我吓得心里直打怵,这么多生产队队长为什么就偏偏找到我严俊昌呢?我说:“你找我有什么事?”党委书记张明楼说:“邻队有群众反映说你严俊昌把土地分到户了。”我说:“你听他们扯,我长几个头,我敢把土地分到户。”第二次开生产队队长会,我不说实话不行了。张明楼说:“俊昌,我了解清楚了,邻队说你确实把土地分到户了,今天的会议你不说实话,口粮、牛草、种子,都没有你严俊昌的。”我说:“那你不给我,我想要也要不到。”

回去之后,我再次召集这十八户来开会,我说:“从今天起国家

---

① 严俊昌、严宏昌都是十八户农民开会的召集人。

② 指梨园公社书记张明楼。

的救济我们是没有了，我们如果要想吃国家的救济，就要把田重新拢起来。"其他人都说："我们不要吃救济。"我说："如果把我们生产队的两头牛拉走了怎么办呢？"大家说："牛拉去，我们就用大锹挖。"第二天公社党委书记张明楼看到我说："严俊昌同志，你要向党说实话，你一天不说我就看着你一天，你严俊昌是跑不掉的。"就这样连看我三天，到第四天，我向他说实话了。当时张明楼吓死了。我说："你放心，就算杀头我也不会牵扯你的。"他说："就凭你这句话，党就能相信我？我是一级政府，我跳进黄河、跳进大海也洗不清啊！"

他跑到县委去汇报，之后凤阳县委陈庭元书记来小岗了，当时我们老百姓一听说县委书记要来，感到很惊奇，过去哪能见到县委书记呢？陈庭元亲自到小岗来调查，问群众，群众也不敢说，因为之前都发过誓、赌过咒的。最后我们大队会计向陈书记汇报，小岗生产队队长严俊昌确实把土地分到户了。陈庭元叹了一口气说："小岗让它干到秋，试试看，干得好，我再向党汇报，干不好我立即收回来（指收回集体）。"有群众说了："陈书记，公社张明楼书记没给我们种子和口粮，我们吃树叶、啃树皮熬过来了，这没种子怎么办呢？"陈庭元指着张明楼说："你赶紧给他们种子。"我就跟宏昌说："赶紧跟会计去梨园公社，只要一个指标，开个介绍信，就能到粮站把种子提出来。"

天时地利人和，那一年（1979 年）小岗风调雨顺，庄稼长得非常喜人。邻队的群众看见都说，小岗生产队是彻底过上好日子了。开生产队长会，邻队队长请示张明楼，我们能不能学严俊昌把土地分到户？张明楼说："严俊昌是陈庭元批（准）的，你们能找到陈庭元批（准），我都批（准）你。"后来陈庭元又到了小岗，看到庄稼长得这么好，满脸都是笑容。有一天我到家之后，我把饭煮好，去场上晒草。陈庭元到我家舀了几碗饭，炒了菜喂小孩吃饱了，到场上去找我，说："你家小孩我都给你喂饱了。"这么好的书记要是倒霉了，我严俊昌死也闭不上眼睛啊！我看到分田到户这条路不被认可，我说："陈书记啊，我们这个路是走不通的。"陈庭元说："没事，你大胆干。我看只有这样干才能解决我们农民的温饱问题。"但是当时国家没有分田到户这个政策，特别是《人民日报》上的一篇文章[①]，把小岗说得那简直就是现行反革命。陈庭元过去也被打过右派，也倒过霉。当时因为这件事，就有人说我们是反对社会主义，拉社会主义倒车。这时候县里来查了，说我命不该死，天时地利人和，王郁昭来小岗了。

王郁昭来小岗的时候，我们的粮食已经全部收回家了，我家一间小茅草屋子，粮食、花生、山芋干堆得床底下都是，堆得家都进不去。王郁昭找到我家，他说："你是不是严俊昌？"我说是的。他说："你可不可以带我到处看看呢？"我说："你从哪里来的？"他说："你不要问我哪里来的，你可不可以带我看看？"我说："可以，我带你看。"看了几家之后，他回去开了常委会，说："我找到生产队队长严俊昌了，他现在是自己救自己，我们为什么要定严俊昌的罪？如果要定严俊昌的罪，那我们党的江山就打错了，我们打江山，就是为了让中国人民过上好日子，严俊昌这个生产队长是自己救自己，自己跌倒自己爬起来，他有什么罪？"第二次王郁昭又来到小岗，说："为什么头一回来你问我，分田到户这样干行不行，我没有给你答复，那是因为我没有开常委会。我这次开过了常委会再来找你，你就可以说是王郁昭叫你这样干的。"

后来王郁昭又去找了万里，回来之后他跟我讲，万里有点不相信。王郁昭说："万里同志，小岗确实把土地分到户了，也确实把生

① 指"张浩来信"事件。1979年3月15日，《人民日报》头版头条刊登甘肃省档案局干部张浩的读者来信，同时发编者按语，支持张浩的观点。

产干好了。”万里说：“好，我到凤阳小岗去看看。”万里没来之前，陈庭元找到我说：“俊昌，据说万里要来。”突然有一天[1]万里来了，去了严宏昌家。陈庭元跑到我家门口，说：“俊昌赶紧走吧（指到严宏昌家见万里），万里同志到了。”我当时腿都吓得直打战。后来我一进门，看到万里很和蔼，我心里就不害怕了。万里问：“你今年多大了啊？”我说：“我 37 了。”他说：“你是不是共产党员呀？”我说：“我不是共产党员。”他说：“好，中国这么多共产党员，都不敢走这条路，为什么？怕丢了乌纱帽。”他说：“你过去当生产队长好当？还是现在当生产队长好当呢？”我说：“万书记，过去的生产队长不好当。”他说：“为什么呢？”我说：“群众都出勤不出力，我这个生产队长铃都打烂了、哨子都吹烂了，也找不到人去地里搞生产，大家都逃荒要饭去了。”他说：“你现在当生产队长好不好当呢？”我说：“万书记，现在好当，我自己也不要督促人家了，我可以甩开袖子干我自己的了。”他说：“你有没有把握干好呢？”我说：“万书记，不管天灾人祸，我有把握不再吃国家的救济粮，我可能还对国家有所贡献。”万里说：“对国家还能有贡献，那能干。”我说：“万书记你能不能批准我们多干几年？”万里说：“我批准你干三至五年。我们打江山，就是让中国人民过上好日子，人民都饿死掉了，怎么死的？说空话说死的。”后来我又说了：“万书记你批准我干，你能不能给我个红头文件？”我问万里要红头文件把万里搞得为难了。我当时不应该问万里要红头文件的，要得万里心里难受啊！他也是为了人民，他也是冒了险的。万里说：“我没有红头文件，但是你只要为人民利益而死，你是光荣的，历史会给你平反的。”当时他上了车，摇下了玻璃窗，跟我们强调了三点。第一点就是切切不能说假话，人是怎么饿死的，吹牛吹死掉的。第二点是要搞好养殖业。第三点

---

① 应为 1980 年 1 月 24 日。

强调户户最少要留一年的余粮。他说:“为什么要留余粮?如果遇到天灾人祸,把粮食卖空掉了,没余粮了,你还能吃得安心吗?”

我们刚刚把生产干好,有些基层政府就开始乱摊派、乱收费。农民辛苦地种粮食,结果把粮食卖掉的钱还不够缴费的。眼看我们的生活就要被一级政府搞坏了。我不识字,我找人家帮我写了封信到中央,交给万里,万里一看,就派温家宝来调查,温家宝没来之前县里就找到我了,说:“老严你不能说实话,你如果说实话就把我们集体搞毁掉了。”我说:“我不讲假话。”他说:“不管你说不说假话,到时候不安排你说话。”我说:“那我不说了。”他们对温家宝说,“小岗的路走不通”。温家宝说:“小溪河镇通不通呢?”他们说,“小溪河镇通”。温家宝说:“那赶紧把老严给我接来。”当时没安排我发言,安排了三个人发言,分别是燃灯公社的大队书记、雁塘头生产队的政协委员吴凤启,以及严宏昌。到最后他们都发言结束了,温家宝说:“我来不是听其他人发言的,中央有几个老同志一定要我找到严俊昌。”我问:“有没有时间了?”温家宝说:“准许你把话说完。”我就谈了乱罚款、乱摊派的事,当时温家宝走的时候说:“严俊昌提的这些(问题)是存在的。”中央又派姜春云到凤阳县,把我叫到了凤阳。之后我那份税费改革的材料得到了中央的认可,国家实行了税费改革。税费改革以后,不但不要农民交税了,还反哺农民,农民真正得到了实惠。所以说我们国家这四十年来的成绩,主要得益于党中央的英明领导。在1995年8月的时候,我硬是被调出生产队了。头一回调我,我不愿意去。结果后来说我是共产党员,要接受党的分配,就把我跟严宏昌两个全调出小岗生产队了。我被分配到了小溪河镇的农委。后来江泽民来小岗,我接待了江总书记。江总书记说:老严怎么能调出去呢?这个“大包干”就是老严搞的,你们给老严调走了,那换句话讲你们还要搞“大包干”吗?就把我俩又调了回来。

我们搞“大包干”就是要解决温饱问题

——严金昌口述

访谈时间：2018年3月22日上午

访谈地点：凤阳县小岗村严金昌家

口 述 者：严金昌（1978年为凤阳县梨园公社严岗大队小岗生产队社员）

访 问 者：庆跃先

录音整理：杨孝青

文字整理：杨孝青

我叫严金昌，今年75了，比关友江大3岁，初中文化程度。“大包干”时候我是社员，教过书，一九七几年当过生产队长，一直干到1976年。我有五个男孩，两个闺女。我家在小岗有3个农家乐，开3个饭店。大孩子今年有50多岁了，他开农家乐。二孩子开超市。三孩子开澡堂子，这个澡堂子是冬天开，夏天不能开。不开澡堂时，他会开车啊，就给人开车了。我们访谈地这个小饭店是我四儿子开的。还有一个老五也开饭店。

我们小岗村为什么要搞“大包干”呢？主要是被生活逼迫，没有饭吃，干了一天活，只有毛把几分钱，一人全年吃200多斤粮食，哪够吃呢？所以老百姓到处逃荒要饭。我们是农民，我们有田、有

地，为什么搞不上吃的？我们心里不服气啊！本身我们农民就会种地。新中国成立以前我们农民没有土地，没有饭吃。新中国成立以后我们农民分了土地，有牛有犁有耙，我们为什么还搞不上吃？所以我们心里一点不服气。我们不是不会种地，而是那种政策约束了我们。

小岗村从1955年互助组，到1956年合作社，到1957年人民公社（注：应是1958年），再到1958年“大跃进”，过去叫高举三面红旗，可对？“总路线、大跃进、人民公社”（三面红旗），是一大二公。1958年吃大锅饭（办食堂），吃饭不要钱，天下人民是一家，达到共产主义了，就是各尽所能，按需分配。1959年浮夸风，吹嘘“人有多大胆，地有多高产”“只有想不到，没有做不到”，都在吹啊。有人说一亩地收8000斤粮食，另一个说他一亩地收1万斤，说收8000斤粮食的人就要受批判。人家收1万斤，你为什么只收8000斤？把他划为右倾保守思想。浮夸风刮过来了，1959年把农民的口粮都卖掉了，形成1960年农民没有粮食吃，饿死人了，对吧？

1961年，刘少奇颁布一个“三自一包、四大自由”[①]以后，我们小岗村也分了土地了，分了以后只收了一季。1962年又把土地集中到一起了。而我们就收那一季庄稼可以吃两年呢，这说明不是农民不会种地。以后又搞十年“文革”，一天到晚“斗资批修”“割资本主义尾巴”，过去的政策就是“宁要社会主义草，不要资本主义

① “三自一包”：自由市场、自留地、自负盈亏，“包产到户”；“四大自由”：雇工、贸易、借贷、租地不加限制。

苗”,越穷越光荣,喂猪不超过一头,喂鸡不超过3只,多了是资本主义。比方说,我们生产队有个单身汉叫关友德,我俩年龄一般大。他是单身汉,过去每家有二分小园地,他也不干,他一个人好混呐。一个人吃饱一家都饱了。而我们都拖家带眷的,可对?我们要考虑老婆孩子要吃啊,把二分小地干得好一点,就被说成是搞资本主义。关友德这个人家里鸡、猫、狗都没有,小园地他也不干。当时上面派在小岗的工作组给他作了一首诗:“关友德思想好,小园地尽长草,南瓜长得拳头大,辣椒长得拃把高。”说他是无产阶级,一无所有,要我们向他学习。我们都向他学习,我们就饿死了,可对?这些是(当时)国家不合理的政策导致的。

我们小岗村农民为了吃饱肚子,老百姓在外面要饭要够了,穷急了。我也讨过饭,不讨饭家里孩子就没得吃。我出去讨饭,3天后,就把讨到的东西背回家给孩子吃。有了饭吃,我还要去生产队挣工分。在生产队,不管你干多干少,成人一天算10分工。如果不去上工,那么就没有工分,到时候你就分不到粮食。过去外出也挣不到钱,对不对?我们既考虑要挣工分,又要考虑孩子要吃饭而出去乞讨,那时候不是人过的日子。我记得有一年,那是“文化大革命”后期,我在外面搞清理阶级队伍的材料,年三十没有回家,一直到年初我才回来。过去孩子们平常吃不到肉,我家属上街买二斤肉准备过年吃,那时候肉是卖7毛3一斤。年初我回来了,问他们年关怎么过的。乖乖,小孩们都苦伶仃地说:“我妈上街买二斤肉回来,我们都没弄到吃,妈妈说等你回来再吃呢。”我一问是怎么回事呢?原来是肉被狗吃了。过去我们家是茅草房,房子上面有钩子,肉放在菜篮子里挂在上面,结果猫把肉给扒下来了,让狗吃掉了。

人家不管穷富,到过年了,最起码能上街买二斤肉,让孩子们吃一口肉啊!我家孩子没吃到肉,当时我心里特别难过。我们现在生活条件好了,哪天是年,哪天是节呢?家家生活都好,想吃什么有什么。在当时那种生活环境下,农民生活困难没有办法解决,我们小岗村的老百姓就在一起议论,如何能搞碗饭吃?想来想去只有把土地分到各家各户,劳动积极性才能调动起来,农民种地才能有自主权,我们才能搞(到)饭吃。

我们搞“大包干”,也不是今天说,明天就分了的。大家一直议论了好长时间。到1978年冬天,我们要饭都回来了以后,才决定把土地分到各家各户。我们小岗分地时候是115人,实际土地有800多亩。我们开始分是把一个队分两组,然后再把两个组分四个组,四个组分八个组。这样好分呐,可对?如果一下子分到各家各户,不好分。那时候分田就不考虑谁家田分得孬些,谁家田分得好些,谁家多一点,谁家少一点。我家当时分地不多,只分30多亩。为什么大家都不考虑分多少、孬好呢?因为我们都是临时性的分田,收一季算一季,干一年是一年。我们当时分田也是被生活逼迫。为什么我们写下那个契约?如果我们分田到户能干成,首先完成国家的公粮。我们搞“大包干”时约定:缴足国家的,留足集体的,剩下都是我们自己的。如果“大包干”干不成,干部被杀头,我们把他小孩养活到18岁,这是考虑后果。为什么按那个手印呢?那是约束我们的,万一犯法了,大家都不要推脱责任,有责任我们大家共同承担,这是我们18个人集体的意见,主要起这个目的。当时那18个手印的名字是严宏昌一个人写的,他算我弟弟,是高中生,那时候农村大部分人都不识字,也写不好字,大家就让严宏昌写,写过我们按手印。有手印,万一哪天出问题谁也赖不掉,对不对?

1978年冬天分过田以后,1979年春耕大生产的时候,都是各家干各家的活。过去在生产队,大家干活在一起的,那叫“上工一条龙,干活大呼隆”。分开后,我们都约定好了谁都不能说出去,可是俗话说,“雪里埋不了死尸”“没有不透风的墙”。你瞒了一时,瞒不了一世,可对?时间一长了就被说出去了。因为我们分开以后干活,人就分散了,周边的老百姓看到就汇报上去了。有人到梨园公社汇报说小岗分开单干了。过去叫单干,说小岗分开单干了。当时公社就派人来调查,找我们生产队长严俊昌和会计严立学问情况。核实以后,公社把我们所有的贷款,种子贷款、牛草贷款,供应粮扣尽,不给小岗。公社不给贷款和粮食,我们也不要;他叫我们并起来,我们也不干。那时候张明楼是梨园公社书记,他就向凤阳县委书记陈庭元汇报。陈庭元就到小岗来,第一次我们还不承认分田,以后时间长了,我们不能不承认。

说实话,我们搞“大包干”成功,与我们的陈庭元书记有一定的关系。陈庭元的思想也有点右倾,过去叫右倾思想。他看我们穷得那个样子,回去开县委常委会讨论,哪能通过去呢,可对?谁愿意担这个风险呢?后期陈庭元就睁只眼闭只眼,他光喊叫我们并起来,实际上是光打雷不下雨。以后陈庭元又向滁县地委书记王郁昭汇报,随着时间一点点推迟,等王郁昭来的时候,我们春耕大生产已经开始,麦子长势活泼泼的,王郁昭到这看着也特别高兴,他看到了生产队集体劳动和个人有很明显的区别。王郁昭大概回去后也开了个地委常委会讨论,以后地委还下个文件,现在我们“大包干”纪念馆也都展示出来了。文件的意思就是:春耕大生产已经开始了,不管用什么形式劳动,一律不动,秋后再说。所以这样我们才能干成啊。不然的话,我们也干不成了。

我们搞“大包干”的成功,与各级政府领导的支持或默许有决定性的关系。他们不给我们开绿灯,我们能干成吗?就是县委书记陈庭元真要叫我们并起来,我们也没办法,还要并起来,可对?我们最感谢的就是万里和邓小平。万里当时是安徽省委(第一)书记。1980年春天,万里到小岗村来视察。他万里到小岗村以后,他挨家看我们收成,看我们粮食收那么多,他特别高兴!1979 年秋,我收的粮食够一家人吃 5 年了,那就解决了生活问题了。过去家里没大房子,都是茅草房,粮食多了家里堆不下了,就放在外面堆着,用芦席编的折子,一圈圈盖上去,上面盖上草。万里想看我们是不是作假了,还用手碰碰那个席子里面的粮食是不是真的,看看袋子装的粮食可是真的。因为 1959 年搞浮夸风的时候,那个大席子底下都是草、糠,上面盖一小层粮食,他怕我们搞假的。说实话,农民(要真能)收到粮食,谁愿意搞那假?自己家粮食都装不下了,还要搞假吗?万里是实事求是的,看小岗究竟可是真的收到粮食了。以后万里又向邓小平汇报,邓小平拿到中央常委会讨论,之后才向全国推广了。后来万里来过以后,我们忐忑的心才落下来。

我们头一年收到粮食,老百姓确实高兴了。家家户户有猪的杀猪,有鸡的杀鸡,有羊的杀羊,没有一家子不庆祝,有粮食吃了嘛。我们那心情特别舒畅。民以食为天,没有粮食吃,饿肚子那个日子不好过啊。自己没的吃,出来要饭丢人呐!说起这事都是眼泪往肚里滚。我们为什么出来要饭?对不起孩子啊!那时候是被逼的。(哪怕)有一份营生我都不会去要饭。为什么现在没要饭的了?到我小岗村没有一个要饭的,我小岗村也没有一个出去要饭的。我再不能(行),出去打工,一天也搞个百把几十块钱,可对?比要饭强啊。要饭不算个好事。那时候不兴打工,没有私人老板,谁要你打工呢?都是集体的,集体那都是国家职工,国家工人吃商品粮的。过去吃粮要粮票,穿衣要布票,吃肉要肉票,吃油要油票!都要票,那叫计划经济啊,现在是市场经济。

搞“大包干”就是解决温饱问题,我们要吃饱肚子。我们国家这么大,粮食问题解决不了,农民吃不饱肚子,你还搞什么革命,搞什么改革啊?还有什么发展,什么可以发展?农民饿肚子,什么都不能干。现在小岗村是红色教育基地,人们来这里主要是学习两种精神："大包干"精神和沈浩[①]精神。"大包干"精神就是"敢闯、敢试、敢为人先"，沈浩精神就是"扎根基层、一心为民、无私奉献"。现在都升华为"敢于创造、敢于担当、敢于奋斗"的小岗精神。

小岗村今后的发展还是要想点子。农民种地也要打破老作坊式的传统种植，现在要搞科技农业，干什么事情，没有科技不行。现在，我们把小岗村的土地流转出去了，但我们的收入没有减少，劳动力也解放出来，还可以干其他的事情。我家把 30 多亩土地流转出去了，每年按照 800 块钱一亩流转的。我家开个农家乐可以赚钱，我们还可以到企业去打工赚钱，这等于是双赢，有什么不好？我跟老伴两个，我拿财政拨款，原来是 500 元一个月，后来涨到 800 元，2015 年又往上提了 20%，涨到是 960 元，三年一调整，今年又要再加 20%，到 1000 多元了。我老伴每月还拿 1000 块钱。我们老夫妻俩拿 2000 块钱 1 个月，已经够了，你还想搞什么？钱虽然是个好东西，但是不要多很了，够用就行。它生不带来死不带去，要那么多钱干什么呢？够用就行了，只要日子过得快活，心情舒畅，身体健康就行，这是我们最大的愿望。

2016 年 4 月 25 日，习总书记到我们小岗村来，一共看了四个点。第一站就到我们 4300 亩地产粮改造，看看小麦田啊。然后到我们当年农家，就是过去的茅草房，看我们按手印那个地方；以后到隔壁一家超市看看；最后到我家。习总书记来之前半个月，县里给我们开个会，只知道有中央领导人来。我问是哪个来呢？他们说是农业部领导来。我说："农业部最大的官是韩长赋，我俩多次见面，那都是老朋友，可对？"4 月 25 号上午 8 点钟，我们县才通知我，说习总书记要到我家来。我说："你们怎么不早说呢？你们早

① 沈浩，安徽省财政厅干部，2004 年至 2009 年，作为安徽省选派农村任职干部到凤阳县任小溪河镇党委书记、小岗村党支部第一书记、村委会主任。2009 年 11 月 6 日，因过度疲劳而导致心脏病突发逝世于小岗村。

说，我把家里收拾收拾。”他们说就这样好。习总书记那天来，我们小岗村民都集中到游客中心安检去了。你看这张照片，就是习总书记从我家出去的时候，老百姓都过来迎接他的。

当时进我家院子里有好几十人，我跟习总书记在前面走，陪同的领导都在后面呢。你看这张照片，是习总书记一下车时候，我们一家在门口迎接总书记时候的合影照片。一进屋子，他看到在人民大会堂合影那张照片的时候，他就提起沈浩说：“沈浩精神要发扬、要提倡。”我俩走到小院子，他很高兴地说：“好啊！农家乐，乐农家。”我说：“这是党的好政策，没有党的好政策，我们也过不到现在这个日子。我们应该有感恩的心，感谢党。”我俩说着就走到后面厨房看我的橱柜。我说：“这都是我们小岗村农民种的农家菜。”习总书记说：“农家菜好啊。”我见过两次习总书记，感觉不那么陌生，不那么拘束。我俩走到后院。我说：“习总书记，你提出民族复兴的中国梦，我们小岗有小岗梦。小岗村有 8 项规划、36 项措施，到 2020 年，要为小岗打造一个‘经济繁荣、社会和谐、环境优美、村民幸福’的新小岗，这就是小岗梦。”习总书记高兴地说：“小岗梦就是我们广大农民的梦。”说小岗梦是广大农民梦，就是在这里说的。你看好多报纸上都提小岗梦是广大农民的梦。

习总书记从我家看过以后，又到小岗干部学院主持召开座谈会，开了两个多小时。他提到，现在是工业支援农业，城市要支援农村。小康不小康，关键看老乡。小康不小康，关键看收入。他又提出土地的三权分置——承包权、经营权、所有权（编者注：习总书记在座谈会上强调，把农民土地承包经营权分为承包权和经营权，实现承包权和经营权分置并行）。习总书记说，土地要适度流转、不要大、不要流转多。他提出，不管怎么改，集体经济不能改垮了，耕地不能减少，粮食生产能力不能减弱了，农民利益不能受损害。你看讲得多好，农民利益不能受损害啊！习总书记说：“我们国家强，农业必然要强；国家美，农村必然要美；国家富，农民必然要富。”我们国家是农业大国啊！你看我们农民这么多，我们农民富了，我们国家不都富了嘛。可对？习总书记的讲话正是我们农民所期盼的。

有人问我对以后生活还有什么要求，我说：“从 2016 年 4 月 25 号习总书记视察小岗时，我们市、县给小岗村定出来的 5 项规划、36 项措施，让农业、旅游业和工业同步发展。到 2020 年，小岗村全面达到小康水平。”我说：“只要这些措施不是说在嘴上、写在纸上、贴在墙上，能同步向前推进，我的理想就达到了。”我们政府也想把小岗搞好，现在以小岗带凤阳，以小岗带滁州，政府有一定的规划。我认为，我们市、县为小岗村制定的这个 5 项规划、36 项措施还是切实可行的，也就是让我们老百姓过上好日子。

我们坐在家里就把田偷偷分掉了

——关友江口述

访谈时间:2018年3月22日上午

访谈地点:凤阳县小岗村关友江家

口 述 者:关友江(1978年为凤阳县梨园公社严岗大队小岗生产队社员)

访 问 者:庆跃先

录音整理:杨孝青

文字整理:杨孝青

我叫关友江,今年72岁,凤阳县小岗村人。我念过几年小学,勉强认识些字,“大包干”时候是生产队社员。一晃40年过去了,我们在家听说省里、市里准备隆重庆祝农村改革40周年。不是特殊的事,记起当年的情况也难了。我到70岁身体看起来也不错,就是记性差多了,今天干点事,明天回想起来都难。

我父亲死得早,他去世之后,家里就我一个人,姊妹是堂姐妹。我19岁结婚的,老婆比我大一岁,我们有四个子女,大儿子属马,“大包干”那时候有十三四岁,他中学毕业在梨园公社干治安队员,在那里娶了媳妇,安了家,现在有50多岁了。二儿子现在开了一家农家乐,就是我们这次谈话的这个饭店。我家这饭店一直以来

生意都很好，反正一年赚十几万块钱是没问题的。第三个孩子是女儿，早已出嫁了。第四个小孩 1978 年出生的。1998 年，他考上了合肥工业大学，现在小岗干部学院任教。

我们老两口单独生活。我老伴在我们村的食堂烧锅，1 个月还有 1000 多块钱工资。2014 年，我从村干部岗位上退下来以后，政府每月发给我一点补贴，还有养老保险，再加上政府每月给我们这几个“大包干”带头人发的生活补贴，生活没有问题。够吃就好了，旁的你还指望干什么？跟改革开放前相比，我真的是很满意了。

新中国成立后，小岗队有 170 多人，1958 年开始搞“大跃进”“共产风”，搞高指标、高征购。按照我们农村人讲，就是开始吹牛了，每个大队要向上虚报能收多少粮食。大队书记和公社书记虽然对粮食实际产量心中都有数，征收的时候看没有那么多粮食，就不论粮食是干的或潮的，都给弄走了，最后也完不成指标。虚报那些粮食产量,实际上根本就收不到那么多。20 世纪 50 年代,我们家最好的田地收成是水稻 200 斤 1 亩,小麦 80 斤 1 亩。你讲怎么可能收到那些粮食?不过 1958 年、1959 年的时候,庄稼产量虽然低些,老百姓种田还是认真的,收成比后期还强些,后期庄稼被人为搞毁掉了。田里收了,场上打光了,粮食送(上交)尽了,没有粮食了,饿死人就是在那个情况下发生的。真正饿死人就是 1959 年冬天到 1960 年冬天。当然也往外出走几个人。到 1961 年以后,稍微好一点了,允许搞责任田,就是"三自一包"。那个我们都记得,那又能吃饱了,就管那一年,吃过又不行了,后来又不许搞责任田了。

可以说,自 1960 年到 1978 年,小岗农民就没过上好日子,农民整天没得吃。我们夏天收夏天吃掉,秋天收秋天吃掉,吃完了粮食以后眼睁睁等政府供应。上了年纪的人回想那三年困难时期,真是伤心极了。因为凤阳当时是我们安徽死人最多的县之一,到 1978 年,小岗队人口才恢复到 115 个人,18 户人家,劳动力只有几十个人。

三年困难时期,我估计你们(指访问者)粮食供应没有影响,你们每天有 8 两粮票。8 两也不是正正道道的粮食,就是原粮,比如说加上山芋干之类。供应的粮食不好,还是带壳的。那时候人穷得很,由于没有油水,饭就吃得多,8 两根本就不够吃,像我们年轻人没有三大海碗干饭都吃不饱,就这样年复一年地过着日子。我们没得吃怎么办呢?就只能出去要饭。要饭这事现在想想都觉得腌臜,反正心里都不是个滋味,说难听话,就感觉丑。

1960 年到 1978 年,小岗农民就这样年年都东奔西跑地要饭。我们可想出去要饭呢?肯定不想。虽然嘴上说要饭不孬,其实心里觉得还是孬的,感觉很丢脸。一开始跟着人家一起出去要饭,不好意思去人家门口,到了人家门口畏畏缩缩的。但不要饭,又饿得不行。你像生产队队长严俊昌有七八个孩子,大人小孩都没有吃的。我俩一起去条件比较好的南京等地方讨饭一阵子,他饿得路都走不动,走路都喘气,那时他才30出头啊!有时候他几天都没解手,没有吃的,他解什么手?为了能吃饱,我和爱人都出去要饭,我家大儿子到16岁之前还被带出去要过饭,他当时年龄小,走路都跟不上大人的趟,有时候都要小跑着。我就安排我家孩子和他大姨家孩子一起在我们住的庄子周边要点吃的,我们大人就跑远些去要饭。

1978年,我都30岁出头了,第四个孩子也出世了,都还要出去要饭。小儿子太小了,那时候要饭就把他背在身上,要饭到人家门口了,我就把他拉着,这样要饭好要一点。别人看见大人拉着小孩要饭,都有同情心理,会给我们一点吃的。那3个大孩子留在家,自己将就着吃饭。说难听话,我们就像燕子一样,到外面搞两天来家送来给他们搞一顿吃。我姐姐来我家看到3个小孩留在家没得吃,她难过得都受不了。我要饭回家以后,她数落我。我说那怎么搞呢?你讲怎么搞?

人家对于讨饭的态度有好有坏,有的人理解,也有人不理解我们。实际上,那时候别人也不富裕,能匀一口饭给你吃就不错了。有理解的人体谅我们不容易,说庄稼当年不收当年穷,不然怎么会要饭呢?于是给我们一口饭吃;不理解的人说我们年轻不劳动,是懒汉、二流子!我想想真腌臜,那也没有办法啊!那个时候事情不能提,越想越不是味道。情况就是这样,回首过去这些事情真是寒心。

"大包干"前的政策就是搞集体"大呼隆"。你不干,我也不干,没有哪个人真心愿意去劳动。土地是一样的土地,人也是一样的人,搞"大呼隆"怎么能吃饱饭?我自己也想办法吃饱肚子,比如在自家小园地里可以把庄稼搞好一点,但每户只有二分小园地。

即使你真正把小园地搞好了，别人会说你搞资本主义，要搞什么“斗私批修”。种二分小地能算资本主义啊？能算多大资本主义呢？就是在这种情况下，当时搞得大家都没有饭吃。跟我差不多年龄的人在一起干活的间歇就拉着我议论："我们应该怎么办呢？老是要饭腌臜啊。要想办法能吃饱饭。"大伙说要是能把地分了，就能吃饱饭。但是，上面能允许你分地吗？不可能啊。都是搞“斗私批修”，割“资本主义尾巴”。如果你要去做点小生意，政策就会把你打成投机倒把，让你吃不了兜着走。

下面，我就讲讲1977年、1978年凤阳农村改革的事情，当时在什么条件下分田到户、责任到人。我们小岗农民当时是怎么想的，怎么做的。

1977年，我们私下议论分田的事情逐渐多了起来，有老人说，要是分开干保证能吃饱饭。后来，我们就渐渐试着搞分组，分组是不犯法的。1977年11月，中共安徽省委召开农村工作会议，制定了《关于当前农村经济政策几个问题的规定（试行草案）》（简称“省委六条”），当时“省委六条”允许搞分组。在这种情况下，我们就开始把生产队110多人分成东、西两个组，生产队还保留。分组一点作用没起，我们还是没得吃。你说怎么搞呢？于是，在一起干活的人议论能不能再往下分。当时我住在生产队西头，我一个爷叔，就是会计严立学的爸爸严国昌说："不行我们就偷分开、再分组。"名义上再分组，再分什么组呢？就是把50多个人（指劳动力）再往下分组。

真正分田是在1978年底。那个时候严俊昌是生产队长，严立学是副队长（注：关友江此处口述有误，当时，严立学是队会计，严宏昌是副队长），我是社员。我们就想办法，也不能说是出馊主意，再把一个组分成两个，后来再往下分成八个组。八个组是怎么分的呢？把兄弟俩算一个组，爷俩算一个组，剩下的不一定都是亲友，两家关系好的分一个组，实际上就等于是把田分到户了。我和小孩亲舅舅分一组，他家11口人、我家6口人，我们17个人一组。我和他私下又把田分开了。当时我们想分到户能算事吗？因为这样就不是集体干活了，单干那时候肯定不行，我们内部就商定不要对外面生产队员和亲戚说。分开的时候也没去田间地头，我们坐在家里把生产队的地总共分成八块。坐在家里怎么就能把地分了呢？过去在生产队干活，哪一块地多大，都一个地亩本子记着，那个时候人好说话，对田亩数字要求不严，多一点、少一点都无所谓。一开始，队员对于哪家多3亩5亩地都不问，就这样干。

我们坐家里就把这一块地划分好了，偷偷分掉了，也不朝外讲。就是过去"左"的政策的限制，分田的事情要是传出去，大家都要倒霉的。我们签上字有个约束，到时候你想推责任也推不掉。红手印不是留给哪个看的，按照现在的说法，就是风险共担，要倒霉都倒霉。当时大家都怕呀！提按手印这事的是谁呢？就是小岗队原会计严立学的老爸严国昌，18个人的名字上有他。实际按手印是20户，有20个手印。严国昌算20户之内，他是跟儿子分开了单独过，还有我一个堂哥关友德是单身汉，我们后来称18户就排除了他俩单身汉。把田分开后，我们就约定："（收的粮食）要缴足国家的，留足集体的，剩下都是自己的。"那时候分开干了，集体哪还留粮食啊？所以后来缴纳公家的粮食就有困难，干部就要挨家挨户去催。虽然集体劳动不存在了，但是农户必须要交国家公粮。当时就那样定的规矩，结果就这样搞了一个时期。后期真分开干，就不要操这个心，不叫农民卖粮他都卖，他手里粮食多了，不卖干什么？

分开以后，各家各户干活都不一样，终究是纸包不住火，公社书记张明楼知道以后，就把生产队长严俊昌等人找去谈话。张明楼对他们说："你们分开是胡闹，这不是造反吗？"公社让我们合并，农民不愿意并。公社干部来做思想工作，我们生产队农民铁了心就是不愿合并，随便你干部怎么搞，我们分开干了再说。如果把群众逮去关起来了再说，暂时不管它。结果公社干部光说实际没动我们。后来，公社还是采取了惩罚措施，把小岗队的贷款给扣掉。那时候穷，生产队购买粮食种子、喂牛的牛草都要贷款。我们不合并，公社贷款不贷给我们，粮食种子、牛草都不供应给我们，这就是公社对我们采取的措施。

生产队长严俊昌回来以后跟农民传达此事，农民说不给拉倒。那时候牛草贷款和粮食种子好解决，过去的粮食种子不要年年更换，我们去找亲戚要几斤粮食或者借来种子种一年。牛没有草，我们也出去借，秋天收了再还。反正无论如何我们就这样干了，随便你公社怎么搞，不给拉倒。我们那时候都憋着一股子劲，心想不被逮去弄死了，那我们就这样干，就拼吧。最后就把分田这个事情搞下来了，干起来以后，实际效果还不错。要不是农民没得吃的，肯定也不会这样做。要是我们能吃饱肚子，谁会去搞这些分田的事情。

我们搞分田被公社书记张明楼知道了以后，县委书记陈庭元不久也知道了。至于他什么时间知道的，我们也不太清楚，陈怀仁讲是 1979 年 4 月 10 号，种花生的季节，当时陈怀仁是凤阳县委秘书。有一次在凤阳，我们一起吃饭聊天，说到陈庭元了解到小岗“大包干”事情的来龙去脉，到底是小岗哪个人说出分田的事情。陈怀仁说，他跟陈庭元开吉普车到小岗村后，在什么方位、哪个路口、哪块田，跟农民套话了解到分田的事情。陈庭元当时采取“微服私访”的形式，干活的农民也不认识县委书记。那时候凤阳农民不像现在更容易见到县委书记，或者县、市级干部。因为当时小岗是凤阳交通最闭塞、最穷的地方，我们没有直通县城的路，去县城要绕到东边跟明光市交界的小溪河镇，绕圈走四十多公里。陈庭元问话很有一套,他不是直接问农民是否分开单干了,而是采取诈,就是忽悠的方式套话套出来的。我们排除了半天,怀疑有可能是严国品夫妻俩。他家就在我们这个方位有一块田,他两口子那时候小孩小,成天搞花生什么,在那干活说出去的。严国品后来回忆说没有人问过他分田的事情。我们到今天都没搞清楚到底是哪个农民跟陈书记聊天说出去的。

陈庭元知道以后就对我们动手了,跟我们认真搞了一段时间,就是不许我们干。1979 年底,到真正分开干了,陈庭元来小岗挨家挨户去看,问我们今年弄什么吃的?过年了家里可吃肉?我们怎么能不吃肉呢?收到粮食了嘛。1979 年底,小岗基本上家家户户都杀个猪。1979 年收的粮食 3 年都吃不掉。一开始分开,你不知道人们的干劲有多大。农民连天加夜地干活,哪像在生产队要人催着去干活呢。有的人天不亮就下田,晚上都干到十来点钟才回来。1979 年,我们队一年收的粮食太多了,外边生产队的亲戚过来看吓了一跳,说:“我的妈呀,你怎么收这么多粮食?”当时家里屋子也小,粮食多了都没地方放,我们真高兴。

1979 年我们真欢心,我们赶上了天时、地利、人和,老天也帮我们干。我们家地差,怕旱。如果地旱掉了,那肯定收不到粮食。那年风调雨顺,按照我们农村人说法,往地上丢什么收什么,种什么收什么,产量还好,那时候还没有化肥呢。花生虽然地薄,拔起来就抓一团雪白的,真厉害!家家都卖花生,那时候家里花生不需要留那么多,家家都要卖。那时连蛇皮袋都没有,没有袋子怎么去卖花生呢?有人就把被子拆掉,用被单装着花生,雇拖拉机拉去卖。花生、山芋在外面受潮不行,都放在家里。就把稻子搁在门外头,我们家用栅子圈起来,上面盖着干稻草,就搁那里,家里没地方搁。稻子卖得少呀,那头一年哪敢卖呢?比如说,我今年收的粮食,至少要能吃到明年、后年,就是不敢卖,也舍不得卖,留在家里吃陈粮嘛。不仅是怕明年不许干，还怕年头有好坏，当时也是饿怕了。我们卖给公家的粮食太少了，就卖那一点粮食大家都吵。不像现在，农民收到粮食在路上打谷场晒了就全部卖掉了。

1980 年元月份，万里书记来小岗视察，他说："我们解放全中国的目的是让农民过上好日子，结果好日子没过上，还饿肚子，吃不饱饭，还饿死人。"他最后就讲："这叫什么社会主义？"他转过头问："那你们这样干，你们说好不好呢？"我们说好。他就紧接着说："你们说好，我批准你们干 3 年。"他也没说其他的，就说批准干 3 年。那我们肯定是没话说了，给我们干一年都满意，不要说 3 年了。

分田这事，那个时候就算有想法，那还是政府让你干的，前期至少是默许我们干。不是政府让你干，还真干不了，我们小岗队十几个人，政府不许你干，你能干得了吗？说其他的都是吹牛。你看万里书记不是来了嘛，他没说不让干，只是问我们这样干可好，我们说肯定好呀，至少不要出去讨饭。当时老百姓要求也不高，就是想吃饱饭，不像现在的人想挣多少钱，想怎么样等等。那时候我们没有其他想法，我今年有粮食就能吃饱肚子，我就不要去要饭，就想这个事。当时也没别的什么致富机会。

我们再说说陈庭元、王郁昭吧。陈庭元当时是凤阳县委书记，我跟他比较熟悉。不管怎么样，还是亏得他们啊！确确实实没有他们支持，"大包干"也搞不了。陈庭元后期到滁州搞地委专员，他去世后，我们都到合肥去送别了。他儿子上次还到这儿来过，还跟我聊了一阵子。王郁昭我也见过。我到 2014 年才从村干部岗位上退下来。王郁昭在 2013 年前后来小岗两趟，最后那次来，由他老伴陪着，他走路就打晃了，由于年龄大了，到村里纪念馆看看。我 2015 年到北京办事，有天晚上还跟他儿子在一起吃饭。王书记他们在这搞得好，那这个人就是这样的好，我们真亏了他们这样支持。他们不支持,“大包干”能不能干成,都说不准。

当前,外面对“大包干”的议论多了起来,有的说什么“大包干”带头人也不就这样嘛。说“大包干”是小富即安,人有的吃就不干了等等,实际不是这回事。“大包干”全面搞开以后,到1980年代农民都收到粮食了,大家就认为,我们都有的吃了,不再怕饿着了,群众就觉得没有问题。1980年代,有一段时间农民收的粮食都卖不掉,卖粮难嘛。我们这地方庄稼收成靠天,有时候出了力不一定能收到庄稼。天要旱起来,就没多少收入,但是能吃饱饭。对农民来讲,反正我分到地了,我的地不能荒了,我得把地给种好,这就是我的责任。分地之后,如果哪一个农民把地给搞荒掉了,别人还在背后议论他不干活,把地都搞荒掉了。从1980年开始到1990年代,小岗的农民都在家干活,没想到别的地方去赚钱。至于怎么富起来,当时确实没想到那么多,我们农民没想到社会发展得这么快,观念转变得也没那么快,就想着把地种好就是我最大的事,没有多想其他致富的事情。

到2000年以后,农民才意识到都在家种地,就只是吃饱饭。我们上哪富起来呢？地就这么大了,粮食产量也到顶了,也就算不差了,我们家好稻子也能收到1400~1500斤1亩。有人只在家看今年稻子能收多少钱,没想到土地就这么大,粮食只能卖那点钱,所以我们怎么干也富裕不了。到2000年以后,年轻人都出去打工了,他们在外干一年比在家种庄稼还强。逐渐地,人们的观念开始转变了。

1998年,我当上了村干部,确实也想了点子让村民致富。当时的条件不行,路不通、水不通,即使有企业愿意来投资,他们来看没有基础设施就走了,所以一直没有富裕起来。现在的政策好了,政府开始搞土地治理,解决水利问题,水灌溉到田里,样样都好。近几年,省内、市里对小岗发展非常重视,安排了一些项目,小岗的发展跟过去不一样了。

一个小村三任总书记都来视察了，这在全国是不多见的。江总书记是1998年来的，胡总书记是2008年来的。昨天我们几个吃饭还在聊这个事。外面人问习总书记可来了？我说来了。我们原先以为国家主席10年要来一趟，没想到习总书记2016年就来了，真想不到。三任总书记我都见了，都参加了座谈会。他们有的人只见到一任总书记，有的人见了两任总书记，我三次都参加了座谈会，所以说应该满意了，真的满意了。

1977年底，我在洪山大队搞联产计酬

——许正航口述

访谈时间：2018年3月21日下午

访谈地点：凤阳国际大酒店

口 述 者：许正航（1978年任凤阳县板桥区洪山公社洪山大队书记）

访 问 者：庆跃先

录音整理：杨孝青

文字整理：杨孝青

我叫许正航。1954年12月份生，我家是板桥区（现在的板桥镇）洪山公社洪山大队（后来的山许大队，现为水平村）。现在已经退休3年了，但相对于"大包干"时的县、（公）社领导来说，我要比他们年轻一点。我是1973年底高中毕业回乡的，1974年3月当生产队长，1975年当大队书记（现在的行政村那时叫大队）。那个时候要培养年轻干部，叫老中青三结合，大队新班子需要20多岁的、高中毕业的党员，我是高中毕业的党员，年纪又轻（是虚岁21岁还是22岁，我记不清楚了），当时凤阳大部分大队书记都是三十几四十几岁的，像我这样20多一点的年轻人就当上大队书记的，在那时候是属于起步比较早的。1976年我当洪山公社党委副书记

兼洪山大队第一书记，1981 年底考农经员（当时有规定说考农经员必须要是当过大队书记的）。大队书记干到什么时候呢？一直到 1981 年底农经员考试的时候我还兼着大队书记。

讲到这个阶段，也就是“大包干”改革的阶段，很多关于“大包干”的事情都发生在这个时期。那时我已经是公社党委副书记兼大队第一书记了，所以对“大包干”的事也算是亲历者、知情者吧。第一，那时公社的情况呢，（我）要经常参加开会讨论，参加过公社这个层次的决策；第二，要亲自操作，就这个大队里几个阶段怎么干的，我是直接参与的，是实际参加过执行的。因此，我知道不少事，对上层了解一点，对下层也了解一点。当年搞“大包干”的情况也就是几个老同志知道，现在那批人中不少老同志已经走（去世）了，像我这样年龄、又有这个经历的人也不多了。

1981 年底我通过农经员考试以后呢，又到五六个乡当了两年多的乡长，剩下的 17 年，就是当乡镇党委书记和区委书记，一直在下面没上来，从 1998 年的时候开始当副县长，2007 年到（县）人大当副主任，2015 年元月份退休。我的整个工作经历就是这么一个过程。

我是一个农民的儿子，也是一个标标准准普通的农民。我的父亲母亲都是农民，家中兄弟姊妹 7 个，我在家是老二，还有一个哥哥是老大。那时我们这里很穷，都已经熬过了 20 世纪 60 年代初的大饥荒,虽然没有再饿死的了,但我们吃的还是米嘴子、糠、树叶、榆树皮。到 20 世纪 70 年代应该生活好一点了吧,结果生活还是跟不上去。虽然我的父亲是生产队长,但是实事求是地讲,我们家人都要过饭,最小的一个弟弟是我母亲背着他要饭,我们都跟着要饭,最远的地方是要(饭)到庐江,我从小就要过饭,学校放假期间,我们要饭就要到庐江那边圩区,圩区有那个糯米团就叫糍粑什么的,弄来家晒干,有的发霉啊,它哪能吃啊! 1972 年上高中的时候我们家还要饭,那时我们那里湾区生活就好一点,有胡萝卜了;岗区没有胡萝卜,不要饭也没得吃啊。我都上高中了,不愿意去要饭,为什么呢? 我要饭耽误念书啊,还有就是怕同学看到,看到不就觉得丑嘛。我只好中午偷偷摸摸地到街上要点饭吃,下午再去上学。我那时候要饭,连奶奶做的鞋子都舍不得穿,坐在那黄豆地边一脱,把鞋子背在身上去要饭,我就是靠要饭去上的学。那可已经是 1972 年了啊! 这就是我们那里 20 世纪 70 年代农民的生活状况。

1973 年底我高中毕业,1974 年就被派到一个叫小黄队的地方当生产队长。1973 年到 1975 年这几年,是“割资本主义尾巴”最凶的几年。那时每年冬天都要搞农村基本路线教育。基本路线教育就是“割资本主义尾巴”,包括小园地,喂几只鸡、鹅,都要把你逮到,农贸市场不准你上。那时我们也拔过人家菜、拔过人家葱的,怎么搞呢? 你当干部,上面不叫你搞,你就不能搞,就必须把这些“资本主义尾巴”都割掉,要执行上面的命令,这都是 1973、1974、1975 到 1976 年的事啰。打倒“四人帮”以后,我那个公社党委副书记就被免掉了,但是上面认为我工作还可以,保留了我的大队书记(的职务),同时我还兼着公社团委副书记职务。那时候的干部比较少,需要有人负责看家,我就是我们公社负责看家的,凡是县里、其他乡镇和村里来的电话,都是我在接听记录,然后再跟公社书记汇报。至于大队书记嘛，就有一大堆工作上的事情需要你去处理。

到 1977 年的时候，因为“四人帮”被打倒了，大家各种议论都出来了，虽然“三级所有、队为基础”的体制仍然没有改变，但这个时候出现了一些新情况，我们大队就出现了这样的事情：当时我们搞放松饲料田、口粮地，比如说一人是五厘饲料地，那个弓子就搞大一点，原来是五尺一弓子，结果用绳套好了，疙瘩系远一点，这样多量一点，实际上有一分地，有的（人）分一分地，有的分二分地，就叫饲料田，目的就是让农民在饲料田、口粮地生产中能增加一点粮食，多种一点蔬菜，把吃饭问题解决得比过去好一点。因为这是老百姓自发地偷偷摸摸地干出来的，这要放在集体我们是干不出来的。这是 1977 年出现的扩大饲料田、口粮田的情况，一直延续到 1978 年。

这个“大包干”，在我们大队是从 1978 年 12 月开始分开的。实际上我们跟小岗是一前一后，小岗分掉过后，我们都是跟在后面的。应该说都是因为当时情况的逼迫：第一，是老百姓被生活所迫，不够吃啊！种一拨（季）收 80 斤，那个起头拨（指午季）一亩地只能收 100 斤，小麦一亩只能收 70 到 80 斤，口粮根本不够吃，记那么多工分，干到最后实际的劳动成果收益不到，老百姓冬天还要去要饭。他怎么不要饭呢？他没饭吃，这口粮分得就不够，有的就 40 到 50 斤，最高能分到 100 斤，就算不错了。因为起头拨本身一亩地只能收 100 斤啊，你（产量）上哪能高呢？第二，是苦乐不均，干与不干、干好干坏都一样。我们天天都在一起干话，干活好一点的呢，累死了，得的工分也不比别人多；干得不好的呢，叫“出工不出力”，年终分配也一样。所以能干活的人愿意划组干，或者是愿意出力的合在一起干，划开组，我们几家在一起，大家都是自觉自愿的；那他们那些滑头的呢，你就叫他们在一起干嘛。这叫生产所需,迫使着劳动力的自然划分。生活所迫呢,就是他的确劳动一年不够吃的,他叫生活所迫。这就是当时老百姓心中向往的“包产到户”,或者是“大包干”的办法。那当时还不叫“大包干”,也是想你划一块地给我干,反正我把你公粮交了就算了。但当时谁也不敢这样干。到1979年,老百姓为生活所迫、生产所需,要求分组,这时候,如果加上基层干部隐形(暗地)支持,那么包产到组也就水到渠成了。

基层干部隐形支持怎么讲?当时大会小会,听上面县委书记讲话和省委书记讲话你就听出来了:不准分田单干。可对?但是,已经分过了的,以后要认真总结和加以引导;没有分掉的,坚决不准分,谁要分就要处理谁。(你)分析一下(他们讲的话)就会发现,他讲这话是留有余地的。当时我们县委书记陈庭元到我那个大队去,他说:“小许啊,你今年产量怎么样?”我说:“今年产量增加。”那时我们已经分到组了,陈追问:“究竟可增加呢?”我说增加。他说:“噢,增加就好。”你看增加不就好了嘛。可对?陈又问,“可有单干现象?”我说没有。我们当干部当时是瞒上不瞒下,只能汇报说没有。但是,老百姓想分田单干。你一试探他(指陈庭元),他就不吱声了。这实际上就叫干部的隐形支持。

1979年3月15日,《人民日报》头版头条刊登张浩攻击这个事(“大包干”)的来信,同时配发了编者按,支持张浩的观点,引起了农村改革地区的巨大震动,使农村改革的争论白热化,导致改革陷入混乱,也使整个干部思想陷入一片混乱。究竟怎么搞比较好?在这种情况下,我们的干部从隐形的不公开支持分田到户,到采取隐形的办法来支持分田“大包干”了。1979年(记不清了)3月份,我记得是三、四月份春天,上面说不准搞了。不准搞怎么办?我就连夜开了一个生产队长会,问他们分组的分户的可分了。有的生产队长说分了,有的生产队长说还没分。我说:“你们抓紧时间,明天如果还处理不掉这个事啊,你们可就对不起所有的人啦。”那时的几个生产队长,都是大队书记挑选任命的,都是很贴心的听话的,回去连夜就把田分到户了。

有的人说分田单干是拿尺子量的。那东西(说法)都是假的,没有拿尺子量。怎么搞的呢?我一说你就知道。在生产队的时候记工分,量水稻田、量小麦田,那都有账本,一亩地几分工,今天这个人出工什么的,这一块地一亩地是几分工,那块地一亩二、那块地一亩三什么的,(面积)清清楚楚的。所以就连夜把老百姓召集来,坐在家里分的,老百姓根本没有到田头去。为什么没到田头去?因为地我们都清楚的。再说当时时间紧,老百姓也怕错过了机会分这个家伙分不掉。老百姓也有一个很科学的处理办法,那就定出来,反正孬好(搭配)分吧。我们那有岗地、湾地、水地,水地一亩算一亩,水地产量高啊,旱地一亩二算一亩,湾地受水淹,一亩半算一亩。后来这个地方修高速公路经过这些村庄,有人说他家地不对,多了,那是搞错了。后来有的人查证说,他家一亩地实际拿了一亩半地。我说你错了,他家是湾地,湾地是一亩(算)一亩半。经过这么最后一查一问,大家才搞明白当年分地时就是一亩半湾地算一亩。我们好多生产队当时就是这样,连夜在家夜里开会分掉了,农民就坐到那里,你家岗地那块地是你的,1 号田、2 号田、3 号田、4 号田……或者岗东、湾西、湾南、湾北,那是哪几家的……你这里面,那湾地你摊多少、岗地你摊多少、水地你摊多少,根本没有也来不及到地头去量地就分掉了。大家先把好田分掉,然后再搭配,就这样分掉了。那个分田的历史就是这样一个过程。

当年分掉后(粮食)产量大幅度增加,一年的确就变样了。虽然当时没有化肥和农药,这个产量还比较低,但是上了农家肥,农家肥上过后产量就上来了,当年就翻身。1980 年的时候,我们家就没有要饭的了,有粮食吃了,谁还会出去要饭?哪个愿意去要饭呢？他有饭吃，要是去要饭，人家就会说了：“你家怎么还要去要饭呀？”应该说在当时那个历史阶段，采取这种办法真是救了老百姓，帮助老百姓解决了吃饭问题。

我们洪山公社洪山大队搞“大包干”不是从1979年2月开始的，也不是学马湖公社的联产到组。那时候詹绍周在马湖公社当书记，确实搞了这个事，叫包产到组，他们大约是在1977年3月，或者说是在1977年左右就开始搞了。像我们那个村子（大队），我们应该是1977年底开始搞联产计酬，不叫包产到组，我们搞的叫联产计酬。比如说，这一片是种水稻的，10户在一起，你今年必须要交多少粮食给国家和集体，比如1万斤粮食，剩下多余的全部就归你了。那时候凤阳已经有这个（“大包干”）苗头了，当时叫联产计酬或者分组，这两种形式在凤阳都存在。真正搞“大包干”，还是小岗村（生产队），而且后来确实是在分田单干。那时候大家说分田单干不好听，1980年后，根据凤阳特别是小岗的实践就起了个名字叫“大包干”，“大包干”是从实践中总结出来的，实际上在中央文件中仍然还是家庭联产承包责任制。

凤阳搞“大包干”还与安徽当年大旱，省委出台《关于农村农业工作六条意见》有关[①]。我想起来了，有这个文件。1977到1978年全省大旱，特别凤阳又是江淮分水岭地区，也是干旱特别严重的地区，当年秋收没得收了，明年的午季作物又种不下去。在这种情况下，省委出台了“省委六条”的文件，允许生产自救，后又出台“借地度荒”。这个文件下发后，基层就放松口子了，放大了，就是刚才我讲的，很可能就借这个饲料地、小园地，那借的又多了，一个是弓子大，一个是明显的，比如说，今天大家在讨论了，一人借一亩

① 许正航口述此处有误，省委出台的文件正式名称：《关于当前农村经济政策几个问题的规定》，简称“省委六条”。

地，实际上有的借一亩半地到两亩地，放大了。对不对？省委这个文件就是安徽农村改革的一个诱因，放宽政策，“借地度荒”，就是对我们基层和农民的隐形支持。政策松口了，可以“借地度荒”，那就为下面可以借多少地留下了活口，有的把借地面积扩大了，更有人把这种“借地度荒”的临时救急措施变成长期的了。

“大包干”还与 20 世纪 60 年代初的安徽“责任田”有关。1961 年安徽搞“三自一包”，很短时间内恢复了农村元气，能够缓解社员的饥饿问题了。这个对安徽各地包括农村社员社队干部都是记忆犹新的，觉得这是一个治急症、解决吃饭问题的好方法。那时我也想吃碗饭，我去要饭，饿得都流口水，如果我能分一亩地，最起码当年我就能吃上饭。这时农民要搞“大包干”，反正我能理解，就是要解决自己的肚子问题，包括我们县里的干部、公社的干部、大队干部，不少人支持“大包干”，都是为了农民能够吃饱饭。

那个时期（“大包干”前后），可能是在新中国成立以来我们乡村干部跟农民关系最融洽的时期。干群之间虽然还有点小矛盾，但他们在能不能搞上饭吃问题上的想法和意见还是统一的。社员要搞“大包干”，干部内心也想让他弄，但干部有时不敢，那怎么搞呢？现在上面有政策了，允许借地了，就多放一点。上面准许借一亩地，那你要借二亩地，你不是违规了嘛。那我在执行政策时灵活一点，分田时叫老农民去量，他们老农民量的，他最少也要放到一亩五啊。

整个“大包干”过程中也有风风雨雨的阶段，就是上下说法不一样，群众思想想朝前进又不敢进，群众生产和生活的迫切需要，形成了这种“大包干”。在当时情况下又不能公开，只好群众隐蔽（隐瞒）干部，干部隐形支持群众。后来我们也总结了，“大包干”除掉我们地方和基层领导干部隐形支持之外，那也还是需要高层领导人支持啊。胡耀邦、邓小平搞真理标准大讨论，让老百姓用

“实践是检验真理的唯一标准”来说话，来检验他这样干可对，真是解决了大问题。凤阳在《毛选》中出现过两个典型，一个是合作化带头人陈学孟，一个是城西乡先进党支部，这个我一说你就知道了，但我认为，邓小平同志表态支持“大包干”，是用老百姓的语言来说话的。你说那个合作化好，那合作化干得家都败掉了，老百姓几十年没饭吃。老百姓说现在这样搞“大包干”好，你要反对它，可它确实让老百姓有饭吃了。

中央高层在决策推广农村改革的时候，也是考虑到凤阳的特殊性，有的地方搞分组包产比我们还早一点，但为什么选凤阳这个点呢？第一，因为凤阳花鼓名声传得(远)，“说凤阳、道凤阳，十年倒有九年荒”，这个传遍祖国大地。第二，合作化带头人陈学孟是我们这里的老英雄嘛。但这两个都不是老百姓希望创造的结果，“大包干”才是凤阳老百姓创造的并且被实践证明是正确的成果。所以后来上级就支持和宣传推广了凤阳的“大包干”。

我认为，“大包干”的确是解决了当时情况下凤阳农民没有饭吃、没有房住的大问题。1992 年到 1997 年 11 月，我到小岗所在镇当党委书记，就是小溪河镇当党委书记，重点抓小岗，(同时我)兼小岗村第一书记。当时县里陈昭君(音)当书记，提出小岗如何发展的问题。陈昭君书记叫我到省里参加由孟富林(时任安徽省人大常委会主任)主持召开的、有省直 18 个单位厅长参加的帮扶会，(会议认为)小岗是中国农村改革的先进典型，(探讨)如何在科技、人员、政策、经费上支持帮扶，加快小岗的发展。小岗是标标准准的农村农民的典型，其他地方可能是工业或是其他方面的典型，小岗村为什么赶不上华西村呢？华西村是工业的典型。对于中国大部分农村农民来说，小岗村仍然是最具有代表性的，包括这个文明村建设，它也还是先进典型。所以，要根据小岗村的特点和实际，来帮扶打造具有中国农村农民特点的改革发展典型。小岗村不可能一下子就实现工业化,也不可能一下子飞跃变成城镇化,如果真的是那样,就不是小岗村了,小岗村也就失去了它的“中国农村改革第一村”的典型意义了。

“大包干”已经走过 40 年了。“大包干”历史是我们这一代人的珍贵记忆,“大包干”精神是我们的宝贵精神财富,应该继续弘扬和光大。但是,农村改革和发展还有很长的路要走。任何一种方法、精神都不是永久不变的,都要随着时代和实践不断前进、逐步改善,才能不断地在实际工作中取得成功。这也是我作为当年凤阳“大包干”亲历者、见证者的一点感想、一点期望!

我看到了“大包干”带来的大变化

——王从权口述

访谈时间：2018 年 3 月 21 日下午

访谈地点：凤阳国际大酒店

口 述 者：王从权（1978 年任凤阳县板桥区委副书记、副区长）

访 问 者：庆跃先

录音整理：杨孝青

文字整理：杨孝青

我叫王从权，今年 75 岁，祖籍是蚌埠市五河县，从我父辈就搬到凤阳枣巷镇来了。1963 年，我初中毕业时入伍参军，到部队先后上了通讯学校，入了党。1968 年，我从部队转业回来，先后在枣巷公社、小溪河区、板桥区工作。1981 年，我任板桥区委副书记兼任江山公社书记，1986 年到县政府工作，历任县农业局局长、农工部部长、副县长，主抓农业 20 多年。退休以后，我在县关心下一代工作委员会工作。

“大包干”前，小岗叫梨园人民公社严岗大队小岗生产队。小岗队在三年困难时期（1959—1961 年）遭受很大的损失，饿死不少人，农业生产力受到很大的破坏。当时我老婆在家喂几只小鸡，生

产队长到晚上每家每户去鸡圈检查，一家不准超过两只鸡，超过的(鸡)逮到就把鸡头剁了，就“左”到那个程度啊！后来检查到我家，把鸡圈的鸡掏出来数数，多3只。生产队长知道我是公社书记，说书记家(多3只鸡)就算了吧。我回家听讲这事，跟我老婆讲，你们要么就把鸡吃掉，要么卖掉吧！你不能叫生产队长为难。这件事给我留下了深刻印象。那种“割资本主义尾巴”的政策太“左”了，喂几只鸡怎么就是资本主义了？农民也想不通啊。所以说，我们共产党的政策好，农民得实惠；政策不好，伤农民感情就深了。像这段情况你们找到小岗村的严宏昌、严俊昌，他们都知道。当时严宏昌是小岗生产队副队长，高中毕业生，严立学是会计。严俊昌文化程度低一点。

凤阳“大包干”这段历史是我亲身经历的，“大包干”也是被逼出来的。20世纪70年代，凤阳县农村确实太落后，农民太穷。当时有句话形容农村的落后程度：“吃粮靠返销，生产靠贷款。”老百姓吃粮和生产基本上都是依靠国家。当时农民，特别是小岗队的农民家里特别穷。小岗农民当时穷的状况是：“房子没有门，睡觉没有床，吃饭没有粮。”“大包干”前，凤阳也是出了名的穷县，绝大多数农民家里生活都很困难，农民基本上年年午收、秋收以后就出去要饭。我们在区、乡工作，年年冬天都要出去带外流回来。搞“大包干”，除了农民当时被生活所逼以外，还有一个因素就是过去旧体制的不合理。过去在生产队集体生产基本上是“大呼隆”。有形容“大呼隆”的顺口溜：“上工一条龙，干活大呼隆，出勤不出力，照样记工分。”干好干坏都记工分，农民不像在自己家田地一样那么认真仔细地去耕作，他投入少，收的也少，劳动效率不高。

1978 年大旱，我们如果从灾害程度来讲，比 1959 到 1961 年严重得多，但是没有发生饿死人现象，这与农村政策的调整有很大关系。1978 年干旱受灾以后，省里出台了《关于当前农村经济政策几个问题的规定（试行草案）》（简称“省委六条”）。“省委六条”允许农民种点口粮地，我们在下面就分点口粮田或者自留田，解决种菜、粮食不足的问题。以后随着形势一步步地变化，又搞包产到组，一开始也并不是一帆风顺的。搞包产到组，小岗队开始是弟兄几个，或者几家亲戚一个组，或者关系好的邻居分一组。分到组还是不行，还有利益纠葛，不行又分开了。1978 年秋分到户，这时候还不敢讲分开，私下搞的，农民尝试了一下，收成不错。到 1979 年，农民彻底地把地分开了（公开了），这一年大丰收，每家都收了不少小麦、水稻、花生等粮食。

1979 年底还是 1980 年初，具体时间我记不得了（注：1980 年 1 月 24 日），省委书记万里到小岗去视察，由县委书记陈庭元书记陪同。我当时是板桥区委副书记、副区长，陪同上级领导视察小岗。万里去之前，我和时任板桥区委书记林兴甫提前去了小岗布置有关工作。那时候我们没有车，晚上骑自行车去小岗，告诉当时小岗队副队长严宏昌，如果万里书记来小岗，你不要钱，要政策。万里书记来了小岗以后，挨家挨户去看，他看到农户家里收那么多粮食，非常高兴。走到严宏昌家，农民高兴地炒花生给万里书记吃。农民跟万里书记说：“我们这样干收好多粮食和花生。我们保证完成国家的，留足集体的，剩下才是自己的。”万里书记说：“好啊，这样干好啊！”当时我们也说：“万书记，好是好，影响大啊。”

说影响大，是因为 1979 年 3 月 15 日，人民日报在头版头条发表了署名张浩、题为《“三级所有、队为基础”应当稳定》的人民来信，对包产到组大加指责，并配发了长篇按语。这在全国实行责任制的地区、特别是在安徽造成了极大的思想混乱。当时万里书记做个手势说：“你们不要念紧箍咒。”（这里的“你们”是指农村干部）他当时也没讲你们就大胆干，就讲“你们不要念紧箍咒”，那意思就是对“大包干”很支持。那次万里书记到小岗去视察，影像资料、录音等资料都没留下来。

“大包干”真正全面推开还是在党的十一届三中全会召开以后。我们在县、乡基层工作多年，整天跟农民打交道，如果不搞责任制，不搞“包产到户”，农民吃饭问题就解决不掉。当时县委一班人都很支持“大包干”，我们区和乡里面这些干部也很支持，不信你们可以到小岗村去问问严宏昌。当时我们去给他做思想工作的时候就说：“如果万里来以后，你能要到政策，万里书记允许你们干，那你们就大胆干；如果实在要不到政策，不让你们干，你们也可以到北京去要政策。”我当时就给他表态：“严宏昌，你要去北京，没路费我来赞助你干，我承担你路费。”因为在没搞“大包干”前，农民在生活上已经没有出路了。我在农村工作几十年，农民年年要饭，我们区、乡干部年年都要出去把外流人员带回来。那时候外流出去就是要饭，地方就要派干部把外流人口带回来。

当年搞“大包干”，凤阳有几个点在搞，詹绍周在马湖（公社）任书记，我们都是同年代书记。王俊山在朱圩（公社）任书记，陈本田在刘府（公社）任书记，我们几个都是区、社书记，我后来又到江山（公社）兼书记。梨园公社和现在的小岗村，当时还不属于小溪河，当时属于板桥区梨园公社。我接触到的一些领导，省委书记万里对“大包干”确实非常重视和支持，他不但亲自下去调研，而且在那种情况下，他讲“你们不要念紧箍咒”，实际上也就是默许下面在干了。（滁县）地委书记王郁昭对农民农村这块也很重视的，1980年他在小岗召开地委工作会议，支持“大包干”，帮助解决问题。凤阳县委书记陈庭元也一直在农村调研,对“大包干”还是很支持的。没有他的支持,凤阳也不可能搞开,因为他毕竟是县委书记啊。但是,在当时那种情况下,(他们)都是有压力的,是冒着政治风险的。因为我们动摇了人民公社“三级所有,队为基础”的制度。那时候吉诏宏是县“革委会”主任,他对“大包干”也是很支持的。20 世纪 80 年代,有个电视纪录片把吉诏宏搞成反对“大包干”,那就不对了。拍纪录片有些艺术性东西,它跟实际总还是有区别的,对不对?吉诏宏子女在看了这个片子以后当然不能同意了。

当时县里领导班子几个人,像陈庭元、吉诏宏、秦言永、王予新,对“大包干”都还是很支持的。后来领导班子里面,人与人之间有点工作上的分歧,或者认识上不一致,那不能讲哪个支持、哪个反对“大包干”,不能上升到那个层面。应该说当时凤阳县委对“大包干”态度还是一致的,这跟来安县不一样。当时,来安县委书记王业美在那是孤家寡人。有一次《人民日报》刊登文章,写梨园公社书记张明楼,这个人已经去世了。开始把他作为支持“大包干”的正面人物,后来又把他说成对“大包干”有抵触情绪。他是在农村工作多年的老同志,对“大包干”都还是很支持的。“大包干”确实能解决农民的吃饭、生产生活等问题。

“大包干”产生的原因很多,主要可以归结为两点:第一,“大包干”是农民创造来的,也可以说是农民创业;第二,“大包干”是形势所迫,是由于过去的体制和政策存在一些问题而倒逼出来的。同样是那一片土地,同样是那个生产条件,“包产到户”(之后)农民收入马上就增加了,解决了温饱问题。“大包干”开始的时候存在一些争议,现在回过头来看,不能说当时地委或县领导哪个支持,哪个反对,地委和县领导基本上都了解基层情况。但是,由于在十一届三中全会召开前,“三级所有,队为基础”这条规定是不能动摇的,当时还宣传“两个凡是”。说实话,安徽农村率先搞“大包干”,省委书记万里胆子还是比较大的,思想也是比较解放的。

“大包干”的成功,最关键的还是万里书记到北京去给邓小平汇报以后。邓小平在 1980 年 5 月 31 日讲话里面提到:“‘凤阳花鼓’中唱的那个凤阳县,绝大多数生产队搞了‘大包干’,也是一年翻身,改变面貌”。邓小平的“5 · 31”讲话是非常关键的。在此之前,人们都不敢公开讲“大包干”,公开讲“大包干”就是路线问题,就会说小岗队有路线问题。我们在基层工作的干部最怕路线出问题,出了问题干部有可能就要蹲班房啊。群众一开始也害怕“大包干”被人发现而有坐牢的风险,所以在小岗队开始分田到户的时候,严宏昌等十几户代表在一起开会写了一个契约(十八户农民代表按的红手印),万一搞不成功,哪个人被逮起来了,或者队长被逮起来了,大家一起把他小孩养活到 18 岁。“大包干”确实是冒着风险的,但不那样干没办法,不那样干,老百姓就必须年年出去要饭。

“大包干”20 周年的时候,江总书记来小岗视察,并到严宏昌家去看望他们。国家领导人几任总书记都来过。“大包干”30 周年的时候,胡总书记也来小岗视察过。这年,我带了县里几个干部到小岗去做一些调研,我们总结了四大变化:衣食住行。穿,过去都是破衣烂衫,其中有一家我记不得名字了,这家小孩多,一人不够一条裤子,大小孩给裤子穿,小小孩就在家蹲被窝,连裤子都没有穿,要出去就轮流出去。现在穿的不讲品牌吧,那绝对穿的都没问题,这是穿着上变化。穿着上讲时尚、讲品牌。吃,过去基本上是糠菜半年粮,低标准瓜菜代,还不能放开肚子吃。家里吃粮就是用泥巴搞一个土缸子,放点粮食在里面,粮很少,很短时间就吃完了,就要出去要饭。现在都是精米细面,想吃什么都有。那时物资奇缺,现在是物质极大丰富,这是吃方面的变化。住,过去住茅草房还算好一些,有的比那还差,房子没有门,睡觉没有床,睡觉就是土坯支上,放点草。就像农村牛棚、农村猪圈啊,就那个情况。现在住的基本上都是楼房,砖瓦房。要按照我们新中国成立初期宣传的共产主义生活,达到了“楼上楼下,电灯电话”了。出行方面,家家都有一辆电动车,最起码有电动车,有拖拉机,小(汽)车子现在也不少户有了。交通方面,过去是泥巴路,现在都是水泥路、柏油路,过去是煤油灯,现在都通电了。这个路通、电通、通讯,衣食住行乐。过去宣传社会主义到共产主义,大戏到门口。现在大戏,文化下乡,大戏是到门口了。家家都有电视,人人都有手机,还有网络这些变化,衣食住行乐、交通、电力等,我们总结十大变化,把它写成材料,“大包干”30 周年的时候,组织全县各学校上万名学生去小岗村参观十大变化。

2016 年 4 月,习近平总书记也来到小岗视察。今年是四十周年,全国各地都发生了翻天覆地的变化。改革开放政策确实好,特别是在习近平新时代中国特色社会主义思想指引下,坚持不忘初心,始终把人民群众放在心上,人民群众利益放在第一位。无论是习总书记,还是其他中央政治局常委,都能经常到基层去,到贫困地方去体察民情。现在党中央正在部署全面脱贫攻坚,这是历史上没有过的。有了党的好政策,什么困难都好解决。

我在江山公社搞"大包干"

——陈本田口述

访谈时间:2018年3月21日下午4时30分至5时

访谈地点:凤阳国际大酒店

口 述 者:陈本田(1978年任凤阳县江山公社书记)

访 问 者:沈葵　徐小满

录音整理:徐小满

文字整理:徐小满

我姓陈,叫陈本田,出生于1938年,是凤阳枣巷镇人。我参加工作比较早,1956年小学刚毕业就参加工作了。当时家里比较穷,我们这里正好在搞官沟水库,我就在那个水库上参加考试,考了技术施工员,就从那时候参加工作,开始是搞水利工程技术员这一类的。后来1961年就转到行政,参加行政工作。最早在梨园公社任青年团书记,也就是团委书记。在梨园公社工作了十年。到1969年就调到城西乡,(在)城西乡大队搞大队长。城西乡当时是毛主席批示的单位,它专门调的国家干部,后来就变成城西公社了。变成城西公社之后,(我)就在公社里边担任副主任,后来担任武装部长、副书记,在1974年、1975年的时候担任书记。1977年的上半年我担任了凤阳县委常委、中共十一大代表。

1978年凤阳大旱，10月份的时候我被调到了江山公社担任公社书记。江山（公社）那边更贫困，城西（公社）这边好一点。我们在梨园（公社）的时候，梨园（公社）也很贫困，那时候凤阳每年出去逃荒要饭的人比较多。到了冬天，吃回销粮的比较多。本来就对国家没有贡献，还要吃回销粮。中共十一大的时候，邓小平就讲搞实事求是，后来搞真理标准讨论。我们参加十一大的时候，也看到了邓小平、胡耀邦他们对整个"三自一包"这一方面都是很倾向的。所以后来我到了江山（公社）以后，第一个就是给书记讲怎么来改变公社落后的面貌，因为江山公社从1972年开始到1978年换了四任书记。就干不好呀，去一个干不好，去两个干不好，去三个干不好，哪个都干不好，问题就在于"大呼隆"的集体制没办法干。我说江山公社要想改变面貌，首先必须把土地分到户，从而来调动老百姓的积极性。这基本上公社书记也是认可的，后来我们就把整个土地分给老百姓了。

1978年的10月份土地分到户以后，凤阳大旱，没有水，老百姓到河里边去挑水，到井里面去打水，每家每户都种小麦。当时老百姓就自己搞，国家也没钱，没粮，没东西。老百姓的积极性非常高。江山公社那儿有一个马山电站，当时是梨园、板桥、江山三个乡搞的，是从花园湖里边引水引上来的。梨园（公社）的小岗（生产队）不是都到我们江山那边去挖干渠沟，那时候是11月份、12月份，他们看到江山公社的老百姓天天都在挑水种麦子，麦子都长得很青，小岗生产队的队员就问怎么搞的，（老百姓就说）我们江山公社开始把地分到户了。所以小岗生产队回去以后就把田分掉了，实际上小岗生产队是1978年的12月份（分田的），江山公社是1978年的10月份。

1979年的时候，小麦都长得很好。当时《农民日报》的张广友就到我那去问我。他讲：“陈本田书记啊，你从城西（公社）比较富的一个地方到了江山（公社）这个穷的地方，你有什么感想？”我讲：“就是看江山一片荒凉，来江山脑闷愁肠，年年都吃回销粮，公社书记干不长。”我讲了这几句话，最后还在《农民日报》登了呢。自己搞了“大包干”，整个粮食（产量）大翻番，农民高兴，干部喜欢。过去，从来完不成国家任务，年年都要吃回销粮，年年都要受批评。搞过“大包干”以后，就一年一个大攀升。江山公社到了1979年粮食就多了，第三年就要求盖粮站了，过去江山（公社）是没有粮站的，因为没粮食卖哪有粮站呢？后来（除了）原来在板桥的粮站，我们在江山公社跟前又盖了粮站，能装下400万斤粮食的仓库啊，三年以后就可以卖两趟了（指可卖夏、秋两季的粮食）。所以我们对“大包干”的认识，回忆一下，“大包干”应该说是群众的创造、干部的智慧，特别是像中央领导，像省领导，像万里他的准许，不然的话也搞不成。那时候江山公社好一点，江山公社搞的时候，没怎么走过弯路，没有怎么挨批评，因为当时我是凤阳县委常委，我们事先给县委书记通过气。所以他们过去说县里面不准许干了（指分田到户），实际上县里面是想叫干的，特别是陈庭元，他一样还是想叫干的，但是当时，特别是万里调走以后的一段时间，省里面有一点走回头路。

江山公社当时就是明的到组，暗的到户，小组基本上有的是一家子，一个父亲带两个儿子，这样也是一个小组。那时候也没有讲“大包干”，实际真正讲“大包干”这个名字还是在 1981 年。1981 年讨论的时候正式命名的，当时叫“大包干”，过去没有讲这个的，过去就是讲分田到户，分田到组，这个分田到户就讲单干，就很简单，就是单干。

“大包干”的名词怎么来的？我都清楚，因为当时我参加县里面会议。1981 年春天，我们有一次开三干会的时候，大家在讨论“包产到户”的问题，因为我们属于东三区，当时县里面分东三区、西四区和中部两个区，中部两个属于各方面条件比较好的，基本上西四区是放开的，（因为）西四区比较穷，年年逃荒要饭的人都比较多。中间这两个区是保留的，那后来也保不住了。实际上到了 1981 年以后，基本上全部公社都搞分田到户了。1981 年开三干会讨论，这个就是“大包干”。是怎么搞的呢？大家都讲你只要讲到户，就保证国家的，留足集体的，剩下都是自己的，那干脆叫老百姓包干了，那什么问题都可以解决了，后来就改成叫“大包干”，就不要叫到户了。在大集体的时候什么都完不成，但是到户了以后就要保证国家的，留足集体的，下余（剩下）都是自己的。由于这种因素，老百姓的积极性非常高。老百姓就讲，“大包干”就是叫我们包干，我们负责，我们哪怕少你一斤粮砸掉一个牙，我们保证年年完成任务，国家的一点不少，集体的照留，但是我们年年自己还吃不掉。实际上“大包干”的本身应该说是群众创造的。另外“大包干”能这样持久，受到了认可，关键是群众干出来的。实行“大包干”以后，一年比一年好，老百姓的收入一年比一年高，国家一年比一年富。现在上升到农村改革，应该讲还是老百姓的创造，老百姓的智慧。

1981年以后我到板桥任区委书记，1982年到刘府任区委书记，后来又到府城镇任镇委书记。在这之后就到凤阳县政府任常务副县长、县委副书记，最后是在凤阳县人大主任的岗位上退休的。退休后我搞了一段关工委，搞了一段老科协，从去年(2017年)开始我就什么都不搞了，(除了)现在还有一个机关退休支部在搞搞。

我在周圩、大庙当书记

——王俊山口述

访谈时间:2018 年 3 月 21 日下午 4 时至 4 时 30 分

访谈地点:凤阳国际大酒店

口 述 者:王俊山(1978 年任凤阳县大庙公社书记)

访 问 者:沈葵　徐小满

录音整理:徐小满

文字整理:徐小满

我叫王俊山,出生于 1939 年 10 月,是凤阳县本地人。我 19 岁参加的工作,那时是 1958 年,我从宿县师范毕业后分到了凤阳武店的搬井小学当教师,后来又担任了搬井小学的校长。在 1962 年的时候被调到了凤阳县教育局任干事,一年以后去武店东方红公社担任团委书记。1965 年的时候我参加了"四清"运动[①]。四清运动结束以后,公社配班子,我就配到了城南公社当组织宣传委员,当了挺长的一段时间,一直到 1974 年调到了周圩公社任书记。1978 年任大庙区委委员,大庙公社书记。1980 年的 7 月份,被任

① "四清"运动是指 1963~1966 年,中共中央在全国城乡开展的社会主义教育运动。

命为凤阳县副县长兼临淮关第一书记。1983 年任凤阳县政府常务副县长。1986 年任滁县地区行署城建局副局长，1987 年到嘉山县[①]任副县长，在 1990 年的时候又回到了凤阳县任县委副书记。1995 年担任（凤阳县）政协主席，一直到 2000 年退休。

我在周圩干的那几年（1974—1978 年）确实很累，为什么呢？过去是"三级所有，队为基础"，都是生产队。生产队有一条什么好处？就是生产队集体出工还是比较那个（好管理）的。我到周圩搞山水田林路综合治理，田成方，路笔直，树成行。那时候宋佩璋担任安徽省委书记，他到凤阳，正好县里面指定他到我那个公社，到我那里看看。

当时，生产队干活没有积极性，那时候冬天，人没得吃，牛没得吃，生产还没有钱。我到周圩任书记以后，正好前面（指前任书记）

① 今安徽省明光市。

给我6000块钱,买山芋苗,就算支持我的了。给我6000块钱贷款都是搞山芋苗,搞农膜,搞温床,培秧育苗。但是搞过以后也没人问事,我天天早上骑车,在底下转,老百姓干活,你光看锄子[①]都排队在那个地点,但是它都不朝前进(锄)。那时候催耕催种,喇叭筒天天喊天天叫。到最后群众只收到300多斤粮食,不够吃,还要吃回销粮。所以生产靠贷款,吃(靠)回销粮。周圩在全县算比较落后的公社,大庙稍微比周圩好一点,但好一点它也不行啊,也是"三靠"公社,那时候生产靠贷款,吃粮靠回销,生活靠救济。

1978年年初我刚到大庙公社的时候,有的地方(指马湖公社)就已经开始"包产到户"了。我所在的大庙公社还是比较能够稳得住。那个时候虽然一些群众看到有的地方已经开始分田单干[②]了,也想搞,但是我所在的公社各个大队书记基本上还是跟公社统一意见,比较听话,因此稳住了,就没有动。后来到了1979年以后,那时候就普遍开花了。当时凤阳县委对农村改革,它分为几种类型,有的就是默认,你搞吧;有的到组的还可以搞;公开分田到户的,就不行了。

在1979年的时候,县委除了确定我这个大庙公社,一共还确定9个公社,这10个公社就是一定要到组,不能到户。我这个公社坚持到了1979年的秋种,最后实在坚持不下去了。我就给县委书记陈庭元汇报了,我说我这个公社坚持不住了,你10个公社当中有的已经放开了,已经驾驭不了了,但是我这个公社还是比较听话(指包产到组)。所以我看不行了,我早上召开了一个生产队干部以上会议,全公社的生产队长一早上五点钟都到公社集中来开会,我开会一宣布分田到户,他们回去以后,没有几天,全部到户。

① 锄子即锄头,一种长柄农具。

② 实际上是包产到组。

这个时间差不多和现在宣传的小岗(相比)迟了快一年。

从县里来讲,虽然这个小岗(1978 年秋)已经开始了,但一开始县里只是默认,也是不敢公开认可。后来我们这 10 个公社(搞包产到组)有的维持一段都分开("包产到户")了,我这个公社搞得还比较平稳,一点没有损失。有的公社搞过"包产到户"之后又要叫它并组,出现了反复。上面就要求,你到户不照(不行),不能都到户,你赶紧还是收回来。像周圩(公社)搞过"包产到户"又收回到包产到组以后,导致田里庄稼没人收。

我们大庙公社开始搞包产到组的时候,我那个政策都搞得很清楚,哪个生产队就分多少组,多少亩土地,水田多少,耕牛多少,多少人口,这个组多少户,我都给编成册,成册过以后,我把这些册子放到我那个公社里,正好赶上县里开现场会,然后到我那个公社去看。这个就说明凤阳也有包产到组的,也有"包产到户"的,有各种不同类型。我是属于维护县委这个政策(指包产到组)的。但是到了 1979 年春,我搞不住了,因为基本上老百姓都包到组了。就在这个时候,甘肃档案馆出现了一篇文章①。这时候县委又开始谨慎了②,我在大庙公社就经历过看着土地没有吃的事情。过去对这个自留地,这个蠢事我们都干过的,你比如讲养鸡,一口人养两只鸡,两口人养三只鸡,三口人养四只鸡,五口人养六只鸡,七口人养八只鸡,最多不能超过十只鸡,你再多人不能超过十只鸡,都这样。所以那时候对群众的自留地搞什么也有限制。因为把这些都限制

① 1979 年 3 月 15 日,《人民日报》头版头条刊登了署名张浩的《"三级所有,队为基础"应当稳定》的读者来信。张浩当时是甘肃省档案局干部,回老家洛阳伊川县探亲,发现村里正分产到户,因家里劳动力不足,少分了几口牲口,遂向党中央写信,陈述自己对分产到户的不满。他认为"现在实行'三级所有、队为基础'符合当前农村的实际情况,应该稳定,不能随意变更,轻易从'队为基础'退回去,搞分组,是脱离群众,不得人心的"。

② 指担心实行包产到组不符合中央政策。

死了，所以物资缺乏。还有就是春节老百姓吃肉，那都是生产队公社统一集中统一（宰）杀，为什么统一杀呢？因为猪肉紧张，生产队挑个筐到那里去了，你这个生产队一百多号人，然后一个人一斤、两个人二斤，最多不能超过多少斤，然后回去再分给老百姓吃。

这一年（1979 年）“大包干”以后，那家家粮食都是成倍地朝上翻。当时我们大庙公社没有受到一点损失，没像他们有的公社出现了反复，1979 年搞过以后（指“包产到户”），县里面又赶紧给收回来，你不能搞，只准包产到组不能到户。但是县里虽然叫你收回来，群众都不愿意。你怎么收回来呢？没办法收。那时眼看就是秋种了，一下子“包产到户”以后，大家把秋种都安排好了，正好结束之后，到了 1980 年初，我就到临淮关当书记了。

我到临淮关以后，那个时候小市场就已经开放了，街上炸油条的、炸油旋子[1]的、卖青菜的、手工业啊，全部都搞了。过去哪有（这些）呢？连炸油条的都没有，连搞小吃的都没有，都不能搞。那个时候临淮关人很活跃，会经商，正好因为凤阳搞改革出名了，有的外宾就到临淮关去看，街上市场繁荣啊，搞得好得很。

---

① 油旋子即油旋饼，当地的一种面食。

我在燃灯公社当书记

——王庆兆口述

访谈时间:2018年9月12日下午

访谈地点:凤阳帝城酒店

口 述 者:王庆兆(1978年任凤阳县燃灯公社书记)

访 问 者:庆跃先

录音整理:杨孝青

文字整理:杨孝青

我叫王庆兆,1933年生,淮南市孔店乡人,高小毕业生。我父母亲都是农民,他们生了不少小孩,最后都夭折了,我母亲40多岁生了我。我有个哥哥从小就有病,吃牛黄丸把脑子吃坏了,变成了愣(傻)子,连人民币都不认识。1953年,我在枣巷当乡长的时候结的婚,我爱人是明光人,她父母去世后,到枣巷跟外婆长大的。我有四个小孩,三个儿子一个女儿。大儿子当兵转业回来以后分在县里化肥厂,他舅舅在马鞍山钢铁厂,把他调过去,在马钢公司给他找个对象,现在也退休了。老二是个女儿,跟她妈妈一样就在医院工作,我调到县里以后,她们母女都调入县卫生进修学校,一直到退休。老三叫王辉,安徽师范大学毕业,现在北京自己开公司。老四当兵回来以后被分到凤阳县卫生防疫站食检所搞食品监

督，他嫌工资少辞职不干了，去北京开饭店赚到了钱，前年他又跟朋友移民到美国洛杉矶去了。

新中国成立初，乡里要我出来当干部，我父亲不愿意，因为他是个残废人，身上长痔疮有个管，一天到晚不收口，不能干活，家庭负担就落在我身上。当时实行供给制，搞乡干部没有工资，政府把缴获的国民党军衣给每人发一套，管吃，还发一个小本子。我那时候十六七岁，父亲跟我摊牌了，他说："你看我们这一大家子，除了你还能指望哪个人？你到底要干那个事情（当干部），那我们家里头什么都没有了。"我们离淮南煤矿近，他说："你到淮南煤矿当个工人，就能养活一大家子"。我考虑到家里实际情况就没去了（指当干部）。1950年涨大水把我家房子都淹倒掉了。后来，政府要求一个乡抽两个人当治淮干部，乡里来找我和王继强，他比我晚一辈，我们那都是姓王的，就抽我们俩参加治淮干部训练班，派我们到寿县治淮训练班去学习一个月，出来就是治淮干部，跟工作队在下边搞测量。治淮都在冬天进行，1951年春耕生产的时候，治淮工程就结束了，当时寿县属于六安地区，就把我们治淮干部调到六安专区治淮指挥部集中学习，学习搞什么呢？就是"整风肃反"。治淮干部有从乡里抽去的，也有考去的，这个历史复杂。我们干部训练班里头被逮起来不少人，有历史问题的就被逮起来了，我那时候年轻，历史没有问题，家庭是贫下中农，学习班没结束，就把我们分到泊岗去治淮了。

1953年，治淮工程结束的时候呢，上面有个通知，治淮干部在哪个县工作就跟着哪个县，这样我就到凤阳来了，那年我20岁。我是外地人，他们本县的人都能分到什么百货公司、供销社啊等部门，把我们三个外地治淮干部分到花园湖水上乡，一个指导员，一个乡长，我在那当文书。1953年普选嘛，渔民都不愿意选那个乡长，都要选我当乡长，当时县里工作队不同意，说我不是候选人，不能参加选举。渔民投票把我选上了，选举工作队又到县里请示，说我不是候选人被选上怎么办？县里答复说给我弄个副乡长，我20岁就被选上副乡长。

我当副乡长在花园湖管渔民没多少事情，就给我调到陆地上那个乡，枣巷乡（现在叫枣巷镇）当副乡长，从1953年当到1955年并区、并乡。原来我们那叫花园区，就在黄湾靠淮河边，以后又并到小溪河、大溪河、花园、红心，四个区变成一个小溪河区，我就从枣巷乡调到小溪河区。我在区里头搞个团区委组织委员，干了没有多长时间区就被撤掉了，以后就成立人民公社了，我就被分到人民公社计划委员会当干事，当干事也没事（干），就叫我到小岗去蹲点了。

1958年，我被分到顾庙高级社韩赵大队小岗生产队蹲点有一年，蹲点的时候住在小岗村东头的严厉家。第二年又叫我去（蹲点）了，第二年住在小岗西头严立付家，现在我听说他也死了，他比我恐怕年龄还小一点。我们住哪家就在哪家吃饭，那时候生活是非常苦，就一天吃两顿，秋天地里的山芋没成熟，就扒那个山芋煮吃，我就跟他们一样吃。我一天给他一斤粮票，我们下去时候机关发粮票啊，一斤粮票大概值一毛钱或是一毛五分钱，我们那时一个月才拿34.5元，一天的工资只有块把钱。

1958年"大跃进"我是亲身经历的。1958年，我们那地方包括小岗在内都是大丰收，岗头上花生都长得很好，农民都被搞去大炼钢铁,花生成熟没人收,都在地里面烂掉了。那个(小岗)庄子在“大包干”以前也不好,为什么不好呢?老林(兴甫)最清楚,他当时在板桥当区委书记。小岗村这个地方呢,就是集体生产的时候没人干活。这地方土地虽多,120人有1200亩土地,但是非常贫瘠,又没有水源,庄稼靠天收。三年困难时期,耕牛散放的时候都跑掉了,生产队集体生产的时候没有牛了,那时候生产队恐怕最困难的时候只有两三条牛。农民没有牛怎么生产呢?我到那蹲点时候,就组织人拉犁,加上土地贫瘠,没钱买化肥,没有牛也就没有肥料,过去一家一户养牛,门口都有个大粪堆,拉一堆土,猪、牛屎尿都在里面,秋天种麦子的时候就有农家肥。小岗没有农家肥,小岗土地上面都三四十公分的薄沙土,很多沙子,下面是死黄泥,不长庄稼。过去说“种二十收十八,不用镰刀用手拔”,小麦头子就长这么大点点,它没有肥料,种得又不及时,粮食收得少。

我去蹲点的时候,小岗队共有二三十户人家,庄子主要都是姓严的。严金昌他家条件当时在那个庄子是最好的,严金昌比我小,他父亲严家芝当家。他家为什么好呢?第一,他家有一片柿子树。那时候水果少,柿子在农村还算畅销的。第二,他家养猪。有一次被我给他家罚了有两头猪,为什么罚他呢?严金昌有个十四五岁的妹妹不上学,在家专门放猪,他家一个母猪生一窝小猪,那小猪都长到六七十斤,就放在稻田里头吃稻子,那时候稻子都属于生产队的,是公家的。正好我那天走到那里,叫我逮到了。逮到以后呢,我就开全大队的生产队长会,那你(严金昌)侵害集体经济,我能不罚你款吗?给他罚了有两头小猪。我不知道严金昌到现在可记得了,他记得会非常记恨我的,他家条件是最好。第二个好的就是那个严俊昌家,他家在那个庄子是人口最多,他的父亲叫严家齐,家里有几个劳动力,他家好一点。另外还有一家条件好的叫严厉,他为什么起这个名字?严厉家过去在旧社会条件就好,恐怕那时候是上中农成分。他一个哥哥过去在国民党里干过事,他原来恐怕也在国民党干过,以后他当过兵,从部队转业回来到小溪河区供销社当营业员,就是一般干事。我在区青年团当书记,他是供销社的干事,一开青年会,什么吹拉弹唱他都管(会),所以我跟他熟悉。以后他(严厉)怎么被搞回家了呢?就是小溪河区法庭一位法官叫李怀道(音),李怀道就搞到他历史问题,他过去可能参加什么童子军什么家伙,我们也不了解,就是把他从供销社开除回家了。开除回家了,他(严厉)就在家搞生产,他也搞不好。我到那蹲点,我熟悉他,我就住他家。严厉最后在庄子搞不到吃的,“大跃进”以后就搬到金桥大队去了,他那边有亲戚,金桥大队那地方比小岗条件好一点,金桥有一个金桥坝、金桥水库。还有姓关的人家是铸犁铲头的,还有姓韩的和姓黄的人家是弹棉花的,就是走村串户给人家弹棉花。那个生产队光有地却没人干活,农民干不到钱,也不愿意干活。小岗村在人民公社以后的集体生产时期都不行,那地方一直穷。小岗村原来就是这个情况。

后期人民公社下面又划小公社,我们小溪河原来叫卫星公社,一直管到(公社范围)板桥,朝南管到红心、总铺,面积太大了,最后就大社划小社,叫政社合一,我在小岗蹲点以后就给我划到梨园公社。开始我到梨园公社干青年团书记,以后我又干组织委员,一直干到“文化大革命”。“文化大革命”结束以后,梨园公社就被并到板桥去了,板桥、江山、梨园三个公社合并成一个板桥公社,并成立了“革委会”,我是“革委会”副主任、党委委员。以后又恢复区了,我从板桥公社“革委会”副主任就调到小溪河区任生产组长,干了一年多,就被调到梅市公社当副书记、“革委会”主任。1976年,又从梅市公社被调到燃灯公社干党委书记了,我在那干五年,干得很好,陈怀仁(时任县委秘书)和陈庭元(时任县委书记)两人经常去。陈怀仁说当时去都在我家吃饭,那时候乡里也没有食堂,就在我家吃工作餐。我工作到哪,家属就跟到哪,她先后在乡医院、区医院工作,到处搬家,过去家里装吃水的水缸都被拖拉机拉烂掉了。

我在燃灯公社办有磷肥厂,过去产量低,那地里磷肥一上,就把产量搞上去了。1980年,县委书记陈庭元看我工作干得不错,就把我提拔到小溪河区当区委书记,当了五年区委书记。1980年,我到区当书记的时候,梨园(公社)就划归我们(小溪河区)了。我到那里以后,梨园(土地)已经分到户了。一开始县里不给分土地,在燃灯的时候,人家都把土地分了,我都没分。过去是以生产队为核算单位,以后要分到生产组,我在燃灯公社就按照县里指示,都搞到组了。搞到组以后,由于梨园已经分了,群众都知道,捂不住了,群众自己就把地分了。

我在当公社书记、区委书记的时候到地区开会,经常能见到滁县地委书记王郁昭,没见过省委书记万里。宋佩璋当省委书记的时候,一年开一次全省公社书记会议,那有多少人啊!他若到县里来检查工作,县里都要开大队干部以上的会议,宋佩璋都要上台讲话。从他1977年6月调走后,没有哪个省委书记像他那样做了。那时候大家对宋佩璋都很有好感,我在梅市当书记,宋佩璋都到我家去坐过。

“大包干”是从什么时候开始搞的?1979年我们才真正开始搞。1978年,一些地方开始酝酿分田,一开始是在马湖公社,詹绍周在那当书记,开始分到组,缩小核算单位,以后县里都推广马湖的经验,我们在下面都在学。我在燃灯的时候,人家都分开了,我们还是生产组。1979年,县委书记陈庭元跟他的秘书丁永新到燃灯去,丁永新家在燃灯,我们俩关系不错。陈庭元当县委书记的时候,他自己带秘书先到生产队去转,转过回来到公社里头叫你汇报。他来的时候燃灯也分掉了,当时县里不准分到户,丁永新提前告诉说:“陈书记有意见,他不管怎么批评,怎么定性,你不要吱声。”所以他对我印象好呢,我是按照指示办的,人家都分了,我没分(田),恐怕比人家迟了有半年到一年的样子。陈庭元到下面了解(到)燃灯也分了。他就到公社找我说:“老王你怎么也分了?”我说:“没有叫分啊。”那时候群众分田不要干部讲话,群众都偷偷自发分的。他说:“我在下面都了解过了,你搞到这个时候还分掉了。”

燃灯公社分田一开始是到组,没到一年,农民看周边都分掉了,我们也就分掉了。分到户不要我们问事,人家群众偷分的。你看20世纪50年代我们搞互助组、初级社、高级社,那都要开会动员,一家一户做工作,好不容易才组织起来。农民生产用的牛、犁、耙都是评价(格)入社的,而“大包干”分田的时候,农民什么事都不要我们过问,他们偷着一夜就搞掉了。也就是说在“包干”的过程当中,等于是下面老百姓自发地一阵风搞起来。当时生产队干部、大队(村)干部都不向我们汇报。大队干部虽然拿补助工分,但他们也是农村人,跟社员有一样的利益,分田有份,这样他们的实际收益还多一点。我们是外地干部,上面有政策,我们还要去管一管,挡一挡。

1979年3月15日,《人民日报》有一篇张浩的来信,我们到县里党校来开公社书记干部会,都议论纷纷,说《人民日报》发表文章了,说我们这都搞错了。陈庭元在会上说:“已经分了就算了,有责任蹲班房,我陈庭元不要你们负责。”他担当了。陈庭元开始也吃不透政策,也担心,后来看群众分开了,就默认了。并且他在大会上表态支持,不然哪个敢干呢?先分到组,最后分到户。开始搞到组他是同意的,分到户他不同意。

与“大包干”有关的县级干部还有支道友,他在凤阳县当过“革委会”主任,家是城西的,我对他没什么印象。支道友之后的

“革委会”主任是吉诏宏,他平易近人,我们在基层工作的时候,他跟我谈心。吉诏宏退休后,我在农工部当副部长,他来农工部是我接待的,在招待所安排生活,我去陪客。吉诏宏在吃饭的时候说:“有人写文章说我反对‘大包干’,在常委会上我是带头主张搞‘大包干’,(文章)不讲我的成绩,但也不能说我反对‘大包干’。”人家说他右倾,是老右派,从“大包干”纪念馆展示的文件来看,当时吴庭美搞了个调查报告(《一剂必不可少的补药》),在调查报告上面第一个签字肯定这个调查报告的是吉诏宏。当时我们听讲县委常委班子成员思想也不统一,有的人主张分开,有的人考虑到分开是违背中央的政策,哪些人同意,哪些人不同意,我也搞不清。从粮食产量来看,确实增产了,县里看到这样确实对生产有利,农民光捆到一起搞不到粮食,正像邓小平所说“不管白猫黑猫,捉到老鼠就是好猫”,搞不到粮食,说政策再好也不行,大家也就一致认可(“大包干”)这样干了。公社干部对“大包干”也是持欢迎态度,开始为什么不敢干呢?上面政策不许干。“大包干”以后,土地分到户,生产都是一家一户的,农民都是几千年的小农经济思想,干得也有劲了。我们的干部也欢迎他们这样干。

“大包干”放开了,干部也省心了,产量也上去了,农民也有饭吃了,那当然好了。燃灯公社有个军卫陈(音)生产队,我在燃灯公社当书记,离军卫陈二里路,我天天晚上就住那。那个生产队在“大包干”以前,全年粮食的总产量都在10万斤左右。我在燃灯当书记临走的时候,它的粮食产量已经涨到了30万斤,粮食确实增产了。我到小溪河区当书记的时候,田已经全部分到户了,这时候生产也不要我们问了。我们只问什么呢?天抗旱了,我们的燃灯水库要放水,要翻过两条铁路,经过燃灯乡、小溪河,然后水放到大溪河。“大包干”也让我们干部的负担减轻了,原来我们在下面蹲点,天不亮就起来,搞集体生产都要打铃的,生产队都有铃,我们都亲自帮人家打铃，新人（干部）都干这个事。把田分到户以后，我们搞公共事业就是修水利、修水坝、放水，其他的生产都不要过问，只要我们搞一点后勤了，搞化肥、农药的供应，有抗旱任务就要去搞抽水，因为当时还是计划经济嘛。农村的分配制度也改了，“大包干”后农民把国家、集体的交过以后，其他都是自己的。

以后市场放开了，农民购买化肥、农药也不要干部过问了，都是他们自己搞了。“大包干”开始的时候，在化肥、农药、柴油等农资分配的时候，生产队和大队干部还有点权。上面来了计划物资，乡里分到大队、大队分到生产队。我在军卫陈蹲点的时候，那个大队书记不正派，每年到整党时候，我都要叫他好长时间过不了关，他搞到分配的化肥后私自截留，他不是按照生产队的需要来分配，哪个跟他关系好，他就给人家多分一点。以后就被发现了，我就在全乡党员大会上叫他检讨。那时候乡里就管他这个（物资分配）。基本上大队干部都按照规矩层层分配，由生产队分到社员。抗旱柴油是按照实际需要，计划经济时期由国家统一分配，县里批给乡里，乡里按照获批的数量再往下分，乡里主要工作就搞这个。

又过了年把时间，乡里最大的工作就是计划生育。“大包干”开始的时候不要干部操心，后来搞计划生育又要干部操心。搞“大包干”农民需要“交够国家的，留足集体的，剩下都是自己的”，实际上就是交够国家的，把乡、村集体提留交了，剩下就是农民自己的。我在燃灯干书记的时候，我开会跟大队书记讲好了，我该要的你要给我，我不该要的一分钱不加你的。我该要的，你要不给我上交搞上来，那我就要找大队书记。有一年，那个金桥大队书记是公社党委委员，他是老资格，其他地方集体提留都交上了，就他没交上。我把他扣在公社让他检讨，什么时候把提留交上来，什么时候回去。你要把工作抓紧一点，大队和生产队上交就不拖拉，个别困难户由于天灾人祸或家里人有病确实没钱，上交交不上来，根据实际情况减免，一般都不拖欠，群众也都通情达理。分开农民得到实惠了，他就感谢共产党的政策对他好了，他就没有意见了。

1985 年我被调到县里任卫生局局长，我也当了五年卫生局局长。一直到了 1990 年，我 57 岁时，县里把我调到农委，那时农委也叫农工部，（我）任党委副书记、第一副部长，一直到 1993 年退休。

我在板桥区经历的“大包干”

——林兴甫口述

访谈时间:2018 年 9 月 12 日下午 4 时 30 分至 5 时

访谈地点:凤阳帝城酒店

口 述 者:林兴甫(1978 年任凤阳县板桥区委书记)

访 问 者:沈葵　徐小满

录音整理:徐小满

文字整理:徐小满

我叫林兴甫,生于 1933 年 8 月 11 日,是凤阳县临淮关镇临北①人,新中国成立后划给了蚌埠五河县②。我 13 岁才开始念书,一开始就念了三年级,念书就在临淮关。那时候我在学校成绩比较好,因为我家里穷,我靠着考第一名来免学费,因为第一名学费全免。我从三年级一直到六年级都是凭考试第一名来免费念书。念书念到 1949 年的下半年,家里人不叫(不让)我念了。当时学校教导主任刘汉宝、校长卢昌平两个人去临淮市③找秦家光市长,给我介绍工作,要把我介绍到银行。我拿到介绍信,都准备走了,校

① 现称临北回族乡,隶属于蚌埠市五河县。

② 1952 年划归五河县管辖。

③ 1949 年初临淮关解放,设临淮市。

长急慌慌地跑来了，不同意我走，说不管（不行），再坚持几个月（小学）毕业，到中学去就免学费了。他不叫（不让）我工作，因为我当时还小，才十七岁，我就没去工作了。回学校之后，我帮着炊事员挑挑水、淘淘米，跟着老师吃饭。

到了（1949 年的）12 月，校长、教导主任都调走了，他俩就把我带到秦家光市长跟前，说我们不能叫他再念书了，给他安排工作吧。结果让我搞图书馆，给我写了封信到宣传部，介绍我到蚌埠新华书店搞书，我就去了。我们当时有两个任务，一个经济任务，还有一个政治任务。政治任务是宣传，可以办图书馆，但是新华书店的经济任务是卖书，我们办图书馆就要花钱去买书，所以建议我们办新华书店。我们又写信给秦家光，秦家光又写信到凤阳县委宣传部，县委宣传部又给我写介绍信到蚌埠，办新华书店，我就从 1949 年 12 月干到了 1950 年的 3 月份，临淮新华书店门市部开门，我是创始人,后来我在新华书店干了五年。我喜欢打球,球打得还可以,当时的公安局局长是副县长,把我从新华书店调到了凤阳县公安局,在公安局干了五年。在公安局的这五年干得还可以,1959年的时候我被评为“省先进工作者”。我就被提拔到凤阳县法院当副院长,之后又被调到了县委组织部,先是搞组织员,后来又兼审干办公室秘书。我那时候在搞“四清”①,我参加了五期“四清”,然后“文化大革命”开始了,我先是在县里的文教组当组长,1972年的元月又被调到了板桥区任副书记,在1975年的下半年被提拔为板桥区委书记。1980年凤阳县里选法院院长,我被选上了。1987年我被调到明光,在明光干了三年又调回到凤阳,干凤阳县政法委书记,一直到1993年退休。2007年我得了脑梗,现在说话不太清楚了,一些事情也记不住了。

说到“大包干”时期的一些经历,那时候我所在的板桥区下面有七个公社,黄湾公社和枣巷公社因为靠近淮河,经常受灾,李二庄公社和板桥公社条件还可以,梨园公社最差。小岗生产队,我们过去管它叫落后队,是全县有名的落后队。别的生产队落后,小园地②至少搞得还不错。小岗生产队是公家的地不种,自留地也没有。到秋收以后,用砖头把门一砌,大人孩子全跑出去要饭了。区、公社、县里面都派工作队,最多的时候一个生产队驻了五个人,但还是搞不好。怎么搞不好呢?从区里派个人,公社派个人,粮站派个人,银行派个人,供销社派个人,要化肥有化肥,要贷款有贷款,就那样都不愿意干生产。种麦子的地里缺磷,一亩地才收二三十斤,我们就搞了磷肥。那时候工作队也不是很上心,也没有踏踏实实地干,后来麦子种了之后,仓库门一开,发现磷肥全在仓库里

① 即社会主义教育运动,内容为清政治、清经济、清思想、清组织。

② 自留地。

放着，动都没动，都没用，所以对小岗这个生产队当时真的没有办法，它是个老大难。

我任板桥区副书记的时候，还任过三年李二庄公社的第一书记，重点抓李二庄公社。我蹲点的地方叫岗子大队，我当时就住在大队这里。岗子大队搞得还可以，大家都叫我报“超《纲要》”[①]，因为当时整个大队的粮食总产量加起来只差四五千斤就“超《纲要》”了。我不同意报，我说差一斤都不能报，因此一直没有报“超《纲要》”。后来我回到了区里，区里的书记因为心脏不好休息了，我就代理书记了。干了不到一年，我就担任板桥区委书记了。我在区里各个地方跑，哪里有典型就开一个现场会。小岗生产队大家都知道没办法，在整个凤阳县是倒数第一。1978 年秋县里面为了调动积极性，让大家学马湖公社的包产到组。梨园公社的张明楼书记去抓小岗生产队，也让包到组。一划开到组，父子组、兄弟组，其实就是变相地分到户了。我们叫小岗划两个组，它两个变四个，四个变八个，一变之后等于一家一户变相单干。单干以后我也知道了，县里面也知道了，但是县里面睁一只眼闭一只眼，因为小岗生产队一直搞不好，就这样让它干吧。我们区里面也是这个意见，睁一只眼闭一只眼。干一年下来，那年(1979 年)小岗的水稻、小麦、粮油、棉花等都超过了一般(其他)生产队。小岗这一下子出名了，一了解实际是到户了，跟凤阳县委书记陈庭元汇报，他也是这个意见，睁一只眼闭一只眼，这个队搞不好，你就让它干就是了。

1980 年刚过完春节，万里到小岗来了。那时板桥区有的生产队听说小岗偷偷分到户了，也偷偷地分。万里来开座谈会，当时地委书记、县委书记都在，我是区委书记，我也参加了，万里听了小岗生产队队长的汇报，汇报小岗分田到户以后是怎么弄的。汇报之

---

① 超《全国农业发展纲要》。

后，万里就说：“好，不错，干个三年五年，你就这样干。”我当时就说了：“万书记，这样做影响大啊！”他对我看看，说：“你不要念紧箍咒了。”当时“大包干”是到组的，不应该是到户的，那这样做“大包干”（到组）就搞冲掉（搞不下去）了。从那以后，板桥整个区都公开搞“大包干”到户了，因为是万里书记亲自同意的。干了一阵子，省里换书记了，万里调走了。

1980年的时候，省委书记换了，风向又转了。陈庭元召集开会，要把凤阳分地区，板桥区可以搞“大包干”到户，武店区还有哪的不准搞。我记得最清楚的是，总铺区区委书记秦三思，在会上他就说，“按照陈庭元说的要把（‘大包干’）到户改成到组、到队，哪个大队书记不改，我给他停职了”。到我汇报时，我说：“你们都说怎么改怎么改，我板桥区不能改。为什么不能改？现在要改，正是种麦子的时候，老百姓听讲要改，把化肥都放家里不种了，你现在改对生产有影响，要改秋后种过麦子再改，我愿意接受组织处分。”陈庭元没讲话，没说对，也没说不对，到最后他布置了，都要改，要下级服从上级。第二天陈怀仁找到我说：“林书记，陈书记（陈庭元）说你们板桥区不要改了。”我说谢天谢地。后来，其他区也都没改了，还是搞“大包干”到户。

我写了调查报告《一剂必不可少的补药》

——吴庭美口述

访谈时间：2018 年 9 月 13 日上午 10 时 30 分至 11 时

访谈地点：凤阳县人民医院

口 述 者：吴庭美（1978 年为凤阳县委政研室工作人员）

访 问 者：沈葵　庆跃先　杨孝青　徐小满　聂元安

录音整理：徐小满

文字整理：徐小满

我叫吴庭美，出生于 1944 年，我老家大严村就是属于现在的小岗村。当时我老家有两个哥哥、四个侄子、两个侄女。我父母去世得早，20 世纪 50 年代就去世了，我一直和我哥哥们生活，结果三年困难时期，我哥哥也饿死了。我上学上到初中就不要钱了，1965 年我考上了合肥师范学院，学的是中文，1969 年毕业。我曾在凤阳县教育局当小学教师，当了三四个月，又调到县教育局去搞材料，之后去搞了路线教育，也是写材料。有一份材料被凤阳县政研室主任看到了，就在 1977 年把我调到了凤阳县委政研室。1982 年调到县委办公室干秘书科副科长，1983 年底干凤阳县委副书记，一直干到 1986 年，调到天长干县委副书记，干了三年，1990 年又回来当凤阳县县长，1993 年又当凤阳县县委书记。到了 1998 年，调到滁

州市，当政法委第一书记。在滁州市干了十年，政法委书记干了五年，后来到滁州市人大干了五年副主任就退下来了，我整个的经历大概就是这样。

“大包干”的时候，当时的凤阳县委书记是陈庭元，陈庭元是1977年10月份到凤阳县的，我是1977年7月份到凤阳县委政研室的，所以真正搞“大包干”那一段时间，我是一般工作人员。那时候省里的政研室有卢家丰、辛生，市里是陆子修当政研室主任，凤阳县是周立奎(音)当政研室主任，我就是一般的工作人员。人家讲我出名那就是因为我写了小岗《一剂必不可少的补药》这个调查报告。当时我作为一般工作人员主要工作就是写写材料，包括领导的报告。

1978年的时候我们就搞了包产到组，小岗生产队原来是两个组，不行又分成四个组，四个组不行又分成八个组，分成了兄弟组、父子组，还是不行就彻底分到户了。大概是在1979年的春天，他们(指小岗生产队)就彻底把土地分到户了。小岗生产队很特殊，他们其实没有经历到组，就直接到户了。陈庭元时任凤阳县委书记，他实际上是支持小岗的，但那时候因为搞“大包干”是禁区，所以他也不敢太明确地去支持，而是采取了“三不主义”的态度，不宣传、不支持、不推广，不然小岗也搞不成。当时小岗生产队进了高级社以后，什么都是依靠国家的，是个标准的“三靠队”，所以也就让小岗这么干了(指分田到户)。用我们的土话来讲，小岗生产队穷灰掉了，也就是穷到底了。小岗干一年确实变化很大。1980年初,(省里)开全省农村工作会议,当时万里是第一书记,陈庭元也参加了这个会议。陈庭元在参加会议之前就跟我讲了,让我把小岗的情况写一个调查报告,他要带到省里去。我讲:“怎么写呢?”他说:“实际情况是什么就怎么写,你如实反映。”我就写了调查报告《一剂必不可少的补药》。写作中途陈庭元不放心,不知道我写成什么样了,跟欧远方一起来了,那时候已经是我写的第五天了,整个调研报告的草稿基本上已经出来了。欧远方看了很激动,说这个材料写得不错,很有说服力。中午报告写好了,立马用打字机打了出来,县委书记陈庭元下午就把这篇调查报告带到了省里。后来我听说陈庭元把这篇调查报告交给了张广友,那时候张广友是新华社的高级记者,就交给他了。张广友又把调查报告交给了万里,听说万里在总结会上讲,看这个调查报告像看小说一样看了两遍,这个调查报告很有说服力。后来万里来到小岗表态支持这个地方,小岗就定下来了。这个调查报告得到了万里的肯定,1983年初国家革命博物馆征集文物,就把这个调查报告列为革命文物了,把我的调查报告原稿送到了博物馆。当时我写这个调查报告是有点担心,这没有哪个人敢写,因为它是否定那种(“大呼隆”)形式的集体化,确实风险很大。但即使风险很大,我也是赞成“大包干”的。

其实包产到组最早是在马湖公社搞的,马湖公社搞的是部分到组,烟叶、山芋到组,陈庭元当时对此还有点顾虑,但是县里面没有人反对,有点担心的人是不少。凤阳县委副书记秦言勇就和陈庭元讲:“老陈啊,要慎重啊,我们都是有教训的。”这不就是担心的意思吗?所以当时担心的人不少,支持的人也不少,比如吉诏宏,但主要还是靠陈庭元,因为陈庭元是一把手。县里大会上是坚决反对到户的,但是有的地方也管不住,比如小岗生产队。1979年像小岗那一片,就是东三区,百分之六十以上都到户了。我为什么写小岗呢？是因为小岗这个地方太特殊了，互助组没有搞起来，中级社也没搞，一下子搞到高级社，简直是“一步到天堂”，而且一直到1978年，小岗年年吃国家的供应粮，一点粮食都没有上交。

后来凤阳县委办公室没人写材料，我在1982年被调到了凤阳县委办公室，搞秘书科副科长。1983年的时候搞政府机构改革，凤阳县是搞改革的三个县之一，新班子一定要配个40岁以下的本科大学生。我也赶上这个机会了，因为我是40岁以下的，写这个调查报告也有一定的影响，后来县委就推荐我去干县委副书记。

我写的调查报告《一剂必不可少的补药》在很多书中都有收录，比如张广友写的《改革风云中的万里》，陈庭元儿子陈新兴写的《土地之子——陈庭元纪念文集》，我和夏玉润合作的《凤阳古今》中也有这篇调查报告。

我当凤阳县委副书记期间经历的“大包干”

——支道友口述

访谈时间：2018年3月21日下午

访谈地点：凤阳国际大酒店

口 述 者：支道友（1978年任滁县地委常委，凤阳县委副书记、县革命委员会主任）

访 问 者：庆跃先

录音整理：杨孝青

文字整理：杨孝青

我叫支道友，是凤阳县城西公社人。1944年出生，是家里老大，全家5口人，上有父母，底下还有一个弟弟、三个妹妹。从1960年凤阳中学初中还没毕业就回乡务农，到后来当分管农业的县委副书记，再到1979年作为援藏干部进藏，2年后回来到团省委当副书记，前后有近20年的农村生活和工作经历，亲身经历了安徽20世纪60年代初的“三自一包”和70年代末期的凤阳“大包干”。

1960年因为吃不饱肚子，我在凤阳中学读初中还没等到毕业就回乡务农了。当时回家没有别的目的，就是以吃饱肚子为原则，就这样开始了我的农田耕作生活。回乡以后呢，正好赶上了1961年安徽搞“三自一包”的责任田，记得我家分了28亩地，为了吃饱

肚子,我就拼命地在这28亩地上做文章。在当时农村里我算是有点文化的知识青年,那两三年,我们家经济上搞得不错,我们家就翻身了。我结婚早,1962年就结婚了。现在金婚都过过了。我小孩今年都56岁,已经退休了。

因为那时候搞“责任田”,家里没有劳动力,父母亲叫我赶快在村里找个会种田的媳妇,那几年我搞得很好,人家看我小青年能干,搞责任田一季收了1700斤烟叶子。我背着烟叶到南京卖,一下卖了上万块钱,在当时可算是发了一笔不小的财。同村一个姑娘看上我了,就跟我处对象了,1962年结婚到现在都56年了,这是个真故事。我就那个三年单干,就是“三自一包”,尝着甜头了,不然我连对象都找不到。没有那几年的“责任田”,也就没有我现在的爱人和家庭。

“责任田”在安徽全省只搞了一年,我们那里搞了三年,到1963年才真的不给搞了,又恢复为生产队。我们为什么能多搞两年呢?那是因为凤阳县农科所保护了我们。那几年的责任制啊,给我留下的印象特别深刻,那就是:再孬的地,只要是分到各家各户干，都能干好；再差的田，只要是责任到人，也能干得好。这就是给我留下的印象。

因为我那几年干得不错，1963 年恢复生产队时就叫我干（当）生产队长了。1963 年我当生产队长，1966 年入党，入党过后不久我就搞大队书记，当大队书记的时间也不长，因为我们这个大队搞得不错，省里头经常组织人去参观，在当大队书记时就参加城西公社党委，担任兼职副书记，就是城西公社（现在的城西乡）党委副书记。当这个党委副书记时，我还没有脱离农业生产劳动，就是一边在上面当这个官，一边还在下面干农活。我是农民出身，我家多少代没有文化人，就我算是这一代中的有文化的人，也还初中都没有毕业。农民出身，喜欢这个农业，喜欢和农民打交道，直到现在也没有改变，直到现在我还能劳动，能种田。

我当大队书记，把这个大队搞得不错，就到城西公社，1971 年就当城西公社党委书记。那时城西公社这一块在凤阳县是搞得不错的，每年县里的现场会都在城西开。1971 年我 27 岁就参加（凤阳县委）常委了，也就是副县级了。1973 年，我是（滁州）地委委员、凤阳县委常委，主持县委工作，分管农业，是“文革”过后第一批提拔的青年干部。这一年，安徽省委举办了一期青年干部短训班，参加者均是作为省级干部的培养对象，全省 21 个人，每个地市安排 1 人，我是当时参加培训的 21 个人之一。1975 年我当凤阳县委副书记、“革委会”主任，1978 年七八月份，因为受当时“小鸡带老鸡”①问题牵连，被免去县“革委会”主任职务。我们那批短训班 21 个学员，出来后 20 来岁就当厅级干部，当时是有点惹眼、有点障眼（指容易引起别人注意和嫉妒），是有这个问题。我们当中有几个

① “文化大革命”中，“四人帮”打着培养年轻干部的幌子，从工厂、农村、部队突击提拔一批“造反派”和年轻人到各级领导班子，担任主要领导职务，这些所谓“新革命”领导资格比较老的“老革命”，俗称“小鸡带老鸡”。

人呢，自己也不注意，也不低调，他真以为自己是来带“老鸡”的，也有人后来弄出了不少事。但是，也有些人素质还是不错的，不管后来当官大小，这些人很正规。你看我讲那个窦本仁，后来到肥西当县委书记，再后来到舒城，这个同志就不错；还有那个江晓华，她是马滢（安徽电视台著名主持人）的妈妈，也是我那个时期的。这个同志就不错，她原是含山县下面的一个公社副书记，培训结束后派到省公安厅当副厅长，“文革”结束后把她公安厅副厅长干（撤）掉了，退回原籍从基层干起，后来又当上了巢湖学院的党委书记（正厅级），把那里搞得轰轰烈烈，发展得很好。按当时粉碎“四人帮”以后搞“揭、批、改”的政策，省里对我们那批 21 个人的职务，本来是要一撸到底的，但我的县委副书记、地委常委（职务）还继续当着，为什么呢？就是地委一直保我，就是我们滁州（地委）跟省委讲：“他是老农民出身，不是学生，又不是造反起家，他是从生产队长一级一级地干上来的，跟‘文革’造反突击提干是两回事嘛。”省委说：“那还是要因人而异嘛。”这样，我就成了 1977—1978 年安徽省唯一保留下来的年轻厅级干部，我那时 30（岁）多一点，同期其他人都搞掉了。我在厅级岗位上搞了二三十年了，但就是“不进步”，这主要是我个人的问题，对吧？一个是没有文化基础，每次要文凭我都没有了；还有就是受那一次“小鸡带老鸡”的影响。（胡）锦涛当团中央书记时，团中央那次要调我去，那个王建功（后来当山东省委的副书记）找我谈过话了，要我到团中央搞办公厅主任。我们家（省）里就有人说：“他是‘小鸡’，是‘文革’的产物，怎管调呢”？马上反映到省委组织部去，那你看这个事不就黄了嘛。每一次遇到这个事，都（说）是“文革”的产物。那时我年纪轻轻的，是“小鸡”，现在几十年过去了，我自己也都变成“老鸡”了。

我 1978 年被免去“革委会”主任（职务），是吉诏宏同志接我的，我俩是一前一后，他来了就接替我当县“革委会”主任，“革委会”改为县政府时他就接着当县长了。1979年后我就到西藏去了。1981年从西藏回来就到团省委担任团省委副书记,以后又任过省直党委副书记。20世纪90年代初期,我在六安工作过,在行署工作过一段时间,搞过一段时间专员助理,我对六安还是有一定感情的。最后是到安徽行政学院当副院长,直到2004年退休。

关于凤阳农村改革。因为我分管农业,农村的情况我比较熟悉,与农民接触也比较多。20世纪70年代初期,凤阳县要饭的外流比较多,就是这个生产队的“大呼隆”一直干不好。我们在生产队集体(劳动)这个问题上动了很多脑筋,开“三干会”“四干会”对社队干部施压,配备县直干部到农村蹲点,费了好大的劲,所有能用的手段都用了,效果都不太好,就是搞不好。无论如何都要解决老百姓的吃饭问题,这逼着我们县社干部和社员另外想办法,搞“歪门邪道”。

1972年,我在城西公社的钟楼生产队把油菜“包产到户”,那个效果相当明显。油菜各家各户搞,平均就收200斤油菜,一家伙(下子)那就不得了,各家各户都把所有的潜力挖起来,劳动力投入、肥料投入,那个庄稼长得呼呼叫上来了,效果特别好,就光油菜这项,一年一个生产队的油菜超过一个大队的油菜产量。这个生产队油菜大丰收对周边影响很大,我印象很深的是,新华社曾经派记者到这个生产队去拍照片(还有历史照片),当时陈本田也在场。

1976年我到江山公社一个叫江庆的生产队蹲点,跟我一起蹲点的是后来搞县政协主席的张云江。张云江同志是我派到那个地方去的,作为我的代理人,我说:“我挂着名,你在这干。”我们搞玉米“包产到户”,效果相当好,当年一个大队的玉米都没有这个生产队收得多。就靠玉米这一单项产量,江庆生产队就解决了当年的温饱问题。这个办法是从实践中来的,都是农民朋友跟我说的。

1977年我又到全县最困难的一个生产队——黄泥公社黄泥铺

大队南街东生产队蹲点，这个生产队社员年年都要外流讨饭。我找老百姓开座谈会，问他们年年外出讨饭，到底是因为什么问题。那时候我们都在田埂地头干活，晒得黑不溜秋的，人家看不出来我是干部，不像现在不大干活了。有社员问，“你可是县委书记?”我说：“我是县委副书记。”他说：“你可想我讲真话?”我说：“要你们来，就是要听你们讲真话的。”我对一拿着大烟袋姓李的老百姓提出问题：“当前外流问题，到底还是水利化问题，还是机械化问题，还有其他什么问题?”老百姓把大烟袋往鞋底上一磕，说：“你让我说真话，我们现在哪是水利化、机械化问题，我家五口人，你给我五亩地、五把锄子，不要牛，我刨着都吃不完。”这句话对我触动相当大。后来我在县委常委会上不止一次地讲：“老百姓要求的不是机械化，也不是水利化，要的是农业生产经营自主权，他能不能有权经营土地？要这个。”

1978年，我曾多次在县委常委会上讲：“现在有的人讲共产党喜欢穷人，好像越穷越苦越累越好，我说这样的共产党我不当。越穷越苦越累的共产党，我当它干什么呢？共产党要致富，共产党要富裕起来。全国人民要富裕起来，这才是共产党。”这是当时我从一种朴素的感情出发提出的观点。当时不是讲共产党喜欢穷人嘛，都是支持穷人，那土地改革期间都是爱穷。但是，发展到二十世纪七八十年代的时候还讲穷光荣，我不赞同这个。共产党老是支持穷人，那是新中国成立初期农民刚刚翻身、社会生产力极其低下的情况下采取的政治路线和政策。如果老是这样穷下去，我以为共产党是站不住脚的。这是我在会上公开讲过的观点。

我还不止一次地在县委常委会上讲：“农民这一块啊，要给他们自主权。”我们也是来自社员，来自于老百姓。你要讲黄泥铺的变化、江山的变化，都是发生在最穷的地方，他们老百姓喜欢那个各家各户(自己干)，就是你给我土地就行了。实践证明给农民生产经营自主权，比给什么都强、都管用！农业生产问题，看来靠“三级所有、队为基础”，已经被实践证明是不行的。我在会上就讲，现在这个“三级所有、队为基础”，老百姓讲“队为基础”不行，就必须把你这个改变掉。很多人问我说：“你到底是什么意见？”我说：“‘三级所有，户为基础’就是‘包产到户’”。这是十一届三中全会之前我多次在县委常委会上讲过的话。当时，“‘三级所有，队为基础’不行”，这个话一般人是不敢讲的，我为什么敢讲这个话？因为我是农民出身，我家祖祖辈辈种田，充其量叫我回家种田。叫我种田也没事，我那时工资才 30 多块钱，我不怕。这一点我很自信。

对于当年的凤阳“大包干”，在我们县和社队干部中也不是完全意见一致的。有时候书记们在大会上面讲的、在公开场合讲的，也不能完全代表他们内心的真实想法。最典型是在我们县委常委会上，我知道有几种心态，有些人是坚决反对的，那一听说（搞）单干，心里面就不是个滋味；可是有相当一部分人口头上讲不能搞（单干），但心里是支持搞的；还有少数人理直气壮讲就要这样搞。我们那个班子里哪个人是什么样子的，我都知道，心里是清楚的。当时班子里包括陈庭元等好多老同志历史上都曾经被打过右派，那个时候他们想那样干，也不敢这样讲。

我对陈庭元比较了解，陈庭元同志亲民，他对农民是很有感情的。陈庭元同志支持搞“大包干”，但是他又不敢公开这样讲。因为他曾经被打成右派嘛，怕一下子被捅出去，哪个人受得了呢？这是我知道的。

我记得大约在 1978 年八、九月份，反正有点秋风凉了，是小岗村“分牛”后的第二天还是第几天，陈庭元说：“道友，我俩去看看。”陈庭元喊我道友，我比他小嘛。我说“行”。当天下午我跟陈庭元一道去的，一个比我年龄还大的老驾驶员叫老寇的开的车。到那一看，牛已经分开了。一见这阵势，老寇就喊“分牛啦，分牛啦”。我问在场的社员牛是怎么分的，他们说：“生产队里八头牛，有三家弟兄三个拉一头的，也有爷俩拉一头的，还有邻居关系好的三户两户分一头的。”见牛已经分到户了，我就问陈庭元：“这牛已经分开了，这个事下一步怎么搞啊？”陈庭元说：“乖乖，这样搞不行啊。”我说：“这样吧，我们去听听公社党委的意见吧。”于是，我们就开车从小岗生产队到了梨园公社，当时公社书记叫张明楼。陈庭元作为一把手，感到责任重大，这个事关系方向道路，上面知道了肯定是要追究的，那样还得了吗？陈庭元过去被打过右派，想想多年的劳教经历就害怕。到了公社一见面，陈庭元就批评张明楼，那批评可厉害了，还发了脾气，张明楼坐在桌子拐抱着头一声不吭。本来我俩还打算在梨园公社吃饭，为小岗生产队分牛的事搞了一肚子气，还吃个啥饭啊！不管吃了，我就说不吃了。我知道陈庭元批评张明楼很严厉，但内心世界来说不是要批判他，而是要保护他。

从在梨园公社回县城的路上，我和陈庭元书记谈心，我说：“陈书记，我理解你的意思，你的本意也不是真的要批评张明楼。”陈庭元说：“道友，怎么搞呢？这个事明明都知道是好事，但谁敢去讲？谁敢去破这个先例呢？”我说：“这样吧，陈书记，这个事我们不管它了，不报，不表扬，也不要去制止它，先试验一年再说。”虽然我胆子大，初生牛犊不怕虎，偷偷摸摸地搞了一些单项的“包产到户”，将山芋垄子分掉，烟草叶子分掉，一路一路、一行一行的，将油菜、玉米分到各家各户种，但全面公开单干还是不敢搞的。陈庭元批评张明楼，其实也就是装装样子，从思想意识上他还是同情农民，支持小岗农民搞“大包干”的。现在驾驶员老寇已经去世了，陈庭元也不在了，听说张明楼去年也去世了。我们活着的人要尽量还原历史的真相，让后人铭记他们当年为改革所承受的重压，做出的贡献。

记得在那以后，有一次万里来凤阳视察工作，当陈庭元汇报到凤阳有的地方农民要求将土地分到户、实行“大包干”时，万里同志拍着他的肩膀说：“老陈，你就不要再念紧箍咒了！”其实，陈庭元哪想念什么紧箍咒？听到万里的这个讲话心里面可高兴了：“我心里早就想这样干了，就盼着你来说这句话了。”万里同志思想解放。我们也得益于万里的坚定支持！这话不光是我讲的，凤阳的干部和老百姓都是这样说的，要不是有万里同志的支持，我们凤阳的“大包干”可能还要被压下去，以“大包干”为源头的中国农村改革可能也还会被压下去，搞不起来。

在常委会里，还有吉诏宏、宁金茂、王玉新、秦言勇等同志，过去都是坚持实事求是，因为讲真话被打过右派的，吃过不少苦、遭过不少罪的，他们在会上不像我这样喜欢“放炮”。当时我年纪轻一点，顾虑少一点，回乡入党当干部一帆风顺，没有走过坎坷的路，人家因为被打成右派搞死掉了的都有，我哪知道这些历史呢？“初生牛犊不怕虎”，我不存在那些事情，你凭什么打我右派？再说，我家里祖孙几代全是种田人，没有一个识字的，大不了我还是回农村，还去操种田的老本行。有了这个想法，才敢理直气壮地支持“大包干”。吉诏宏同志虽然被打过右派，但他是支持“大包干”的，对于我的意见，最后他总是表态说：“不这样干不照了”。秦言勇同志也是吃过亏的。我每次在会上一提支持“大包干”的意见，他就叫我不要再讲了。我这个人就是好讲，每次会上都要讲。他是老一辈子的人，经常打断我的话：“你胡扯些什么东西。单干？哪能搞那个东西。”虽然言语严厉，但我知道他并没有恶意，纯粹是为了保护我，怕我因此犯政治错误摔跟头。回想起来，吉诏宏、宁金茂、秦言勇等同志也是支持“大包干”的，虽然不是理直气壮地公开支持，但也或明或暗地为“大包干”做了许多不为人知的幕后工作。

对于凤阳"大包干",我不仅是实践者、推动者,也是亲历者、见证者。在公社一级干部中,搞"大包干"最早最坚决最彻底的是詹绍周。詹绍周当时是那个马湖公社(今马湖镇)党委书记,他这个党委书记我是很佩服的。詹绍周从1975年开始搞,就是"四级所有,组为基础",实际上就是"分田单干"。他为这个挨了不少的批,大会批,小会批,还上了报纸。我每次到他那里检查工作,他都要跟我讲报纸又批判他了。那时我是第一个支持他的。我说:"你不要怕这怕那!你先把报纸收好,你让老百姓先吃饱饭没错。"因为我们同是一个思想体系,都是为了老百姓。也不是想我们搞(捞)多少,实际上我们也没搞(捞),就是为了老百姓能吃上饭。所以当时上面批评他的时候,我都想办法给他保护起来了,绍周同志是我一直支持的,他是凤阳公社一级干部中坚定支持"大包干"的领导人。这詹绍周啊,现在他年龄很大了!

对凤阳"大包干",在滁县地区一级领导中不是完全意见一致的,就是在支持凤阳"大包干"的领导之间,也不是没有分歧的。王郁昭同志和我都是地委班子里的,我俩都在一块,王郁昭当时是地委副书记,我是地委常委,我们两个在"大包干"这个问题上就有点分歧意见。1979年中央从内地抽调干部支援西藏,安徽和滁县都有援藏干部指标和名额,他就说,"你到西藏去吧"。所以1979年以后,我就作为"援藏干部"进藏了。

1979年进藏以后,我跟这一块联系就不太紧了,凤阳"大包干"呢,也已经跟我没有任何关系了。但是,我把凤阳"大包干"(经验)带到西藏日喀则地区,在日喀则,就是班禅所在地,我就把这个凤阳经验带到那个地方,在这个地区把牧业"包产到户"。我就把凤阳的经验传播给西藏,西藏"大包干"呢,也跟这个有很大的关系,西藏自治区党委书记阴法唐在大会上表扬了我,是在大会上表扬,还有资料。他专门表扬的就是我这块。后来西藏在农村改革这一块在全国也是走在前列的,胡耀邦表扬了安徽、四川、贵州、宁夏、西藏,当时中央书记处在全国肯定的也是这么几个省区。

1979 年以后,凤阳“大包干”的实践和对“大包干”的宣传,就跟我没有关系了。我自己也从来不提这个事,除了跟我干的几个人知道,其他人哪里知道?我从来不讲这事。特别在台上的时候,提这个事干什么呢?不就是要荣誉嘛。对不对?要这个荣誉,我何必呢?我从来不去(要),连凤阳人都不一定知道那些年我在这当中做过些什么。今天谈了,以后我们就不再谈这个事了。

今年是改革开放 40 周年。当年搞“大包干”的人,不少人已经不在了,我们这批活着的人,年龄起码也都是超过七十岁了。今天我们也已经没有什么欲望了。今天我们回顾这段历史,也不是证实自己有多大能耐,有多少功劳。可对?

回顾凤阳“大包干”的整个过程,我自己从实践到理论总结了一下,当时我们没有多么高明的理论,也没有那么高的水平。实事求是地讲,“大包干”亲历者、实践者都是出于朴素的感情,我们的共同目标就是为了老百姓能过上好日子。中国历史从古代到现在,就是你的政策好不好,就看老百姓的积极性能不能调动起来。老百姓的积极性调动不起来,你说哪个政策好都不管(用)。我的观点就是要“人尽其才、物尽其用”,你这个物资发挥不了作用,人的才华发挥不出来,这个政策就是失败的政策。这就是我的看法。老百姓把土地分到户,他所有力量都用上去了,你看这个东西,不要你说话,他全神贯注在种田,他一心一意在干。你看他创造价值,除了他解决自己的温饱外,其他还都是贡献给社会啊。所以,为老百姓谋幸福,敢闯敢试,不怕冒风险,这种“大包干”精神是永远不会过时的。这是我要讲的第一段(话)。

那第二段(话)呢,“大包干”那个时期的那个精神是很宝贵的,要发展、要弘扬。但是(现在)那种“大包干”的形式要变革了。

任何东西它都有个周期性啊,不可能所有东西都那样原封不动地延续下去,那个政策就僵化了,不对了。真正搞“大包干”也就是20多年的历史,后期再搞下去,那样效果就不好了。“大包干”期间我是首当其冲的,我是见证人,又是实践者。我现在的看法是,过去那个“大包干”形式,现在应该转化了,现在土地必须流转。2003年,安徽省人大召开一个农业法制工作会议,我参加了那个会议。安排我在会上有个发言,那个时候我也快退(休)了。会前秘书给我写的发言稿子,我没看也没在会上念,完全按我自己的观点和思路在会上讲。我说:“‘大包干’现在已经不适应了,一家一户再这样干下去,我们中国农业的发展就走到尽头了。‘大包干’这种农业生产经营方式已经过时了,必须要把土地集中起来,搞‘土地流转’,要成立新型农场,培养新型的‘地主’。”我当时提出来建立“新型地主”,好几个领导跟我讲:“这是你老支胡讲的。”我说:“土地没有主人是不行的,我讲要‘建立新型的地主’,是说土地要有主人,这里的‘地主’是打引号的地主。土地要有主人,不是过去那种剥削农民的地主。土地没有主人,肯定是不行的。你像农场主也好,种田大户也好,哪个土地没有主人?没有主人是不行的。”这是我从2003年开始提出来的观点,这个观点我也一直没有改变过。

老百姓(农民)语言不多,一天到晚都在那里奉献,你看他们出多少力、流多少汗,流汗的还是他们。我们花少量的钱把他的劳动力买过来,把那个力量全部利用起来,但他们劳动条件艰苦,工资待遇低,还经常遇到欠薪讨债的问题。对农民工生老病死的社会保障,对农民工大量进城后农村出现的“留守儿童”“留守妇女”“留守老人”问题,我们还没有引起足够的重视,没有找到切实有效的解决办法。所以,习近平总书记昨天早上(指3月20日)那个讲话,强调要坚持一直把人民放在第一位,这就对了!一定要真正真心实意地把农民放在第一位。我们过去改革搞"大包干",就是从农民利益出发,把农民放在第一位这个思路来搞的。你政策再好,老百姓饿肚子,这个怎么能行呢?现在搞乡村振兴,就是在温饱、小康的基础上,解决他们的富裕、快乐、幸福问题,主要还是从为农民谋幸福这个角度考虑的。

搞凤阳、肥西农村改革亲历者口述史,是一件很有意义、很有价值的事。但是,当代人想把历史完全搞清楚也是很不容易的。真正的历史想搞清楚很困难的,当代人很难写出来,因为有各种因素掺杂在里面,历史决不像我们教科书上面写得那么简单,(实际上是)太复杂了;"大包干"的历史也不是今天人们想象的那样一帆风顺,而是充满着艰辛、风险。我们今天纪念改革开放40周年,也要不忘来路,记住那些在"大包干"过程中不畏风险、勇敢前行,为老百姓能够吃饱饭做出过贡献的人们。

1978 年，我在小井庄蹲点

——张玉岚口述

访谈时间：2018 年 2 月 8 日下午 3 时至 4 时

访谈地点：肥西县上派镇县关工委会议室

口 述 者：张玉岚（1978 年任肥西县山南区委副书记、副区长）

访 问 者：沈葵　杨孝青

录音整理：杨孝青

文字整理：徐小满

我是张玉岚，1952 年 12 月 28 日出生，安徽六安人。我父亲是六安地委的干部，我们一家都在六安工作、生活。二十世纪六十年代末，我参加招干（招收干部），历任副乡长、六安县苏埠区委副书记、六安县团县委书记。我爱人是肥西山南人，安徽医学院毕业后分配在山南医院，那时的肥西县归属六安地区管辖。为照顾夫妻关系，我是 1978 年春天从六安县团县委调到肥西山南区的。组织上找我谈话，拟任命我为山南区委副书记、副区长。当时来的时候

正碰上肥西搞“三大讲”[①]，干部任命一律冻结。我被派到山南区的山南公社，协助山南公社开展各项工作，大家都喊我“张主任”。在山南工作3年，“包产到户”结束后，我就调到省委设在定远县的新马桥干校学习了。

1978年，我从六安县调来山南区的时候，赶上了百年不遇的自然灾害，3个月没下雨，又是夏秋时节，大地开裂。当时区委领导年龄都偏大，就我年龄小点，组织上照顾我，把我分在山南公社。当时山南区有7个公社78个大队。我在山南公社负责馆西、刘老庄几个大队。小井庄属于馆西大队，是我的联系点。当时的生产队长叫李绍田，是个大高个子，性格比较硬，后来去世了。那时的小井庄非常穷，12户人家共一条耕牛，经常为耕牛、耙地等吵嘴打架闹事。生产队对旱情也没办法，穷得叮当响，塘、堰、坝等都干涸开裂，连群众吃水都困难，有时候都搞不到水喝。记得有一次在小井庄后面有一个小水塘，里面的水都是浑浊的。大家拎着水桶排队

① “三大讲”：大讲“四人帮”反党集团的罪行，大讲同“四人帮”作斗争的经历，大讲同“四人帮”作斗争的经验和体会。

一瓢瓢地去抢水。在这种情况下，还要叫搞集体，基本上农活也没人干了。田都干开裂了，如果不及时把今年麦子种下去，明年怎么生活？讨饭都没得路。生产队队长李绍田胆子大，有想法，他说："我们不搞集体了，再不下雨，我们明年就没办法了。我们来种一点保命麦，能搞一块是一块，用水浇浇。我们把所有干得开裂的田地都分到户、分到人头，你们能干多少是多少，我们今年把麦子种下去，明年我们就有希望。如果这时候（指现在）再不抓紧时节搞就来不及了。"李绍田背着我们（公社）找生产队里的几个干部在一起商量，一家按照平方量田亩分到户。他（李绍田）对社员说："我们现在偷偷干，对上不讲，麦子种下去，属于集体也好、私人也好，只要麦子长出来了，以什么名义不要紧，但有一条，要把麦子种下去。"于是，小井庄以李绍田为首，开生产队会议把田分了下去。分田会议以后，有人说："山南公社还有领导（指我）在这（指我在小井庄蹲点），我们偷偷干。"

当时，山南区委看到老天一直没下雨，也在想办法。每一位区领导联系一个公社。山南区委书记汤茂林联系柿树公社黄花大队。当时，黄花大队有几十户农民联名写信盖章给区委，要求把田地分到户，各自种"保命麦"。汤茂林接到联名信后，来黄花大队看。群众对汤茂林说："你同意不同意，我们都得干（指分田）。"在此情况下，汤茂林召开山南区委会议，他说："我们遇到百年未有的大旱，有 3 个月没下雨了，我们要想尽一切办法，把麦子种下去。"毕竟，淠史杭干渠有水，水库有水，我们家（指大队、生产队）里还有井，我们能种一点是一点，麦子、萝卜、菜等都要种下去。但是，当时我们没想到小井庄已经干起来了，分田到户。李绍田胆子大，不汇报。黄花大队是联名写信汇报后再干的。

汤茂林到小井庄，看到小井庄一家一户在用大锹等工具挖地，就问李绍田这是怎么回事，李绍田说："没有办法，土地已经分下去了，让他们（指社员）自己想办法种点麦子，明年保命。”就这样，提出了“保命麦”。汤茂林看到小井庄分田到户后群众积极性高。群众用大锹、锄头在种田地，干劲大，拼命干。黄花大队又联名要求分田，山南区委就推广了小井庄的做法。1978 年 9 月 15 日，区委同意黄花大队 18 户农民联名信的要求，在柿树公社黄花大队搞“包产到户”试点。据说，当时的肥西县委一些负责同志不大同意（“包产到户”）。汤大胆（汤茂林）对他们说：“你们同意也是这样干；不同意，就是把我（官）帽子摘掉，我也要把群众的利益放在第一位，不能把田就这样闲着。如果再搞集体干，群众都不干，没办法。只有这样一家一户把田分了，让他们各尽其职、各负其责，我相信明年还有希望。”

这个时候是 1978 年的秋季。肥西县委几次会议上，都是不大同意山南区搞分田到户的。县委认为，分田到户是跟中央政策规定对着干，哪个敢担当这个责任呢？目前虽然形势严峻，旱情重，上面（上级）还在要求“割资本主义尾巴”，分田到户就是搞资本主义啊！这走的是什么道路？但是，山南区顶着肥西县委，说，不行把负责人（帽子）拿掉。不管怎么说，旱情严重，如果来年收不到粮食，群众怎么活？也就是这样，在这个时候，山南区委号召全区都分田到户。汤大胆要求区属各个公社都这样干。于是，整个山南区都干起来了。

最初，我在小井庄蹲点。我看到（分田到户）群众积极性高。我们就默认。默认就是支持。我们认为，总之不能让地空着，要千方百计把麦子抓紧时节种下去。小井庄一干，整个馆西大队都干起来了，隔壁刘老庄大队也干起来了。山南公社各个大队一哄而起，都采取这个（分田到户）模式。群众拼命要干，要求种庄稼。当时，那一阵风、一股劲。群众认为，除了要我死，要活着、要生存，马上就必须（分田）干。群众（都是）自发的，积极性很高。山南区委给予了支持。汤茂林在（区委）会上说，（官）帽子拿掉就拿掉。

就是在这种情况下，群众拼命地想方设法把麦子种下去，有的人用犁，有的人用锄，有的人用镐，有的人从外地借耕牛回来，各家各户都在想办法干。还有些人到小井庄来看他们怎么分田到户的。当时，小井庄生产队长李绍田、会计李祖忠，他们俩起作用。李绍田有痛风，脚烂了，还在地里干。小井庄搞分田到户都有一整套制度和方案，讨论很细。后来因为时间长了，记录没有保存下来。

我当时帮助小井庄搞总结材料，土地怎么孬好搭配？人力怎么分？不知道讨论了多少次，我都参与了。分田后，群众一哄而起，大战 20 多天，把麦子种下去，在地底下打井浇地，越是干旱越是穷的队，群众越是拼命干。到 1979 年，山南、花岗、上派、官亭……肥西所有区基本上都搞起来了，分田到户了。

我记得万里同志第一次来到小井庄是 1979 年 5 月 21 日。万里来了，看到麦子长势不错，非常高兴，走到小井庄，接见李绍田同志。万里同志（在小井庄队会计李祖忠家）召开座谈会。山南公社党委书记是王立恒，这个同志是老公社书记，很务实。他向万里介绍说："玉岚同志说，（官）帽子掉了就算了。群众（分田到户）积极性高涨，我们情愿干死了，也不能饿死人，这么多人，一旦饿死人不好交代。我们先干起来，不能等人饿死。官（帽子）对我们没什么，首先要把麦子抢种下去，过了麦种季节，就没办法了。"王立恒当时在山南公社党委会上也是这么说的。我当时是山南区副区长、副书记，组织上让我列席他们（山南公社）会议，指导他们工作。万里对陪同的王立恒说："你们这样干，想多干几年就多干几年，'包产到户'目的是增产，让群众吃好喝好。"万里书记一席话，让山南干部群众吃了定心丸。

万里书记来（山南）的时候都是我接待的。因为王立恒讲话地方方言很重，万里同志听力不好，我能讲点普通话，我做双方（的讲话）翻译工作。万里（在山南）看了后非常满意，临别时，万里握住汤茂林的手说："你们好好干，秋后我再来看看你们的收成。"

果然不错，1979 年 12 月 13 日，万里同志第二次来山南，来到小井庄，一家一户去看。当他看到群众家里的粮食装得满满的，非常高兴地说："只要群众有饭吃，国家有余粮，我们共产党的干部就问心无愧了。"

我对山南的"包产到户"经过比较清楚。2004 年的时候，我当肥西县委宣传部部长，把肥西"包产到户"的过程整理了一遍，作为历史资料保存下来。当时（2004 年），为加大对小井庄"包产到户"的宣传力度，结合《邓小平文选》肯定肥西县"包产到户"，制订了《肥西县纪念邓小平同志诞辰 100 周年暨小井庄"包产到户"26 周年活动方案》。肥西县组织力量整理了山南"包产到户"材料，并印制了 26 万份画册。当时，这个材料是给合肥市委汇报整理的。因为肥西山南小井庄是"包产到户"发源地，我向县委提议建立山南小井庄"包产到户"纪念馆，县委很重视。开工典礼的时候，时任合肥市委书记车俊同志和合肥市委其他常委都亲自参加奠基典礼。

小井庄"包产到户"在全县、全省乃至全国都有震动。1979 年至 1980 年，中央和国家机关 20 多个单位的负责人、23 个省市负责农业的领导，先后来山南考察。前总理李鹏的爱人朱琳同志也来到肥西县花岗等地看看农村改革的成果。建国 30 周年（1979 年）时，全国少数民族代表团在赴京观礼前，也专程来山南参观。

弹指一挥间已有 40 年了。回顾 40 年前我在山南的时候，在"包产到户"之前，我们干部在那天天（往下面）跑，动员群众集体干，都没有一个人愿意干，会也开不起来，即使开会，干部也不发言，群众也不发言，整天唉声叹气，饭都没得吃，各项工作没办法开展,处于瘫痪状态。就是在这样的情况下,我们做出这样的选择(指“包产到户”),是符合实事求是的。我觉得万里同志是实事求是的,思想开放的,充分肯定了山南的分田到户。

山南公社党委书记王立恒当时有50多岁。他一开始反对分田,思想很“左”,求稳怕乱,也没什么文化,上面没有文件他就不干。小井庄开始分田到户时都瞒着他。后期,群众干开了,王立恒面对形势,思想转变过来了。(山南)最支持改革的是汤茂林,人称“汤大胆”。汤茂林是山南区党的领导小组组长,石春安是领导小组副组长,我是区领导小组成员。这个区党的领导小组就是区党委,是当时的叫法。

周曰礼(时任安徽省农委政策研究室主任)多次来过山南,我最了解。他每次跟万里来山南,都要指着叫我汇报。万里两次来山南,周曰礼都来了。在万里来之前,周曰礼也来过,还跟王光宇一起来过。周曰礼自己单独来过不少次。但具体多少次,什么时候来,我记不清楚了。沈章余(周曰礼的部下)来过不少次,我和他接触过几次,但实在记不得了。王必根是山南公社借用的人员,当时的工作职责就是写写报道和材料。

当时,肥西县委出台的文件就是给群众“借地度荒”,实行中变成了分田到户。那个时候是1978年的秋季,农村要抓紧时节把小麦种下去,所以,分田到户的时间比凤阳早42天。现在,经历过分田到户的老同志大都不在了。只有我和石春安还在。如果我们早点整理那些“包产到户”材料就更好了。我们(“包产到户”)确实是有优势的。

我给山南公社写大材料

——王必根口述

访谈时间：2018 年 1 月 17 日下午 1 时至 3 时

访谈地点：肥西县山南镇人民政府办公室

口 述 者：王必根（1978 年任肥西县山南公社兼职秘书）

访 问 者：沈葵　杨正兴

录音整理：徐小满

文字整理：徐小满

我叫王必根，1943 年 2 月出生，是山南公社新庄大队向阳生产队人，父母都是山南人。我有一个姐姐，一个弟弟。那时候[①]我在官亭中学上初中。官亭中学是肥西县第一个初中。这个学校只有初中。

1960 年的时候，我在肥西中学上高中，学校生活费是 7 块半。我这个 7 块半除了自己生活外，还要给点给家里，生活困难到极点。

从官亭到肥西，初中念到高中，我学习成绩还是相当好的，在班上又是年龄最小的。高三分班分为文科文法班、理工班、医农

① 指 1958 年至 1960 年左右的时间。

班。我分到了文法班。

那时候，我作文写得好，每次写作文，都是作范文读。结果，1963年春天，快要高考时，我结婚了。

我结婚是什么情况呢？当时，我家3间草房子给烧了，住得很差。家里就我母亲和一个弟弟，很小。1961年、1962年不是搞责任田嘛，要有人做田啊！但我家没人做田。人家都有粮食了，我家还是靠借粮过日子，所以非常困难。那种情况下，我母亲就想叫我赶紧结婚，好在家做田。

我是从小父母亲给我定的娃娃亲，她家就在不远的金圩大队。她家来人讲把丫头送给我。当时，我母亲看那两年责任田没人做，她好急。她就对我讲，成家之后可以帮着做一些田。我讲我马上要考大学了，不能结婚。然后我家本庄的堂兄弟们都来凑热闹，对我讲："旁的事情都不要搞了，你只要在家结婚就行了。"我对我母亲很孝的，当时就这样，没办法就结婚了。那时候高考，规定结过婚的不给参加高考了。这样，回头我就搞个民办教师，搞了几年，后来就搞到向阳生产队来了，一直做到1972年。

我们向阳生产队是4个生产队并的。向阳生产队这个名字还是我起的。并过以后，那个时候不是搞"农业学大寨"嘛。那时候，农村当头货[1]就是“农业学大寨”。我就帮队里写材料。我不是有个弟弟嘛，我家弟弟当时当兵回来以后，搞个民兵排长。生产队不是有个民兵排嘛，他搞民兵训练，要写材料汇报，我就帮着写材料。先是搞到（把材料上报）六安地区，被六安地区军分区评了先进，然后搞到省军区，又被省军区评上了先进。在那过后，向阳生产队就是省“农业学大寨”先进单位了。向阳队就这样搞上去了。

那时候，1972年，农村有广播喇叭。学校放假的时候，我在广播听到了，讲山南公社电话通知，叫我去山南公社，去找王书记，就是山南的王立恒书记。我就赶快往公社去了。我还在想，找我干什么？我也没犯法。我反正不知道王立恒要找我干什么，也没见过王立恒，又不认得。

我当时进去（山南公社办公室）之后，看到公社一个会计，我只认得他。我问他王立恒在哪，他讲：“王立恒不就刚才站在那么，你怎么不认得？”他就带我一起去王立恒房子里。王立恒看到我就讲：“你到山南公社来干吧。”我讲：“我一个民办教师到公社能干什么？”他讲：“你干好了我们给你发工资。”我一听就讲：“那给工资怎么不干呢。”我问：“那给我工资叫我搞什么？”他讲：“帮我们写写东西，就是写材料。”王立恒不认得我，但他看到我写的那个“农业学大寨”的材料[2]。之后我就在那里（山南公社）干到了1977年。

1977年搞路线教育。省军区有个副司令员。以他为首带好大一批人到山南公社搞路线教育。当时叫揭开公社干部的“帽子”，非要叫我揭，我就没干。他们做我工作，但讲死我都不干。有个姓项的他就不高兴，这个姓项的是省军区的，他搞路线教育。他就对

① 当头货：主要事情、主要任务。

② 指向阳生产队学大寨材料。

王立恒讲:“你有什么资格叫他(王必根)到公社干?赶快搞走!”他对我不快活(有意见)。

之后,我就到馆南中学干代课教师。代课教师是26块钱一个月。我是35块钱一个月。这多出来的9块钱是山南公社补的。公社补我9块钱就是公社的大材料还是我来写,就是继续帮公社搞材料。一般都是大材料,小材料不搞。一直到1978年9月份,沈章余找到我了。

沈章余是我肥西中学同班同学。他这个人可以说是农村改革开放的马前卒,真的都是他一手干的。他这个人是个工作狂。在1963年我们高中毕业前,他在学校征兵的时候,从地方上当兵去了。他当兵回来后呢,回到了他老家,就是现在的滨湖(合肥滨湖新区),当时叫丙子公社。他家父母都死了,家里特别困难。他个性又强,跟农村大队干部怎么能搞好呢?搞不好!跟大队干部操蛋操得不得歇[①]。他后来怎么搞走了呢?我们那一届(肥西中学1963届)有个人叫方为发(音),他成绩好,考上了合工大,毕业后在合肥汽车站那边的什么工厂工作,之后干到省计划委员会主任。沈章余就找到方为发,方为发就跟我们县一个县委书记讲,帮沈章余找个工作。当时,肥西县还是六安地区的,六安地区有个《皖西报》,这个县委书记就帮沈章余介绍到《皖西报》社当记者。之后,因为我在肥西中学念书时和他关系比较好,他就托人带信给我(那时也没有电话),叫我去找方为发,把我也介绍到六安去。我没干。后来,《皖西报》撤掉之后,沈章余去了六安地委秘书处。他又让人打电话来。电话打到山南公社,叫我去找方为发,我还是不干。后来他又什么时候从六安调到省里,给周曰礼[②]当秘书,我不晓得了。

① 不停地与大队干部争辩、吵架。
② 时任安徽省农业委员会副主任。

1978年9月份，具体哪一天我记不得了，就是9月份，沈章余来山南找到我。他来了就住在山南旅社。就他一个人住旅社。他对我讲，这一次来要到我家住，住我家里，住下来干公事。我问他："什么公事？"他讲："什么公事还讲不好。"他讲："万里调到安徽来当第一书记，万里讲我们共产党搞的这个集体化这条路看来走不通，我们现在在找新路。"我讲："那你怎么非要找到这个（山南）地方呢？"他讲："找到这个场子（地方）是我自私（有私心）。"我讲："怎么在这场子就是自私呢？"他讲，万里叫周曰礼找个地方搞试点，就是找新路。周曰礼当时就想到了沈章余，他的秘书嘛。周曰礼就跟小沈讲："我到你们肥西去干，到你家里去干。"沈章余也没好讲反对，就跟周曰礼一起，先到肥西县城，就是上派河。当时就住在肥西旅社。住下来以后，周曰礼就对小沈讲："你明天去组织部查查，看看哪个区区委书记最年轻，我们就到哪个区去，因为年龄大的思想一般比较顽固。"结果第二天小沈一找呢，官亭区区委书记最年轻，叫张国山（音）。沈章余晚上睡觉的时候就对周讲："我们现在搞这个（试点）是悄悄地搞，不能联系行政单位，要直接找群众，和群众打交道。"周曰礼讲："那我们一个人都不认识，怎么干？又不能找公社，又不能找大队，那我们找哪个呢？总要找个人啊。找个人还要慢慢熟悉才行，没有个熟人怎么干？"周曰礼就问小沈怎么办，有什么想法。沈章余就讲："到山南干，山南有个同学叫王必根，文化程度比我高，写作比我好。"周曰礼一听就讲，到山南就到山南。就这样，他们就到山南来了。这都是沈章余简单跟我介绍的他们为什么要搞到这里。

我问沈章余："你叫我怎么干呢？"他讲："你就把山南公社的情况，地理分布情况，有多少大队？多少生产队？范围在哪这些跟我讲一下就可以了，我自己去找。"沈章余那个人我晓得，真的是工作太那个工作狂，白天白天干夜里夜里干。他就跑得不停歇。周曰礼呢,一般都是带车子来,在公社待着,他不下去。沈章余也没叫我跟他一起下去跑,也不好跟他一起,我一趟都没有跟他下去过。过去,我一直跟王立恒后面跑(到各生产队),干了 6 年。王立恒有时一天跑 3 个大队,都是步走。所以全山南公社的情况我太熟了。我就绘张地图样子的东西给沈章余。图上写有各大队、生产队的方位位置。他就照着这张图,一个人去跑。我也没问他到下面去跟群众讲了什么,但跟沈章余接触过的人,知道我和他是同学,就对我讲,沈章余问他们:"搞责任田的时候(1961 年、1962 年)搞得怎么样? 现在这样(人民公社)搞不行啊! 你们这几年这样干到现在可觉得有前景? 可能干好?"他们(被问的群众)就讲:"咋干好呢? 越干越糊,越干越懒,结果最后恐怕又要回到'共产风'了。"沈章余就讲:"那你们就先试试(责任田),我来这里就是搞试点的,路走通了,如果能增产的话呢,就推广;不增产呢,我们就收回来,不要你们负责任。"沈章余就是这样跟群众讲的。他自己到处跑,到生产队跟社员讲,不认识的也讲。他就在这里常驻哎! 这个人真不简单。

沈章余这样干过头一遍(跑遍了山南公社的生产队)之后呢,也有分裂的(分田到户)。有胆大的直接分裂(很快搞分田到户),胆小的还在看情况,还有三两个亲戚一起干的。最开始,有两三个生产队分裂,搞分田到户。之后,就没花好长时间,大概两个月时间,山南公社全部分田到户,206 个生产队 205 个都分掉了。就一个向阳生产队,就是我家那个生产队,队长搞了"四不像"。就这也是我跟区里闹的,写大字报,把那个队长搞下来了。之后有个王方山干队长。

山南公社搞了这个分田到户以后,各级干部听说了,都怕! 讲真话,也不能怪他们,哪个不怕呢? 而且安徽搞过两年责任制,倒了霉,又收回来了。当干部的都怕啊! 都讲分田到户不行。当时的大环境全国都是一样的,这个大政策(人民公社、集体化)哪有人敢改呢?地方怎敢改呢?不敢改。所以,王立恒就反对。他又是公社书记,开党委会,他一讲反对,不就都反对了嘛。王立恒当时只晓得全公社分田到户的是201个生产队,还有5个生产队是集体的。实际上那是逗猴的(说谎话)。那5个生产队跟王立恒关系不错,对王立恒汇报讲没分,其实都私下分掉过了。只有向阳生产队是真的没分。王立恒就跟王方山讲,我俩都是共产党员,要在面临两条路线、两条道路的关键时刻站住脚,要坚决抵制分田到户。

为什么我现在要讲这些呢?是我看他们搞这个东西[①]跟原先的事实是不符合的。我讲的是事实,事实的东西应该讲出来。不然你们明年来(采访),我不一定能讲出来了[②]。去年(2017年)有个王海龙(音)的带人来了,是中央两个大单位,好像是搞党史的,了解当年山南"包产到户"的情况。从早上来到中午12点,都是到农村看,12点钟以后才进会议室。省里来哪些人?市里来哪些人?县里来哪些人?都一一介绍,结果搞得没时间了。北京那些人下午还要下乡去,镇书记就跟我讲:"我讲过后,然后你马上接着我后面讲。"我在这个会上讲了5分钟,回答了两个问题:第一个是"包产到户"为什么搞到小井庄来(以小井庄为标杆);第二个是为什么小井庄开过花之后结果在小岗村(小岗村比小井庄出名)。我讲过以后就散会吃饭了。那个北京的王领导听我讲过后,直说:"哎哟,你怎搞不写出来啊?"

我对我那个生产队(向阳生产队)搞不搞责任制(分田到户)是不闻不问的。因为我在馆南中学教书。对我家的生产队搞不搞责任制也不支持也不反对。但我自己的想法还是走这条路(分田

① 指现在宣传、研究"包产到户"的文章、材料等等。
② 王必根2017年患病,医院诊断为心脑血管病,脑部有患病风险。

到户)是对的。那个(人民公社、集体化)确实没办法继续搞下去了。

1979 年正月初几的时候,省委开常委会决定在山南公社搞试点。这个时间我记不得了,资料也没有了。2 月 6 号,正月初十的晚上,周曰礼来了。当时,山南公社已经搞过分田到户了,但没有搞总结,也没搞材料。周曰礼来山南搞试点的事,后来有很多人都讲过了。

到了 1979 年春上的时候(春季),肥西县委开会,反对"包产到户"。县委还专门下个文,要收回,就是不给搞"包产到户"。

到了 1979 年 4 月 20 几号的样子。那天晚上,沈章余到我家去,叫我从生产队找几个社员,要能讲的农民,开座谈会[①]。我就帮他找了。在我家堂屋开座谈会。我虽然不参加,但是省委机关来找我,我还不能听嘛。我就睡在床上听。一直开到(夜里)两点多钟。会议的内容是什么呢?(当时全公社)不就我们向阳一个队没干嘛(没有分田到户)。205 个生产队都干了(分田到户),就一个生产队没干。他(沈章余)讲:"找你们来开座谈会,就是找你们讲讲你们生产队为什么不干?我们要总结。我们奉万里书记之命来和你们开座谈会,你们要讲真话,实实在在地讲内心话,不要怕'戴帽子',不要怕'打棍子'。有哪个报复,由我负责。(你们)要讲真话。大概后天,最迟大后天,在《安徽日报》上能见报,见到你们的讲话。"结果,老百姓(参加座谈会的社员)就讲话了。他们讲的对不对呢?是对的。他们讲:"我们不是不想干,我们想干,但队长不给(我们)干啊!人家(其他)生产队田分到户都快活起来了。而我们家养个鸡、给家里小孩吃个鸡蛋,只要汇报到公社,王立恒立

① 当时肥西县委下文件,要求收回"包产到户",引起安徽省委关注,随即派人到肥西山南调研。沈章余等即因此而来。

即就连夜带人来把你家鸡笼子掏开，把你鸡头剁下来；哪个墙拐子种南瓜，只要结了（南瓜），王立恒就马上带人来把你（南瓜）铲掉。”他们（老百姓）讲这个是事实，是有的，但不是王立恒带人干的，是（向阳）队长带人干的。我跟王立恒后面干了6年，跑了6年，我不晓得王立恒吗？不是王立恒带人干的嘛。这个事情（座谈会）两天以后要在《安徽日报》上面登。但讲的不是事实嘛。我当时就觉得这个不能这样搞。这个（座谈会）又是在我家开的，王立恒知道以后不是讲我在里面那个（起作用）嘛。他（沈章余）两点散会之后，我下点面给他吃，吃过以后我俩聊聊天。他讲：“我早上要回到山南坐8点半的客车回省里，跟万书记汇报。”我不给他回去。我讲：“你今晚在我家开的会，你要跟万书记汇报，我俩就不是同学了，以后我俩就不存在任何关系了。”他讲：“这涉及国家大事。”我讲：“（涉及）国家大事也要真实。王立恒没来（没带人来逮鸡铲南瓜）过，一趟都没来过，都是队长带人干的。”之后我送他一直送到快到山南了。我讲：“如果你瞎登报的话，你以后别到我家来了。”他讲：“好，好，好！我跟你讲了不登报就不登报。我以后一趟都不来了。”从那以后，5月21日万里来，沈章余都没有来。

（1979年）5月21日，万里来。我想沈章余之前肯定跟万里他们汇报（山南的情况）了。上午9点多钟，万里和周曰礼一起来了（公社王立恒等都在那迎接）。周曰礼就跟万里介绍，这是山南公社党委书记王立恒同志。王立恒和万里是第一次见面，就双手握着万里的手。万里手伸出来了，一步没停就讲一句：“你们还吵架了啊？”王立恒笑笑，没讲什么，就带他到房里去了。当时万里就问王立恒怕不怕。他讲：“我怎么不怕呢？怕是肯定怕啊，你们省里最好下个红头文件给我们。”万里讲：“现在怎么下红头文件，在搞试点嘛。在搞试验，试验成功了才下文。试验不成功失败了，不追究任何人的责任，我们省里调粮给山南公社，成功的话我们要在全省乃至全国推广。”万里还讲:“我们现在在试点,有‘三不’,不宣传、不制止、不登报。”这个时候,张玉岚进来了。她当时是山南公社妇女主任,在本公社干部面前,她和公社干部们保持一致。但她和周曰礼熟悉。所以,周曰礼就跟万里介绍说,小张思想解放。当时,王立恒坐在边上,叫他讲,他一句也讲不好,不敢讲(因为抵制分田到户)。万里就讲:“你不说算了,我们下去听听农民意见。”中午在公社食堂吃好饭后,下午王立恒坐车带路,就顺着我们这个西马路(桃溪至六安的公路)向西跑。万里问:“你把我往哪里带?”王立恒说:“我们到向阳(生产队)去(向阳队那年还在搞集体嘛)。”万里说:“向阳我不去。”这时,车子到了上坎子(上坡)地方。万里(指着路边村庄)问:“这个庄可是农村?”王立恒答:“是农村。”万里讲:“是农村就到这里。”万里(对)情况熟悉得很,(可能有关情况有人)都跟他汇报过了。这个村庄就是小井庄。万里就是这样到小井庄的。如果万里再往前面去另外一个庄,那就好看多了,那情况又不一样了。[①]

这些情况,我不在场我怎么晓得这么清楚呢?当时,王立恒不是叫我写材料嘛。还要搞个会议纪要,然后他要拿这个材料在合肥市、六安地区传达。要我写材料,我不就要把这些情况问得清清楚楚嘛。不过,我后来整理、写出来的材料也不太符合(事实),要写的都写上了,不该写(反对“包产到户”)的都没写上。

1980年的时候,周曰礼他们在六安开会,实际上就是办学习班,那些思想保守的人都去开会了。王立恒也去开会。那时候,“包产到户”已经在全国推广了。周曰礼在会上讲:“搞责任制(‘包产到户’)不是我干的,我没有那个胆子。是万里叫我干的。万里也没有那个胆子,是邓小平叫他(万里)干的。”他在会上就这

① 王必根说这话的原意是,“前面一个庄”搞“包产到户”更好更实在。

样讲。周曰礼这个人呢，还真是个大文人，但你看着就像大老粗一样。我跟他喝过几次酒。（他）喝酒真要命，一喝就放不下杯子。

王光宇[①]到我家去过，没在我家吃饭。什么时候去的？不是1979年就是1980年。想不起来了。我现在得过病，头脑记忆不行，记不得了。（肥西）县委书记李尚德也到我家去过，还在我家吃过饭。李尚德是从寿县调来的，这个人思想特别解放。当时，肥西县都是地方（本地）干部，没有外来的。张文启是县长，他资格最老。县里干部都从本县产生。山南搞（“包产到户”）过以后，县委开会的时候，坚决反对。1979年县委还下文收（“包产到户”）。

我不知道王光宇、李尚德怎么找到我家去了，恐怕是沈章余介绍的。李尚德在我家讲什么，我记不得了。讲了我们省出国考察，讲那些东西。他讲那个路（改革开放），思想是真解放哎。

我在1979年以后就没写（大材料）了。1982年，我开始考试转正，就是农村户口的民办教师考试转正式公办教师。我是教语文的，语文考试我是全肥西第一名，榜都贴在县大门口。但是全县只招5个人，而且是10多个科。什么音乐、体育啊，都是这些科。结果我就没录取。到1984年的时候，县里教育局的语文组组长，是个老头子，快退休了。他知道我的（考试）情况，跟我讲：“你放心，我坚决把你搞上。”1984年我就又考。考分还没公布，（肥西）县政研室魏忠（音）打电话到山南找我，叫我到他那里去。我又跑到魏忠那去了。他讲：“你到我们家（县政研室）干干看。”我讲：“我是民办教师，考试分数还没出来，还不知道行不行。”他说：“分数我查过了，行。”我讲：“那不是讲（规定）教师不给到机关当干部嘛。”他讲：“你别管，只要你愿意到我们家干就行。”县政研室主要是写材料，我就善于写材料。当时我就同意了。后来，搞好后，我

① 时任中共安徽省委书记。

打电话给王立恒(当时是山南区委副书记兼山南区区长),跟他讲了。他叫我不要去,讲我上有老下有小,去上派河(县城)就顾不到家了。他说:“你就到我山南区,在山南区(不是山南公社)里干。”就这样,我留下来了,没去县政研室。

我留下来,在山南区委区政府,是正式的(在编人员),主要搞文字,给区委、区政府写写材料,当秘书。后来,因为他们(王立恒和区委书记)之间一些事,王立恒把我搞到一个新成立的乡去了。我到那个乡当副乡长。之后,撤区并乡,我那个乡又并到山南镇,我就又回来了,在山南镇(区改为镇)党委当委员。在这个位子上一直干到退休。

小井庄"呼哧"一下就分田单干了

——李祖应口述①

访谈时间：2018 年 1 月 17 日上午 11 时至 12 时

访谈地点：肥西县山南镇小井庄村委会

口 述 者：李祖应（1978 年为肥西县山南区山南公社馆西大队小井庄生产队社员）

访 问 者：沈葵　杨正兴

录音整理：杨正兴

文字整理：徐小满

我姓李，十八子李，祖国的"祖"，应该的"应"，李祖应。1953 年 7 月出生，山南公社馆西大队小井庄生产队人。那时候（1978 年前后）叫大队，现在叫村。我父亲那时干大队副支书，是大队干部。

① 李祖应，2012 年患食道癌，现在恢复中。2018 年 1 月 17 日上午 10 时，我们一行 8 人前往小井庄村委会时，他是接到镇里的电话后从紧邻村委会的家中来到村委会的。因为患病，整个访问过程中，李祖应的口述杂乱无序、前后颠倒，对时间和地点的口述也相互矛盾。他自己也说："讲不好了，都是生病搞的。"因为他说话不清楚，还夹着大量的当地方言和口头禅，有些口述，即使是反复听了数遍，也难以记录下来。所以，对李祖应的口述，只能是按照他口述的大体思路和基本事实，整理归纳。其中他患病的部分口述没有收录整理，1980 年以后他做生意、贩卖粮食的口述部分因与我们课题的主旨关联不大，也未整理收录。但是，在不改变口述者原意和口述语气、语境的情况下，我们对近 2 万字的口述记录做了较大的改编，压缩为现在 3000 多字。本篇口述也是本课题 20 余篇采访口述中唯一一篇做大范围改编的口述史。

我弟兄三个,一个哥哥,一个弟弟,还有个姐姐。姐姐很早就出嫁了,在街上(指山南区、山南公社所在地,现在的山南镇)。后来(指改革开放后)到上海一个中学做饭去了。我哥哥叫李祖忠,比我大十几岁。他在部队当兵。当兵回来,又是党员,那时候是不得了,后来当过武装部长 ,以后不行,搞腐化,“双开”。那时候很亏,又回来了,在生产队干会计。后来,万里来小井庄开会,就在他家的草房子开的,现在保留下来,门朝东。我那照片还有。

1978 年的时候,我在小井庄生产队里干活。到 1979 年我当上小井庄生产队队长,现在叫村民组①。小井庄生产队一共 21 户 98 口人②,有 153 亩田。都是大集体干活,在一块干活。主要是种大株稻、小株稻,芋头、黄豆都算产量。那真伤蛋!芋头本身不能作为粮食算产量,是粗粮嘛。老队长非讲要算产量。那时最多全队只收到 38000 斤。就这,还算狠(多)一点的。平常只有 30000 斤左右。

生产队怎么分粮食呢?上来就是要除掉上交公粮 8000 斤,然后要除掉留下的种子,剩下来的会计要把算出来。一个工时分多少粮食。比方讲,你一家干活工分 10000 分,奖励你 100 斤稻。不能按人口平均分,不然干活人跟你小孩一样分,你吃什么家伙(粮食)哎。照那样搞大家都不用干活了。就是干活人按照工分刨一

① 李祖应说他在 1978 年任生产队队长。经查证,李祖应的回忆有误,1978 年的小井庄生产队队长是李绍田,李祖应是在 1979 年任队长。

② 李祖应说是 31 户 137 口人。经查证后改为此数字。

点粮食,(大体)就是这个办法分。那时候在我们农村就是这个土办法。

那个时候,大集体干活,哪吃得饱啊!中午搞一些芋头吃吃,只能吃一毫毫饭(一点点米饭),回头(下午)又干活,晚上你干活回家不能不吃哎,就吃中午剩下的芋头,那时候真伤蛋(可怜),饿!吃不饱。

1978 年那年大旱,田里种的稻子,收不到多少。到秋天要种小麦了,还是干旱。塘都干掉了。小麦没办法种,我们怎搞呢?我们生产队里有 4 口水塘,就挖这 4 口水塘,挖深了,到 5~6 尺深就有水了,然后装上水,种小麦。那时候,都是"大呼隆"干活,那哪照。我们就赶紧按 4 口水塘划块,分为 4 个组,就是分 4 下。比方讲,1 个组,分给你多少田多少地,还分给你一头牛。都是晚上开会干这些事。一个组干活都一二十人。末了,分到组以后把分到组的田再分到户。田地(按人口)都分 100 多块,实际上就是单干。就一个晚上,开会,"呼哧"一下就分开了。但名义上还是 4 个组,每个组多是亲戚、弟兄,没人(组)要的,都到我这个组来。我上工分一分为二,你在我这个组干多少活我给你多少工分。这样一搞,干活就来劲了。

公社书记王立恒不晓得怎搞晓得了我们小井庄分田单干的事。我家老头(父亲)找我谈:"你这个小家伙'呼哧'一下就把田分掉了!书记(王立恒)讲你(李祖应)乱搞。你要这样干,书记非找我不可,我要倒霉了。"我就讲,是分 4 个组,不是单干。我家老头晓得我们是单干。也不晓得他后来怎么跟书记汇报的。后来,王书记也没来找我。

那时开头是分组,就是各个组在一块干活,但我们上工分照上。每个组都是弟兄、亲戚嘛。那都是拼命干,几个弟兄们都比着干,哪个不拼命干,哪个组都是这样,也不要我指挥了。他们自己挑水的挑水,刨地的刨地,因为事先规定好了,多收多吃,不带他人分,就跟单干是一样。那时候,要长脑子(动脑筋),不长脑子你不分就不照哎。不分那就还是饿肚子唉。分组实际上就是单干了,哪(人)跟哪(人)不错,就在一起干活。干活又是在自己的那块田地干,不就是分田单干嘛。不是我发派他们干活,都是他们自己干。但是对上面还是讲分组,哪敢讲单干呢。

汤茂林那时是山南区委书记,是出名的"汤大胆"。他来我们这不敢明讲分田单干。我们对外都讲分组干。他也晓得我们实际上已经分田到户了,装着不知道,对上级最多就讲分组。

分组没多少时候就分田单干了,作用就大多了,老百姓发动起来了,干起活来不要我讲了。他自己愿意干多少时间就干多少时间。比方讲,原来我们生产队规定,中午吃饭、休息就 1 个小时时间;干活当中,妇女喂奶、带小孩只给 15 分钟时间。小孩哪能吃(饱)饭呢。现在就不一样了,哪还有什么磨洋工。都是自己抢时间,一天也不晓得干多少时间,反正都是要把这块田的活干完才回家,干活带劲得很!

1979 年 5 月,万里来了。他就召集开会。把 3 个大队的(干部)召集来了。当时,我还赤个大脚在干活,他把我喊去的,问我可是队长。我讲:"我是的。"他就讲:"哎!就你最年轻。"叫我谈谈。我那时 27 岁嘛,我怎敢讲呢。那时又没有文件,我怎敢讲呢。万里同志就讲:"你想怎么讲就怎么讲。"当时,公社书记王立恒、那些支书都坐在那。我家老头(父亲)对我小声讲,生产队要讲好。我还是不敢讲,后头,我大着胆子讲了句:"要给单干就好了!"我家老头(马上)就打断了,对我讲:"你摆(bài,不要)讲了!"那个白毛书记(指万里)一下子哈哈大笑:"哎!就你胆大!你们这样干,我还会来,看看你们怎么干法。"

我们不是 1978 年秋分田单干的嘛,到 1979 年秋,家家都有的吃了,快活得一塌("很"的意思)哎!你哪个干不好呢?干不好也怪不到人家了。哪家收的多哪家就吃得多,老百姓照这样干快活啊。国家公粮也有了,老百姓也吃饱了,越干越过劲。那年,我们生产队1年收粮食将近20万斤。多的粮食卖给国家,还有钱使(花)。

省里的王光宇(时任安徽省委副书记)也来过,还和我握手。

刚开始分田单干的时候,我们还是种大株稻,看上去不晓得好绿,但大风一吹就倒掉了,产量少。后来种水洼稻,比大株稻好一些。再后来(1980年、1981年)改种杂交稻,别人不敢种,我敢种。那个稻过劲(厉害),到秋天大丰收,超产。第二年,各家各户都种杂交稻了。在小井庄,我家是第一个超产的。他们都叫我"大胡子"。我外号叫"大胡子"。自从改种杂交稻以后,全生产队家家都超产了。

那时候的干部,要熟悉当地的情况。底下人好吹好勺叨。你不熟悉情况,你就被他糊弄了。还有,那时的地主富农,只能(许)干活不让讲话,叫他干什么就干什么。后来分田单干,地主富农也分到田地了。你干多少,产多少粮食,都不管了,该交国家的公粮你交掉,多余的都是你自己的。地主富农也没了。

1979年秋的时候,分田单干已经公开了,大家都这样干了。1980年的时候,我开始做生意。那时候不是粮食多了嘛。大米吃不掉,花生也卖不掉。老百姓就上街(山南镇)把稻子加工成大米卖。那时国家卖大米是一角三分九。我就干收米卖米的生意,把老百姓的大米一角多点收来,往舒城干叉河那边贩,卖一角三四分,那边人多种菜园,没粮食吃。糯米和花生往安庆那边贩,还往淮南、六安那边贩卖。我们就在家收(购)大米,上街收购老百姓担来卖的花生。然后,两三天一趟,往外面安庆那边贩。结果,都干发(富)掉了。我们小井庄在全山南是先发的。那个时候,国家还不许贩米,干部来查,粮食又不给贩运出去。查了我们 2000 块钱。后来就不干了。

我这个生产队长一直干到 2008 年,后来不叫队长,叫组长。大队也改成村了,人民公社改成乡镇。2012 年,我得了食道癌。在合肥动的手术,公家给我报销一半的费用。我开刀前有 150~160 斤重,开刀后只有百把斤重了。镇里、县里对我还不错,来看我,还给钱,镇上给 500 元,村上也给 500 元。我得病 5 年了,现在还好。

我见证了小井庄的变化

——李绍宏口述

访谈时间:2018 年 1 月 17 日上午

访谈地点:肥西县山南镇小井庄村委会

口 述 者:李绍宏(1978 年为肥西县山南区山南公社馆西大队小井庄生产队社员)

访 问 者:庆跃先

录音整理:杨孝青

文字整理:杨孝青

我叫李绍宏,今年 75 岁,属猴,不认识字,家就在小井庄纪念馆附近。“文革”那年结婚的,结婚过后就分家了,分家的时候父母都不在了。我结婚花了 70 块钱缝两人衣服,办了一两桌喜酒。我 24 岁生儿子,3 个孩子,共计 5 口人。我和老伴都不认识字,我要识字就不像现在这样了。

在生产队集体劳动的时候,我夫妻俩养 3 个孩子,就两个劳动力,搞工分(不够),超支,那时候家里养猪卖了再还账,不然没办法,当时艰苦,吃都成问题。1978 年我家的房子是土墙,上面铺的是稻草,连荒(山)草房子都盖不起。我家草屋前面是 1 间门楼,中间是过道,后面是 3 间大屋,盖纪念馆时候被拆了。后来我又盖了

4间瓦房，是小井庄最早盖砖瓦房的，当时砖4分钱每块，水泥6块钱一包。

搞责任制时，我们生产队长叫李绍田，已经去世了。一开始我们不敢搞责任制，公社书记王立恒指责我们搞倒退。搞责任制也有一个过程：第一步，生产队搞养猪承包，那时候生产队有老猪，（结果）养折本不能干了，哪样折本哪样就不要搞了。第二步，1978年9月15日搞分田单干。生产队开会讨论说“包产到户”不犯法，一户生产照，社员赞成干。生产队长说先分组，几家搞一个组还是不照，最后小组再分到户，我家当时分了7亩田地，其中旱地2亩、水田5亩。7亩田地不是整块的，大概有十二三块零星的土地。小井庄队搞“包产到户”以后，省委书记万里曾来开过座谈会。

刚把田分到户的时候，农民要抽水却没有水泵，电也不通，只能用水车摇动抽水。但是，各人忙各人的劲头大，收粮食多，我家一年收5000斤小麦。你看可过劲？那时候一年干一季小麦，一季晚稻。小麦一年收几千斤，晚稻每亩收成也有八九百斤。1979年，我家差不多一年搞万把斤粮食。生产队集体劳动的时候总共收到七八万斤粮食就不得了了，分到户后一年能收13万斤，产量翻一番。到1981年、1982年，粮食也只有这样多了，到顶了。我家里一年养了两头猪、十几只鸡，每年杀猪也卖点肉，家里留点。那时候猪肉比现在的好吃。收的粮食不交给生产队，村干部来征购，规定一亩田交多少粮食或钱。村里也给生产队长少许补助。

30年前小井庄通电了，我是第一个买铁杆水泵的，当时花130多元。那时候是二节的铁杆水泵，铁杆安在泵上面，比水车抽水效率高多了，老百姓都来我家借，借不到都去买了。我家水泵的电动机到现在还没坏，被我安在打稻机上。25 年前，我还种了堂兄的田，我老婶娘是接生员，堂兄李绍田是生产队长，身体有病，他家田让我种了一年，搞了 1 万多元纯收入。

改革开放好，也要靠自己忙。政府给你指了好路，自己一定要忙，不能懒。我就是不认识字，不然就不在家待了，改革开放在外跑生意也能赚钱，不认识字不行。改革开放刚开始二三年内跑生意好赚钱，我那时候做生意跑过安庆，从粮站跑苏埠贩糠，山南那时候 100 斤糠 8 块 8 毛钱，我搞到苏埠卖到 3 毛 5 一斤。那时候钱值钱，一趟都能赚一二百元，比人一个月工资都多。那时候一般人工资才多少？区级干部只有八九十块钱一个月，我一趟跑都抵区级干部一个月工资。我那时候用拖拉机贩面糠一趟，可以买两只手表，一只手表卖 75 元，你算算瞧。最后儿子们大了，他们干，我在家种田。

过去小井庄有一百多亩田，后来修纪念馆征了几十亩，现在每人只有七八分田。现在我们也不种田了，小井庄往年能收十几万斤粮食，现在一两都不收了，都种树了，我们吃粮都是买了。现在乡镇府把土地征收了，一亩田补助五百元。我自己再去给老板打工搞搞树，每年可以搞万把块，反正生活够了。现在政府给老人好处多，每个老人一年可以拿 1300 元，我和老伴可以拿到 2600 元，现在生活没得讲，都舒服。我生活满意，共产党对老人这样好。

我经历的小井庄“包产到户”

——李烈福口述

访谈时间:2018 年 1 月 17 日上午

访谈地点:肥西县山南镇小井庄村委会

口 述 者:李烈福(1978 年为肥西县山南区山南公社馆西大队小井庄生产队社员)

访 问 者:庆跃先

录音整理:杨孝青

文字整理:杨孝青

我叫李烈福,今年 74 岁,父亲在 1959 年过“粮食关”(指“大跃进”运动后期)时候去世了,母亲在一九七几年分田之前也去世了。我 1962 年初中毕业,当时初中生很少,有的人是小学文化程度,还有不少人不认识字。我有一儿一女,分田前,大女儿已经出生了,今年 47 岁;儿子 1983 年出生的,今年 35 岁。那时候叫生产大队,我搞过几年耕读教师,参加大队队委会、团支委,做过民兵工作。“包产到户”以后,我在小井庄中心生产队当会计,1985 年当村会计,1989 年担任村主任,1990 年担任村支书。那时候村里没有办公地点,开会都在老百姓家,到一九九几年才有村部,2004 年并村,我刚好到 60 岁就退休了。

我现在1个月生活补助有200元，给村干部补助的钱太少了，民办教师、赤脚医生、兽医退休工资都比我们高。按照工龄算，给他们1个月20块，给村干部1个月10块。我干了20年，1个月给我的村干部补贴200元，1年可以拿2000多元，还有老人补贴每年可以拿到1300元。田亩外包给种粮大户，每年返还两三千元。我和老伴一起每年可以拿5000多元，生活不愁，养老靠儿子，我和儿子住在一起。儿子主要搞焊接铝合金窗、楼梯扶手等装潢工作，每年纯收入5~6万元，在村里处于中等水平。我现在知足了，基本上达到小康生活水平了。

生产队那时候在一块“大呼隆”干活，收入少，群众生活艰苦，成人1天挣10分工，1个工日挣五六毛钱，一年300多个工日，每人每年只有100到200块钱的收入，我家1年能分100多块钱。分粮食按照二八开，80%是口粮，工分是20%，每百斤粮食抽20%作为工分粮，一个工时能分斤把粮食。那时候芋头算杂粮，我们这里有岗地，8斤芋头算1斤粮食。那时候家里若有劳动力，负担就要轻些；有的夫妻俩都三四个孩子，即使不缺工，一年都要超支，不但分不到钱，还要倒给生产队钱，日子就要苦点。分田前，农户可以养点牲口，过年前卖头猪换几百块钱，不然家里咋搞到钱。那时候生活很苦，平时就吃点蔬菜，腌咸货也很少，到过年、过节时候搞点荤菜。

“包产到户”的情况我晓得，1978年大干旱，冬天干得招不住（受不了），地里开的裂缝很大，每家分几分地种小麦度荒，可是地干旱严重，用牛都犁不动。到1979年3月，十一届三中全会以后搞改革开放，时任山南区委书记汤茂林挨家挨户开始搞分田单干，最先分到组,由组再分到户。分田单干,群众劳动积极性提高了,干活效益好了。汤茂林长得胖,身材魁梧,脸上还有几粒麻子,他是老工农干部,家在肥西聚星,干过聚星公社党委书记、紫蓬区委书记、山南区委书记、副县长。他退休以后被铁四局聘去当顾问,帮铁四局盖过菜市场。群众喊汤茂林为“汤大胆”,对他印象不错,他讲话豪爽,能喝酒,跟我们在一起喝过几次,一次能喝1斤多酒,那时候酒都是散装的孬酒。

小井庄原先叫馆西村(注:小井庄当时是生产队,归属于馆西大队。后来,大队改为村,馆西大队改为馆西村),2002年改名为小井庄(村),改名的时候县委书记李功(音)来过。(“包产到户”的时候),没有汤茂林在这,群众没有那么大胆子干,就没有现在的小井庄。当时山南公社党委书记叫王立恒,比汤茂林胆子小。王立恒认为社会在朝前走,搞分田单干是在倒退。当时汤茂林拍板搞责任制分田是冒着风险的,那时候他不怕丢官。汤茂林还经常去他的联系点馆西村。后来省里派周曰礼下来搞过调研,万里来小井庄视察的时候,汤茂林也跟在后面来了。

“包产到户”以后,到一九八几年更好了,新粮食品种下来了,1亩田产量有1000多斤,原先在生产队集体的时候1亩田产量只有几百斤,一九八几年粮食收成翻了一番。粮食增产了,农民农闲时候还能出去干副业挣点钱,我们队那时候还有人冬天出去打鱼挣钱,我搞过贩卖粮食、棉花、蔬菜,收入比集体时候多了。集体生产的时候农民被绑在田里一天到晚干活,没有时间出去,生产队也不给出去。我翻盖过几套房子,一开始是土坯草房子,接着翻盖荒草房,1992年搬到马路边盖砖瓦房,那时候盖砖瓦房是少数,一般墙都是土坯,到秋天用草铺屋顶,没有额外收入搞房子。

我给王郁昭书记当秘书

——崔传义口述

访谈时间:2018 年 4 月 24 日下午

访谈地点:合肥中铁凯莱酒店

口 述 者:崔传义(1978 年为滁县地委调查研究室工作人员)

访 问 者:庆跃先

录音整理:杨孝青

文字整理:崔传义　杨孝青

我叫崔传义，1944 年 12 月出生于山东成武县张石店村。1970 年从上海复旦大学国际政治系毕业。上大学时正好赶上了“文化大革命”,大学毕业后先是到安徽生产建设兵团下面的城西湖农场(地处六安地区霍邱县)劳动一年零四个月，1972 年 1 月分配到滁县地区报社工作,1977 年 10 月以后,就到滁县地委调查研究室,后改为政策研究室,1979 年底到地委办公室秘书室。1982 年地委王郁昭书记到省里工作,他先是任省委常委,后是当省人民政府省长,因此,同年 9 月我就随他离开滁县,调入省政府办公厅。1987 年王调任中央农村政策研究室副主任,我也随之调入中央农村政策研究室,继续担任秘书,跟随左右为他服务。1989 年风波以后,中央决定将中央农村政策研究室与国务院发展研究中心合并,

王郁昭主持完成中央农村政策研究室解散扫尾工作。1990年,我就转入国务院发展研究中心工作。我在滁县地区工作11年,1977年从报社抽调参加全地区农村政策大调研开始,到调入地委调查研究室(政策研究室)、地委办公室秘书室,特别是任王郁昭书记秘书,作为地委书记身边的工作人员,参加了滁县及凤阳农业"大包干"改革的全过程。对滁县地区的"大包干",我感觉还是从三个阶段来说比较好。

第一阶段,是粉碎"四人帮"以后,中央解决安徽省委领导班子问题,派万里同志到安徽来任省委第一书记。省委一班人冲破"左"的束缚,放宽政策,制定了《关于当前农村经济政策几个问题的规定(试行草案)》,简称"省委六条",走出用政策来调动农民积极性这样一个路子,即抛开了"学大寨"那一套,另找出路。以"省委六条"为标志,这是一个阶段。第二阶段,从1978年春天开始,在前一阶段放宽政策、创造好的环境的背景下,农民自下而上地搞了一些改革,主要就是联产承包责任制。这一段主要是"包产到组"、小宗作物到户,也包括"'大包干'到组",这就是突破了过去"三级所有,队为基础"。联产计酬、"三级半"是这个阶段滁县地区农村改革的主要成果。第三阶段,那就是突破"包产到户"的禁区,实行"包产到户","大包干"到户。另外,从整个安徽农村改革来看,也可以说还有第四阶段。那就是万里离开安徽以后,家庭联产承包责任制在省内出现了一定的反复。怎么样把"大包干"为主要形式的农村家庭联产承包制坚持下去，推广开来，是第四阶段安徽农村改革的中心问题。大体上是这样几个阶段。

第一阶段，就是粉碎“四人帮”以后，在揭批“四人帮”的过程中，滁县地区把政治上对“四人帮”的揭批，深入到经济领域，深入到农业农村里头，它是搞得比较早的。1977 年春天，滁县地委抽调了 394 个干部，调查了 401 个生产队，用了两个多月时间来进行调查。这是围绕着农村经济政策，在哪些方面受到了“四人帮”的干扰破坏，做的这样一个大规模的调查。这次调查写出 130 多篇调查报告。1977 年 5 月，地委在定远县召开了调查汇报会，王郁昭同志主持了这次大调查和汇报会。当时我是作为皖东报(《皖东通讯》)记者参加汇报会的。

这次调查提出来这样一些问题：如农村的非生产性开支大，非生产性人员多，社队集体经济负担重，农民增产不增收，多劳不多得，分配不兑现等。这些问题造成农民收入低，直接影响了农民的积极性。这些问题的根源到底在什么地方呢？当时参与调查的同志都认为，其中很重要的原因是“四人帮”对农村经济政策的干扰破坏，把“按劳分配”说成是资产的法权，把勤俭办社说成是只算经济账、不算政治账，把农民从事正当的家庭副业说成是资本主义自发势力，要“割资本主义尾巴”，关闭集市贸易。实际是农民在集体大田上工，因为“多劳不多得”“干好干坏一个样”，没办法干，不准搞家庭副业，就把农民的路子堵死了。

当时地委就在会上提出来，如果不把被“四人帮”搞乱了的农村政策、搞乱的思想给纠正过来，就不能够调动农民的积极性。地委提出这样一个思想，准备向省委报告。正好在开会的时候，当时的省委主要负责人宋佩璋来定远，王郁昭就向他汇报说，我们在定远开这个落实农村经济政策的会。宋佩璋说，现在是“抓纲治国促大干”的时候，落实政策不能影响“大干”。他不太赞成滁县地委的这个做法,在会上讲了一段话,然后从那里到蚌埠、去大庆,以后就再也没有回来。

很快就是1977年6月22号,中央解决安徽省委领导问题,万里同志就到安徽来了。万里到安徽来后,领导揭批“四人帮”、消除派性、整顿班子,初步见效,稳定了局势。恰恰在这个时候,滁县地区送来了关于农村经济政策的报告。万里同志很快在报告上面做了批示,让各地市委参考。说滁县地委认真调查农村经济政策,这是一个好的开端。提出的意见,可供参考。他认为这是一个好的开端,就是要各地从抓农村经济政策入手,解决影响农民积极性的问题。我感觉滁县地区的这个路子、这个想法,以及所提出的问题,万里都是认可的,认为抓得对。此后不久,万里跟省委其他领导人也说了同样的话。

不久,省委王光宇书记(当时设省委第一、第二、第三书记)向万里推荐了省委农村政策研究室主任周曰礼(20世纪50—60年代初任省委书记曾希圣的秘书,参与过20世纪60年代初安徽“责任田”试验),希望万里从周曰礼那里进一步了解全省农村情况。大约是在1977年8月10号,周曰礼将全省农村情况给万里做了详细汇报,当时安徽4700万农民,只有10%的人能够解决温饱,大多数人属于半温饱,还有10%是在饥饿线上挣扎,有的逃荒要饭。一些生产队是“三靠”(吃粮靠回销,生产靠贷款,生活靠救济)。万里听了周曰礼的汇报很是震惊,当时就提出来,光有政治上的拨乱反正不行,还要有经济上的拨乱反正,省委要用百分之八十的精力来抓农业。从滁县地区调查到周曰礼的这个全省农村情况汇报,万里下定决心要抓安徽农业、农村问题了。提出要进行搞清安徽农村问题在哪里、对策怎么样的调查,省委要制定这一方面的农村政策。他一边布置让周曰礼他们农委继续做这方面的调查,为省委提出对策建议,更重要的是他决定自己和省委其他领导同志都要分片,亲自到各个地市做三个月的农村农业大调查。

万里的农村调查,既有皖西、皖北、皖南,也有皖东——我们滁县地区的。皖西调查,我是后来听说的。到金寨去,看农民吃不饱,没有衣服穿,是不是?大姑娘都没有衣服穿,老人没有衣服穿,万里同志都哭了,流泪了,他满怀歉疚地说:“老区人民他们过去为革命流血牺牲,做出了伟大的贡献,有他们才有我们的国家、才有我们的今天。结果到现在,他们还食不果腹、衣不蔽体,我们真对不起他们啊!”他到淮北,是张广友陪他去的,已经到年底快过年了,农民家里还没有包一顿饺子的白面。到肥东和定远交界处,他一连走了三个村,去农民家里看,家家户户差不多,锅里煮的都是红薯、胡萝卜叶子,黑乎乎的;一个个都家徒四壁,整个家当不值30块钱,用一根棍子就可以把整个家当扛走了。万里说自己长期在城市工作,没想到农民会这么穷。在定远炉桥,他问一个农民有什么要求,这个农民拍拍肚子说:“吃饱饭。”万里接着问还有其他什么要求,这个农民继续说:“少装点山芋干,就是吃饱饭,少装点山芋干,不要光是山芋干”。万里回来后在省委常委会上说:“我们的农民要求很低,可是现在连这样最起码的要求都没有实现。”

万里第一次到凤阳是在1977年10月。那次到凤阳很简单,他就是看了明皇陵,称赞当时工匠们搞的石人、石马,说这是古代劳动人民的智慧。在凤阳他对县里的领导强调说:“你们要把农业搞好,别叫人家来了光看老祖宗的东西。”他在省里就看到凤阳农民外出讨饭,讨到上海、南京、镇江等地,被人家收留了,打电话给省里、县里,叫安徽去人把人领回来的电话记录,曾召集省委常委专门开会讨论凤阳农村问题和怎么解决农民“外流”讨饭问题。有一个市委书记在会上说:“凤阳农民有讨饭的习惯。”万里同志听了很气愤,当即反驳说:“讨饭还有习惯?他有饭吃,有饺子吃,还会到外面去讨饭?说这样话的同志,感情到哪里去了?立场到哪里去了?”万里在会上强调,首先要解决吃饱饭的问题,要把这个作为头等大事。

后来,万里又召开全省贫困县县委书记会议。他在会上说:“只要能解决‘外流’问题、讨饭问题,能够把生产搞上去,你要什么政策,我都给你。如果还出现讨饭,那我就让他们到你县委书记家去讨。”实际上,万里是把老百姓的吃饭问题摆在头等位置,把生产摆在头等位置。只要你能把生产搞上去,让农民不讨饭,有饭吃,什么政策都可以。他把农民的利益是放在最前面的。万里还说:“搞了二三十年了,农民还要讨饭,讨饭还是什么社会主义!”他实际上是以人民的利益来衡量一切,衡量我们过去的东西做得对不对?为什么会出现这种情况?不是条件不好,这里生产条件并不差,为什么还要讨饭、还吃不饱饭?问题在哪里?这个人民公社的制度问题在哪里?社会主义,这是什么社会主义?他是以这个来衡量的。

万里领导制定“省委六条”,完全是从解决老百姓最迫切的吃饭问题、发展生产问题(的角度)提出来的。“省委六条”是在深入调查基础上提出来的,其中包括滁县地区的那个调查,也包括周曰礼同志领导大家搞的调查。在滁县召开全省农经系统政策座谈会,周曰礼同志他们起草了一个“六条”。“六条”初稿提出来以后,顾卓新同志先做了一个批示,意思说:“很好,但能不能施行,还说不定,还有些问题需要讨论”。万里同志当时的意思是:“还要叫农民讨论,不是我们起草了、干部讨论就行了的。要听听农民的意见。”这样就有了在肥东、长丰两个地方召开的三个层次的座谈会:一个层次是公社干部,一个层次是大队干部,一个层次是农民。顾卓新听一个层次,赵守一听一个层次,万里是亲自听农民层次的。万里让人把“省委六条”起草稿念给农民听,看农民是个什么意见。农民听了觉得比较满意,特别是对可以种自留地、搞家庭副业这方面特别高兴。对尊重生产队自主权,干部比较高兴。再就是按劳分配,可以包到组,可以包到人,就是搞责任制,大家也都是比较满意的。三个座谈会后,万里同志亲自对"省委六条"起草稿做了修改,最重要的就是突出了尊重生产队的自主权。原来这个自主权在那文件里头很不显眼,就是一句话,万里把它作为一个重要内容,单独列为一条突出出来,作为"省委六条"最核心的部分。

"省委六条"最核心的部分就是尊重生产队的自主权,按劳分配,可以搞责任制;再就是"自留地",家庭副业,开放集市贸易,这些都是"省委六条"制定出来的。

过去的农村政策,就是不断地"左",不断地"穷过渡",不断把农民的权利压缩,种田的说了不算,不种田的强迫命令,种什么、什么时候种、怎么种,完全听上面的指挥,农民连一点点种田的权利也没有;搞家庭副业、自留地,更是处处限制,"养猪是一户一头,养鸡只能一人一只",不能超过规定。1975 和 1976 年的时候,有农民饲养家禽养多了,就将他脖子上挂两只鸭子押到街上批判游街啊!像小岗村的严金昌,就是因为家里自留地上种了点生姜,养了一头猪,屋子后边有几棵柿子树,小孩刚刚能够吃上饭,就这样被批为资本主义"暴发户",居然是走资本主义道路。批判资本主义"暴发户",搞得农民一点自由都没有,只能在生产队里"磨洋工",待在家里"守穷"或者外流出去讨饭。

恰恰是"省委六条"把这个扭转了,就是把"左"的这套怎么样把农民当作资本主义自发势力来批判、来进行控制,进行千方百计限制的"左"的路线、政策和做法从根本上扭转过来了。万里同志当时还说过一句话,说:"农民实际上还是人民公社的奴隶、农奴。"王郁昭也讲过几次类似的话。他们的意思是说,在当时那个"左"的情况下,农民只有一个权利,就是干活的权利。除了干活权利这一个权利,别的什么权利都没有。相比这种情况,"省委六条"是主张放宽政策的,就是给农民种田的自主权和种好自留地、发展家庭副业的自由。这是一个很大的政策转变,是共产党在农村工作思路上的转变。

制定"省委六条"的时候,1977 年 11 月 15 日,省委召开全省农村工作会议。万里在会议一开始就发表讲话(我是后来听王郁昭书记传达的,我保留了当时的记录,后来根据我的记录整理出来的讲话稿,标题是《最重要的生产力是人》,被收入《万里文选》,这是万里对农村改革的第一篇文章,被作为《万里文选》的首篇)。万里同志的这个讲话,可以说是一个关于农村改革的宣言。他说:"我们这次农村工作会议的中心就是解决农村经济政策问题,把农业搞上去。安徽是农业省,农业上不去,就连吃饭、穿衣都成问题,更不要说'四化'了。必须把农业生产搞上去,凡是妨碍生产发展的政策都是错误的。要在发展集体生产的基础上,让农民的生活得到改善。"发展农业靠什么?他就说最重要的生产力是人,是人的积极性。没有人的积极性,科学技术、机械,都是没有用的。首先是人的积极性。怎样才能够调动人的积极性?那就是要靠政策。他就讲了省委关于发展农村农业的一些政策问题。最后他还强调说:"我们现在是一个中心,那就是以生产为中心;一个政策,那就是这个'省委六条'规定。"对农村工作中心和政策讲得清楚明白。在这次会议上,万里同志还说:"我们的革命是从农村起家的,是靠农民送儿子参军,革命才取得了胜利。但是进了城,我们就忘了本了,就忘了娘了。现在我们要急农民之所急,想农民之所想,放宽政策,把农业搞上去,解决农民的温饱问题,让农民能够吃饱饭,不要忘了农民。"实际上就是他把农民看作是发展农业的主体,要依靠农民的积极性来解决农业生产问题,改善农民自己的生活问题。这样一条思路在当时实际上已经很清楚了,凡是阻碍生产发展、阻碍农民生活改善的那些"左"的政策都是错误的,都要进行调整、加以改变。这就是要进行改革，那个时候还没说“改革”，但就是这个意思。它是错误的，我要给它调整过来，这就是改革。万里在会议开头20分钟的讲话，实际上就是一个宗旨——改革，再就是咱们刚才说的“省委六条”那几个核心的内容。

贯彻执行“省委六条”的情况，和万里领导制定“省委六条”时的情况有点类似。在酝酿制定“省委六条”开始调查的时候，滁县地区走在前头，首先给万里同志送上纠正“左”的错误、落实农村经济政策的报告。在落实“省委六条”的时候，滁县地委也是走在前面的。当时，《人民日报》连续发表了4篇文章：一篇是在1977年12月发表的，介绍滁县地委抓年终分配。第二篇是1978年2月3号发表的《一份省委文件的产生》，讲安徽“省委六条”是怎么产生的。这里头说，在万里整顿班子、稳定大局以后，滁县地区送来了报告，说一些“左”的东西干扰破坏了农村的经济政策。如果不把这些搞乱了的思想、搞乱了的政策纠正过来，就不能调动农民积极性。万里和安徽省委从这里得到启发，开始调查农村情况，制定省委关于农村经济政策六条规定的（这篇文章和滁县地委也是有关系的）。第三篇是张广友和新华社记者刘宗棠（新华社四川记者站的记者）写的，是专门反映安徽“省委六条”制定以后的新情况的。

刘宗棠到安徽以后，就和张广友两个人一起去了滁县地区的定远县调查。他们为什么要到定远县调查？因为到1977年秋收的时候，很多地方的粮食生产还没有什么增产，明显增产的只有2个县，一个是定远，还有一个当涂县粮食增产幅度也比较大。这正好是贯彻执行“省委六条”后的第一季收成，他们就来看看到底是什么原因使粮食产量上来了。他们在定远县一调查，发现是因为在解决安徽省委领导班子问题后，省委把在地方各级党委、革委会担任领导的那些军代表都从地方给他们请回部队去了。宋佩璋[1]在定远县红岗大队抓点，这里的县委书记是军队去的，这次也回部队了。滁县地委派了一个叫陈宏恕，来当县委书记（他是一个有农村工作经验的老干部），派张洪宇当革委会主任（即后来的县长）。他们来的时候已经是6月25号以后了，到下面一看，全县还有70多万亩地是“白田”（空白田），午季麦子收获了，秋季作物还没有下种，必须抢季节，把庄稼种下去才行。这时安徽已经出现大旱，要把秋季作物种下去，就不能再按照过去的要求，强制社队种100万亩水稻。过去全县种100万亩水稻，每年都会有20多万亩因为缺水绝收，什么东西都收不到。这是典型的瞎指挥、高估产、高征购，决不能再搞那一套了。县委决定叫下面能走水路的走水路，不能走水路走旱路，适合种什么就种什么。很快农民就按照自己的情况，因地制宜，能种高粱的种高粱，能种红薯的种红薯，能种水稻种水稻。结果旱粮、水稻都很及时地种下去了，并且获得了丰收增产。这是尊重生产队自主权的硕果。他们写了一个报道，叫《生产队有了自主权农业必增产》，这恰恰是“省委六条”的一个很重要的内容。他们写好以后送给万里，请万里看看。万里看了以后就说：“走，到那里去看看”。就带着张广友他们直接到定远，要看看那里到底是不是像报道里说的那样，是不是尊重了生产队的自主权、农业生产搞好了。

他们到了定远县耿巷公社。到公社一看，确实庄稼收成比较好，集市上卖东西的比较多，生产队和社员家里也有粮食。他就知道这个报道是真的了。到了定远县委，县委书记陈宏恕说：“万里同志，我们没有准备你来。”万里同志说：“没有准备好。你们忙你

① 宋佩璋：军队干部，曾任中国人民解放军第12军政委，1975年5月至1977年6月任中共安徽省委第一书记兼省革命委员会主任。

们的,我就是给你们看一篇稿子,你们核实一下是不是这样的,核实后再退给我。"万里同志就回去了。县委领导们看了这个稿子,很认真地对报道中的事实进行了核实,结论是完全符合事实,很快给退回去了。万里同志后来曾就这篇文章与张广友谈了很长一段话,意思就是说,真正懂得农业的,知道农业怎么办的,是农民,是天天和土地打交道的农民。我们老是瞎指挥,叫农民干这干那,其实我们都不懂。尊重生产队的自主权,实际上就是要尊重农民的自主权,让他们能够因地制宜。只有农民有了自主权,才能够因地制宜,农民没有自主权,就不可能因地制宜。这就是说,在农村工作中我们也要走群众路线。他当时就有这样一个思想:把农民作为主体,尊重生产队的自主权。就是这样一个基本意思。这篇文章很快在《人民日报》头版发表了,而且配发了评论。这个评论实际上就是把万里同志的讲话从文章中拿出来作为评论的。这是第三篇。

第四篇是要以政策来调动农民的积极性,是关于滁县地区落实农村经济政策的一个报道。

这连续四篇报道都是在《人民日报》刊发的,很多还是在头版发的,可以说滁县地区在落实党在农村的经济政策,落实"省委六条",纠正以前那些"左"的东西方面,当时是走在前面的,是走在全省全国前头的。

小平同志对安徽"省委六条"实际上是很看重的。这个万里当时不知道,我们也不知道。这还是将近一年以后,省农委辛生同志到四川雅安地区,当地地委办公室的人跟他说:"省委书记在全省县委书记会议上讲,小平同志对我们四川家乡人民非常关心,怎么关心呢?就是他出国访问,途经成都,把安徽省委搞的'省委六条'给了我们,说安徽搞了个农村政策'六条',你们可以参考一下。农业不能还是老概念、老框框,这不解决问题。要有新概念,农村的路子要宽一些。”这说明万里同志领导制定的“省委六条”，在小平同志那里，被看作是农业上的一个新东西，值得各地学习仿效。看了安徽省委搞的“省委六条”，两个月后，四川省委就搞出了“农村十二条”，这个“农村十二条”也是要放宽在农村的经济政策。

可以说，农村改革是从安徽、四川纠正“左”的错误，放宽政策，调动农民积极性开始的，就是在农村纠“左”，撇开“农业学大寨”那一套。“学大寨”是“割资本主义尾巴”，堵资本主义道路，越学越“左”。安徽、四川的农村政策调整，恰恰是要放宽政策，给农民松绑，让他们放开搞活，允许农民发展生产、勤劳致富，这完全是两个“路子”。为什么小平同志说改革是从安徽、四川这两个省首先搞起来的？是因为我们总结了这两个省的经验，才制定了现在的改革政策。这个改革政策，肯定是十一届三中全会才提出来的，这是在全国搞改革的标志。但是，它是在总结安徽和四川两省经验的基础上才制定出来的改革政策。那安徽、四川的经验是什么？最有标志性的文件就是这个安徽“省委六条”，就是抛开“农业学大寨”极“左”的那一套，放宽政策，让农民做主人，以生产为中心，发展生产，满足群众最基本的需要。这就是走改革的路子。凡是阻碍生产的，阻碍群众积极性的，都要把它纠正过来，这就是改革。

安徽恰恰是在这方面走在前头的。虽然这些政策现在看起来都不算什么，但是在当时确实是在突破“禁区”，是在拨乱反正，这是一个改革的转折，至少是对“左”的拨乱反正。过去总是搞农民、限制农民，现在是放宽政策，鼓励农民来发展；过去是搞阶级斗争，现在是搞生产、搞农民的生活。这是一个新的东西，是一个改革。它为经济体制改革创造了一个环境，是改革在思想上、政治上的一个前提。从“以阶级斗争为纲”到以经济建设为中心，这恰恰是三中全会最核心的新东西。纠正“左”的错误，尊重农民物质利益、民主权利，调动农民的积极性，恰恰是三中全会对农村农业决定的核心内容。我们安徽的“省委六条”里头已经有这个东西了。尊重生产队自主权是个民主问题,按劳分配、责任制就是经济利益、物质利益问题,可以说,我们安徽在农村改革的第一阶段是走在全国前头的,滁县地区也是走在全省前头的。这为全国的农村改革带了一个好头,创造了一个好的氛围。

第二阶段,改革主要不是我们上层了,而是农民在环境发生变化、政策开始放宽的情况下,自己来解决生产队集体生产经营中的“顽症”。过去生产队集体生产经营,老是没有自主权,老是不能好好干,老是多劳不多得,这个已经成为困扰生产队集体生产经营,制约农业农村发展,导致农民长期贫困的癌症、不治之症,这些问题不是干部来解决的,而是依靠农民自己来解决的。这个意义可大啦,因为这些问题的解决涉及公社化以后的体制问题。农村体制问题归根到底都和农民的利益直接相关,他们是现行体制的受害者。现在,滁县地区农民首先起来了,从一开始搞包产到组、小宗作物到户,也有搞“大包干”到组,虽然还是零星的、自发的,但反映了农民的觉醒,开始尝试由他们自己来解决这些原本属于上层的体制问题。

第一个就是凤阳马湖公社的詹绍周(时任马湖公社的党委书记)。从 1978 年 3 月起,他就在马湖公社把原来搞的烟叶联产计酬、承包到组,发展为粮食、大田作物包产到组,只有水稻不搞,俗称是“不动碳子的包产到组”。马湖公社先是在前倪生产队搞,然后再搞到其他几个队。5 月,凤阳县委书记陈庭元到武店区开会时,詹绍周书记才给陈庭元同志汇报的。陈庭元在会上没有表态,临走时候跟詹绍周一块交流说:“这个肯定能增产,但是现在还没有这个政策。你们先搞,不要说,不宣传。”应该说,陈庭元书记当时是实事求是的,敢于承担这个责任,默许他们搞,所以马湖才能搞起来。马湖公社是安徽第一个搞联产计酬的地方,早在 1978 年

10月国家农委就知道了,开始调查讨论马湖包产到组问题了。

第二个是来安县烟陈公社魏郢生产队,也是1978年3月搞包产到组。另一个天长县新街公社,它是棉花“包产到户”。这都是在1978年春天搞的。滁县地委对来安和天长联产责任制发现得比较晚,是1978年9月2号地委召开“四干会”的时候,他们才在会上讲到这个事情:“农业这么多年搞不上去,我们公社书记难道都是笨蛋吗?只有大寨不笨蛋,大寨人聪明,外国人聪明,我们公社书记都是笨蛋?”大家在会上要求地委让他们放开手脚干,干好了不求表扬,干坏了他们自动下台。意思就是你们上级讲的那些办法不一定就行,现在下面还有好的办法,于是就说到三个“秘密武器”:一个来安烟陈公社魏郢生产队包产到组、一个天长新街棉花“包产到户”、一个来安县广大公社干部奖惩责任制。

我为什么要把这个时期作为一个阶段?因为这些都不是在当年9月省委面对全省大旱提出“借地度荒”的背景下出现的,而是在1977年底省委出台“省委六条”这个大背景下出现的,是从1978年春天就开始的。有的人说这是大灾逼出来的,实际上它是内在的矛盾、体制的矛盾,搞得农民过不下去了才搞起来的,并不都是灾害逼出来的。听了“三个秘密武器”以后,王郁昭感觉这是个新东西,就到省里给万里同志汇报了。万里说:“你们搞调查,把调查报告送给我。”在9月14号左右,王郁昭同志就带着地委办公室陆子修和我,还有新华社记者张广友到来安县搞调查。

我们几个人先来到了来安县广大公社。广大公社是实行干部奖惩责任制,把干部的奖惩和他负责的大队、生产队粮、油、棉、猪、禽、蛋等各种生产指标联系起来。你搞得好就奖励,搞得不好就提出批评,甚至处罚。这样的干部奖惩责任制的意义,就是把干部从过去抓阶级斗争,转变到抓生产。你的工作要和经济发展、农产品(产量)增加联系起来,同时也是要以此改变干部“干好干坏一个样”。

然后我们又到了来安县烟陈公社魏郢生产队，调查他们是怎么搞起包产到组的。魏郢生产队干部反映，长期以来社员绑在一起吃“大锅饭”，搞“大呼隆”，“干与不干一个样，干多干少一个样”，把勤快人都变懒了、好人都变坏了。（社员）要求分开来干，将一个队分成两个组，实行包产到组、以产计工、超奖减赔的办法。当时搞的时候，有人就说，“这是搞“责任田”的那一套，是刘少奇（当时还没有平反）的“三自一包”。提醒干部们要当心犯错误。但是，公社主要负责人支持他们试一试，因为生产队“大锅饭”搞了多少年，农业就是搞不上去，现在要用“包产到组”的办法来试一试。有的干部说：“我把乌纱帽拎在手里，做好随时下台的准备，也要支持农民搞。”对“包产到组”，社队干部多数是支持的，少数是怕丢了“乌纱帽”，魏郢生产队的“包产到组”就这样坚持下来了。结果在大旱之年，他们的粮食增产 30%。1978 年大旱，全省绝大部分地方都是减产的，就他们是增产 30%，显示了“包产到组”的效果。有人问这是不是社会主义？一个农民回答说：“种地不就是为了产量嘛，收的东西越多，我们收入就越多，我们跟集体才越紧。你什么东西都收不到，你那个社会主义肯定不是什么真的社会主义。就是说，只要能够发展生产，能够改善人民生活，那才是真的社会主义。要不然，你那个东西就是假社会主义。”烟陈公社魏郢生产队农民就是这样来看社会主义的，用这样朴素的语言来理解社会主义的。

我们到了天长县新街公社，调查他们为什么要把棉花包到户。他们说：“过去我们搞过拖拉机责任到人，养猪责任到人，今年种棉花，过去我们丘陵地区是很少种棉花的，种棉花是最困难的，要克服困难呢，就必须有责任制，搞责任到户。没有责任制，难的东西就不可能搞好。责任制就必须得联系产量，有了产量才是实实在在的,没有产量,你那个工分就都是空的。”所以他们就把棉花包到户了。联产如连心,农民真正把棉花当作和自己的利益相连的心肝宝贝了,当年天旱保苗,农民把每天的洗脸水都用来浇棉花了。秋后,这个队的棉花产量就从 29 斤/亩增加到 55 斤/亩,单产提高了 60%,“包产到户”与不“包产到户”,棉花产量相差了 60%,效果非常显著。

调查结束后回到地委,王郁昭又主持开会,要求在调查基础上写好报告。要写好报告,我们觉得前一段的调查还不够,还必须再做深入调查。我们商量制订了分头调查方案,陆子修带着地区行署农经科的陈极(后来调到省农委工作),一块到了来安县烟陈公社魏郢生产队,又做了五六天调查;我和地委宣传部通讯科的邹宝龙两个人又来到来安县广大公社,对干部岗位责任制做了几天补充调查。天长县新街公社,由天长县委做调查。这 3 篇调查报告搞出来以后,地委就上报给省委和万里同志了。那个时候万里正好要出国,临出国之前他给顾卓新说,可以让滁县试点。我们地委就作为 96 号文件,把那 3 篇关于联产责任制的材料下发了。王郁昭为文件写了很长的通知,有理论、有政策,解释这个东西不是资本主义的,是社会主义的,是贯彻按劳分配原则的。过去的评工记分解决不了与实际劳动数量、质量的矛盾,恰恰是通过联产计酬,才有一个客观的标准来衡量,分配要和最终的产量联系起来,和农民的利益直接相连,才会有这样好的效果。这就改变了生产队过去那种计酬方式、分配方式。

这个东西从现在来看,不仅仅是劳动计酬问题。分配是由生产决定的。什么样的生产方式决定什么样的分配方式。分配方式的改变,必然和生产方式的改变相联系。要包产到组,要“包产到户”,就必须把生产资料使用的权利给组,是不是啊?就要改变生产资料混在一起、吃“大锅饭”的状况。集中经营那一套东西,也要发生改变。实际上,农业生产资源的配置,劳力、土地的配置,已经有了改变。虽然地委搞了一个通知,说一个县可以搞一个公社或一个什么地方进行试验,但结果是,县里选定搞试点的,它在试验;县里没有选定搞试点的地方,它也在试验。这样各种形式的责任制就在滁县各地普遍开花,轰轰烈烈地搞起来了。

还有一个很重要的事,万里出国回来以后,主持召开了一次省委常委会,他在会上做了一个很重要的讲话。他说,"省委六条"虽然让搞责任制了,但是不让联系产量。包工到组,不联系产量,还是干好干坏一个样。省委没定的东西,下面可以搞,搞了以后再报告省委,省委可以以后再来追认。如果拿不准,党委可以集体讨论。滁县地区联产承包责任制的三个材料可以大胆试行。包产到组,可以联系产量,这是一个飞跃。包产到组,小宗作物到户,从不联产到联产,肯定滁县地区的 3 个材料,就是鼓励大家向前闯,把农村改革向前推进。

当时,凤阳不光有了包产到组,有了小宗作物到户,而且有了"大包干"到组。事情是这样的,凤阳在马湖公社包产到组取得很好成效的基础上,1979 年 2 月,县委开会推广马湖公社经验。推广马湖经验,公社书记、区委书记都说好,但也有人说:"马湖经验好是好,包产到组肯定比不包产要好,但是它太繁琐、太麻烦,要记工、又要交产,还要统一分配,各种补贴工分都要算进去。需要算很多账,绕很多弯子,这个里头的事我们干部都搞不清楚,你叫人家一般社员怎么算得清?倒不如我们那个地方搞的'大包干'好"。他说的就是梨园公社石马大队小贾生产队的办法。他们把国家任务、集体提留都包到组里,小组该给国家的给国家、该给集体的给集体,剩下的就是我们小组成员自己来分配。也就是后来人们顺口溜所说的:"大包干,大包干,直来直去不拐弯,保证国家的,留足集体的,剩下都是自己的,一刀一个血口子,该拿的拿在明处,该得的心中有数,我们有劲干。”虽然当时会上没有讲这个话,但大家的意见还是搞“大包干”好,我们不搞“包产到组”,要搞“‘大包干’到组”。陈庭元说,我们要请示地委王书记,正好那天王郁昭到凤阳去,陈庭元和吉诏宏跟他汇报了,王郁昭说,他马上要到省里开会,要请示万里同志。在合肥,王郁昭把这个情况跟万里汇报了,万里说“可以搞”。王郁昭回到地委就召开县委书记、农业局局长会议,当面对陈庭元说:“万里同志同意搞,你们就搞吧。”

“‘大包干’到组”在石马公社小贾生产队是怎么搞起来的呢?实际上,他的“大包干”到组也是1978年3月份开始搞的,和马湖、魏郢、新街一样,都是在1978年春天由农民自发搞起来的。小贾生产队总共20户人家,都姓贾,也是家家讨饭。当时他们从一个公社干部那里听到一句话,现在可以分到组干了,他们就分了四个组,把给国家的、给集体的这两块搞出来,其他都是各组的,就是这样干的。所以这个“大包干”是农民创造的,是石马公社小贾生产队农民创造的。我现在可以跟你说了,小贾生产队我一直想去看一看,到底他们是怎么搞的“大包干”到组,直到去年我才去了。我跟陈怀仁说,咱们要看一看小贾,我问他:“你去过没有?”他说:“我从来没去,也没有人去调查小贾,到底他们是怎么搞‘大包干’到组的。”那次,我们还找了县农委一位副主任一块去,开了七八个农民的座谈会,有大队的,有村的,有农民,他们就讲怎么搞的。结果实际情况是1978年3月份他们就搞了“‘大包干’到组”,4月份就搞了“‘大包干’到户”了,当年生产粮食十七八万斤吧(之前产粮3万斤左右)。他们说:“我们比肥西、小岗他们都早得多。”谁先谁后咱们就不说了吧。我们现在只是想了解“‘大包干’到组”是怎么搞起来的这段历史,“‘大包干’到组”到1979年2月就在凤阳全县搞起来了。

这一阶段实行联产承包责任制就是突破“队为基础”。真正把这个问题提出来，是1979年3月15号《人民日报》刊登的张浩来信。《人民日报》发表张浩来信并且加编者按，强调“三级所有，队为基础”不能动摇，搞“包产到组”是方向路线错误，必须立即纠正。当时国家农委正在开会，王任重是主任，张平化是常务副主任，杜润生是副主任。当时发这个东西是有背景的，那个时候“文革”结束还不久，北京传来的都是最高指示。它《人民日报》一反对，代表了中央的态度，大家就认为我们又搞错了，这个影响非常大。那时候，滁县地区实行联产责任制的已经达到了生产队总数的63.8%。县社干部听到广播后感觉都不好，压力很大。当时王郁昭和陆子修都在嘉山，他们决定必须得马上回地委，走到张八岭，公社书记蔡忠方说：“这是怎么搞的？”还说：“怎么着我们也不动了，我们已经包到组了，现在已经春种了，不能动了。”王郁昭回去就代地委起草电话通知，强调不能动，要稳住。说春季大忙已到，已经实行的各种责任制一律不动。联产责任制是符合省委指示精神的，地委是支持的，出了问题由地委负责。要稳住不变，到秋后再说。他挨个给各个县委书记打电话，打电话给陈庭元时，陈庭元说：“我是‘王小二盖猪圈，一心门朝南’。”意思说“我就不变了”。嘉山县委书记贾长志说：“就是刀架在脖子上，我也不变。”滁县的县委书记冯骏说：“这又要干‘文化大革命’了？坚决不变。照地委说的，我们不变。”

在滁县实行联产责任制面临严重考验的关键时刻，3月16号，万里从合肥来了滁县。他首先到了全椒县的古河区，那个时候王郁昭还不知道，全椒县委马上给地委打电话说，万里同志到全椒来了。万里同志在古河说：“一封人民来信，就能像‘文化大革命’时的最高指示一样，把你们搞乱了？《人民日报》是公共汽车，他可以坐，你也可以坐。”万里还说：“《人民日报》又不管你饭吃，老百姓没饭吃，还是要找你县委书记，他还能去找《人民日报》？”万里从全椒到滁县，再到来安、天长、嘉山、定远，一路宣讲实践是检验真理的标准，他说："怎么衡量责任制？要让实践来检验。什么符合群众的根本利益、长远利益？要靠实践来检验。不能够坐在屋子里来搞。只要能增产，能够给国家多贡献，集体多提留，农民增加收入，只要能'三增加'，就是好办法。今年可以干，明年可以干，可以一直干下去。"他已经明确提出衡量责任制的标准是什么，只要符合这个标准，就能干，就能一直干下去。这是实践标准。生产增加，对群众，对国家，对集体有利，就是以这个为标准，不是以你的条条框框为标准。什么"三级所有，队为基础"，那不是标准。标准是什么？他讲得很清楚，实际上就是生产力标准，群众标准，实践标准。这样就能站得住，干部心里也有个底，理直气壮。他还说，"三级"是社会主义，"三级半"就不是社会主义啊？包产到组是四级，家庭还是一级。有核算比没核算强，家庭也要核算，那就是五级。三级是社会主义，三级半、四级也是社会主义。这就打破了教条，打破了框框，解放了思想。

万里始终坚持到下面调查研究。在天长县汊涧镇，万里看到大队书记家种的大蒜很密很不理解，问这个蒜是不是搞得太密了，这样能结大蒜吗？这个大队书记就回答说："万书记，我这个大蒜是要三次收获。第一次是春节前，临到春节的时候，蒜苗都长起来了，拔一部分蒜苗到集上就可以卖了，正好大家春节可以吃，这是第一次。第二次是抽出来的蒜薹，第三次才是大蒜。"万里说："我们的农民几千年来积累了经验，农民有多聪明！"到了天长的铜城，跟苏北交界了。铜城区委书记给万里汇报，一个公社出了"包产到户"，我们纠正了。万里听了不高兴地说："你纠正它干什么，让群众试试嘛"。王郁昭也说："你怎么把他纠正了呢？人家搞了，你怎么不让他搞了呢？"万里走后，天长当时这三个仅有的"包产到户"生产队，又恢复了"包产到户"。

万里到嘉山县,到了横山公社调查。几个月前,陆子修和我到横山公社调查过包产到组,王郁昭也去过横山,这一次万里来了,王郁昭请万里也到横山公社去看看。万里同志到横山以后,马上就上田埂问农民:"你们包产到组是怎么包的?"一个农民跟他说:"我们包产到组比上一年增加了10%的产量。"万里就说:"这个包产任务能完成吗?"那个农民说:"不在话下,我们这里1955年的时候,收的粮食就用12根扁担往粮站挑了三天。"看到农民一讲到1955年的光景就眉飞色舞,万里感慨地说:"我们搞了30年还不如过去,还要'倒赶过去'。我们这些年农业到底走的是什么路子?"从嘉山到定远,遇到基层干部请示联产责任制的事,他总是明确表态:"你们想怎样搞,就怎样搞。"有的人就说:"我们这个办法不行,还不如凤阳'大包干'好。"万里说:"你们也可以搞嘛。"王郁昭说:"你们如果今年来不及的话,就明年搞。"农民不认识万里,就问王郁昭:"你们是什么人?"万里说:"这是地委书记。"王郁昭说:"这是省委书记。"

这次调查结束临走的时候,万里同志给我们地委布置了4个调查题目:一是不同形式的责任制的情况,因为他看了包产到组,不同形式责任制到底是什么样子的?这是一个题目。第二个题目,农民为什么怀念1955年?我们这些年农业走的是个什么路子?有些什么曲折?第三,农民的家庭副业到底是什么样子?起了多大作用?他不是看了家庭副业、种大蒜的了嘛,农民家庭是社会经济的细胞,把家庭这个经济细胞能够调动起来,这是农业的一个大问题,说不定是一条路子。他就讲了家庭经济,家庭经济细胞。第四,社队企业怎么样也做个调查。因为天长的社队企业给他汇报了。

万里走到哪里,就在哪里调查,特别善于从实际中发现问题,对提出来的题目,调查、思考,又继续调查,从基层和群众中找到解决问题、推进工作的办法。这次他留下了4个题目,他走了以后,我们地委书记王郁昭马上就布置以地委政策研究室、秘书室和各县(为调查单位),围绕这四个问题做深入调查。其中责任制的调查有两个比较典型:一个是包产到组,过去就有了,是嘉山县横山公社包产到组的调查。原来的调查报告主要是我写的,这次还是由我去调查。第二个调查是新的典型,是凤阳县城南公社岳林大队岳北生产队"大包干"到组的调查。在这个调查报告里头,把"大包干"的几句话顺口溜第一次整理出来,就是刚才咱们说的那几句话:"'大包干','大包干',直来直去不拐弯,保证国家的,留足集体的,剩下都是自己的,一刀一个血口子,该拿的拿在明处,该得的心中有数,我们有劲干。"这是农民对"大包干"最明确的解释和赞扬。实际上,"大包干"保证了国家的利益,保证了集体的利益,(农民)又通过"大包干"的方式实现了自己的利益。"不拐弯"就是把那些繁琐的、复杂的东西都去掉了,这样子就使得农民的利益不会在那个统一核算的暗箱里头被侵犯,保证了农民的利益。从"包产"到"包干",这也是一个经营方式、管理体制、分配方式的重大改变。这是我们地委为完成万里布置题目所做的调查。调查报告以地委29号文件报告省委,送呈给万里同志。

第三阶段,突破不准"包产到户"的禁区。实行"大包干"的家庭承包制,先是肥西走在全省的前列,做出了榜样。肥西搞"大包干"是在"借地"种麦的基础上搞起来的,在山南区黄花大队,区委书记汤茂林在那里蹲点,跟大家商量,结果由借三分地给农户种麦,到把土地都包到户。后来万里同志为此专门开省委常委会。1979年2月6号,省委常委讨论时,王光宇同志说,责任田是救命田,困难的地方,可以让他们有领导地来试一试。万里同志做的决定,让山南公社搞这个实验利大于弊。这是很关键的一次会议和决定,是我们省农村改革的一个关键。2月,万里同志召开江淮之间六安、滁县等几个地委书记开会。万里说，肥西已经“包产到户”了，他们会搞得好的。省委允许和支持肥西搞“包产到户”，这对全省特别是我们滁县地区是一个很大的鼓舞。

滁县地委知道肥西搞“包产到户”，还是万里同志开的那个地委书记会之后才知道的，但这时小岗生产队已经是“‘大包干’到户”了。小岗“包干到户”到底是什么时间？现在有的说是1978年11月24号，有的说是1978年12月，有的说是1979年2月。我听人说是在阴历年前。这个时间就比较宽泛了，但也不是很晚（据查1979年阴历年初一是1月27日）。至于准确时间，我去小岗不下20次，没有确定的说法，我也拿不准。另外一个是小岗村农民商量搞“‘大包干’到户”，我们认为这个事情是完全真实的，因为那个地方确实是穷得没有办法了。我们第一次到梨园公社调查，是1979年2月。那个时候我们不知道小岗“包干到户”，我们是到前王生产队调查的。那个生产队有十户人家，三四户人家是没有门的，都是用高粱秸挡着，真的是穷得叮当响！有的孩子穿的衣服就像从山里出来的一样，那个房子露着大洞可以望见天，就是有一块是露着的。家里没有一条完好的板凳，老太太就窝坐在草窝里。当时我们还不知道小岗，但是，我们了解到了这个地方刮“五风”时候饿死多少人，出走了多少人，还有多少人是外出讨过饭的。我们在调查中还知道梨园公社的负债情况。整个梨园公社是典型的“三靠”公社（生产靠贷款，生活靠救济，吃粮靠回销），连牛草、种子都要国家来供应，全梨园公社负债超过一万元的有四个生产队，小岗生产队是梨园公社最穷的一个生产队。

在梨园公社，我们开了一个大队书记会，严岗大队（小岗所在的大队）书记给我们介绍小岗是个什么样子：“这个生产队的人经常出去讨饭，农忙的时候小孩出去讨饭，农闲的时候大人带着小孩出去讨饭，都是手上拿着大队介绍信出去的，上面写着‘我们这里受灾了,请给予支持帮助'。"让农民出去讨饭,这些人出去年纪都不大,不少是中年人或者还是年轻人,人家看不起你年轻力壮的还到我这里来讨饭,他们抹不开脸面就叫小孩走在前面,或者叫女人去讨饭,自己跟在后面,到后来实在不行了自己也得去,这都是很伤自尊的。1979 年 2 月,我们到梨园公社,才第一次知道小岗欠了一万五千多块钱的债。已经穷到讨饭了,还欠这么多债。后来我们还知道,土改以后,小岗也有过吃不愁、穿不错、没有人外出讨饭的黄金时代。高级社的第一年,小岗年产十七八万斤粮食,给国家卖过余粮,做过贡献,但从高级社第二年就不行了,粮食产量从 20 万斤十七八万斤掉到了 3 万斤,1959 年至 1960 年全村饿死了不少人。这个地方已经被"五风"伤害得太惨了,把元气给彻底搞伤了。"大跃进",瞎指挥,强制这一块地种这个,那一块地种那个。然后是修水利,这边还没修,那边又要大炼钢铁。生产队里的庄稼,这个队可以用车子拉,那个队也可以拖着车子来拉,都在搞"一平二调",谁还有积极性?大办公共食堂,胡吃海喝,大量浪费,最后搞得食堂断炊、农民家中无粮,造成农民大批"非正常死亡"。就是在这种情况下,还整天闹着要搞阶级斗争,每年都要派出工作队,在这里抓"学大寨",大批资本主义,"割资本主义尾巴",总共才有十几户人家的小岗,最多时候派过 18 个人的工作队,说是"左手拿着无产阶级的鞭子,右手拿着无产阶级专政的棍子,就是赶也要把你们赶到社会主义道路上去"。

小岗村的问题首先是吃饱饭的问题。在政策放宽以后,农民开始考虑我怎么才能解决"大锅饭"、在一块干不好的问题。在实行"包产到组"的过程中,18 户农民从开始的分成两个组到四个组,再到八个组,但只要是组,它就是"小呼隆",就要评工记分、计算劳动,是不是?都有这个问题。这个评工记分根本不可能准确地反映劳动的数量和质量。所以他还必须得到户,小岗不光是"到户”，而且他还要求“包干”。农民凑在一起一合计：我们就偷着干，分到户，瞒上不瞒下。该给国家的给国家，该给集体的给集体，谁也不要装孬。原来有的说是严宏昌（时任生产队会计），如果出了事情坐牢的话，我们就把他家小孩养到18岁，后来不说是严宏昌，而是笼统地说把干部小孩养到18岁。不管怎么说，这种生死契约式的约定是存在的，而且是农民自己商量决定的。

创造出的这样一个“大包干”，实行这样一个彻底的改革，不是靠国家，也不是靠干部，而是靠农民自己来解决自己的吃饭问题。恰恰是在这样的情况下，才创造出了最彻底地解决旧体制的办法，把那些什么“大锅饭”、“大呼隆”、平均主义、瞎指挥这套东西，统统给它摒弃掉了。我既然“包干”了，我该给国家的给国家了，该给集体的给集体了，那么实行“大包干”以后，我就应该自己来当家做主了。这块地种什么、怎么种，我做主，收获的东西，我上交了以后，你就再也找不到我了。这就把农民自己的权利、责任用《承包协议》明确下来了，用制度的方式保证下来了。

肥西的“包产到户”和凤阳小岗的“包干到户”，应该说还是有区别的。“包产到户”只管生产、不管分配，还有那么多账、那么多弯弯绕，那里头就还可能有“大锅饭”，还有平均主义，还有利用权力的特殊化，群众也没有办法真正地当家做主。“大包干”把这个问题给彻底解决了。“‘大包干’到户”彻底地解决了生产队的“大锅饭”问题，解决了生产瞎指挥问题，解决了政府随意摊派、随意强征的问题。“大包干”界定了国家、集体、个人之间的利益关系，因为实行了“包干到户”，农户也就成为真正独立的经营主体了，我有了自主经营、独立经营、自负盈亏的权利和义务，那么我怎么经营，别人也不能管我了，我可以不听和不准你对我生产经营活动胡乱干涉了。这正是“大包干”中孕育出来的商品经济细胞。因为有了这样一个商品经济细胞的产生，那么这个土地经营者的权利也就发生了变化，我只要完成“大包干”的义务，那么这个土地的承包权，即实际上的土地占有权、土地使用权、土地收益分配权，以及后来的土地流转权，这些土地的大部分产权就转到农民手里了，农民和土地更加紧密地结合起来了，真正成了土地的主人。原来那个“包产到户”还要由生产队来决定生产计划、包生产的产量指标，还要上交全部农产品后由生产队以产计工，再统一分配；“包产到户”实际上的经营主体还是生产队，而不是农户农民，农户还算不上是独立的经营主体。因此，“包干到户”这个办法最彻底，它彻底解决了人民公社的体制问题，动摇了人民公社的制度基础，创立了一个新的经营体制，“大包干”奠定了新体制的基础。“包干到户”是安徽大多数农民的选择，也是全国大多数农民的选择。“大包干”的推广过程大家都亲身经历，比较清楚，也比较明确。

小岗搞“包干到户”，你们到凤阳已经跟当地的干部和农民谈过了，应该基本上都清楚了。县委是怎么发现小岗村搞“包干到户”的？滁县地委在这方面起到了什么作用？我们调查过小岗村原来的支部书记关友江（胡锦涛总书记到他家去过的）。他说：“地委王郁昭书记对我们最重要的支持有 3 次：第一次是 1979 年 3 月《人民日报》刊登张浩来信，把“包产到组”都否定了，说那都是错了的时候，地委王郁昭书记明确说各种责任制一律不动，到秋后再说，把我们的心稳定下来了。第二次是 1979 年 11 月，地委在凤阳开四级干部会，王郁昭带领各县的县委书记和地直机关干部，看了“大包干”到组的岳林大队，还带着他们看了小岗，一家一户地看。王郁昭在严宏昌家说：‘大家都看到了吧？收了这么多粮食，农民能吃饱饭了，这样的效果超出了我们的预料。这样的办法绝对是不错的。县委批准他们干一年，地委批准他们干三年。’后来还有一次，但时间我记得不是很清楚了。小岗“包干到户”翻身以后，周围社队的都要向小岗学习，那时中央在“大包干”问题上还没有松口,这种情况对凤阳县委的压力非常大,有人又想让小岗并起来,回到过去生产队集体劳动的老路上去,王郁昭表态说小岗的“大包干”经营形式不能动,要稳住。在关键时期又一次支持了小岗人。”

1980年1月,安徽省委召开全省农业会议,不管是凤阳县委书记陈庭元,还是滁县地委王郁昭书记,将题为《一剂必不可少的补药——凤阳县梨园公社小岗生产队“包干到户”的调查》的调查报告送给省委万里书记了,这个调查报告是时任凤阳县委办公室秘书吴庭美在1979年12月20号完成的。不管这个报告是谁送的,反正最后是送到万里手上了。万里看了这个报告连声称赞,对凤阳“包干到户”第一次有了全面的认识,在那个会议的讲话中几次引用了小岗调查报告的内容。

与此同时,我们也写成了一个调查报告,题目叫《从责任制看责任田》。我们调查了来安县十二里半等地的“包产到户”,将过去20世纪60年代初的“责任田”和现在的“包产到户”进行比较,我们认为,这两者有共同点,是一个东西,讲清过去“责任田”为什么无罪,也就讲清了现在“包产到户”无罪,为什么过去把“责任田”“包产到户”的性质判定错了,犯错的根源在哪里?现在搞“包产到户”的意义是什么?我们的报告是12月14号写出来的,先送给《安徽日报》内参用,同时也送给省委党校了,主持省委党校工作的欧远方同志让党校办的校刊——《理论战线》刊登出来了。不过我们说的是“包产到户”,小岗搞的是“包干到户”,它更前进一步,那时我们还没有到小岗调查。

关于小岗的调查报告是在省委召开农业会议时送给万里的。万里在讲话中几次引用了报告中的材料:一次是讲安徽农业上的经验教训,第一条要有一个安定团结的环境,没有政治上安定团结的环境,天天搞阶级斗争,台上的整台下的,台下的整台上的,老是翻烧饼，把人心斗散了、斗穷了，强调要把农业搞上去，必须得有一个安定团结的环境。这份关于小岗“大包干”的调查报告，不仅是对小岗“包干到户”的总结，还把我们过去几十年农业上的曲折发展、“左”的错误和根源都写出来了。“包干到户”是对我们几十年农业的革命性批判和总结，那个报告是一个历史的批判，是个现实的批判，农民对现实的批判，让我们回顾历史，认识历史上的东西，才有对历史的基本认识。现实的批判、群众的批判，才有了我们领导干部对农村农业的新认识。农民教育了我们，历史教育了我们。“共产风”饿死了那么多人，以前我们没有很好地接受历史的教训，恰恰是农民推动的改革让我们接受教训。

万里同志对小岗这个农村改革典型非常重视。1980 年初，他得知自己很快就要离开安徽赴中央工作了，决定在离开安徽前还要最后到滁县地区特别是凤阳小岗去看看。万里那一次不是从合肥一下子直接到小岗村的。1 月 22 号万里到定远，看了藕塘农村“包产到户”；23 号到嘉山，沿途看了一些地方，讲了不少话，其中很重要的一句就是，“我们的政策，就是要使人民富裕起来”。这实际是说清了为什么要推行责任制，为什么要搞“包产到户”。他还重复讲了“只要‘三增加’就是好办法”的观点。他还把“责任田”和“包产到户”作了一番比较，说它们既有关系又没有关系，从历史的比较中认识“大包干”的伟大意义和推行“大包干”的艰巨复杂性，鼓舞各级干部的勇气和信心。

万里正确对待农民，始终把农民看作是国家的主人、社队集体经济的主人。在看待和处理生产力和生产关系的矛盾，考虑怎么把经济搞上去时，始终把农民的权、责、利放在第一位。他重视实践，尊重群众的主体地位、群众的创造和选择。万里的农村改革思想不限于在经济和生产领域，而且涉及扩大基层民主和干部任用奖惩。他主张农民的主人地位要贯彻在经济里、制度里，贯彻在基层民主政治中。县委提出的东西只是个参考,决定的权力应该是农民。农民对于干部要“选有权、撤有权、奖有权”,什么干部好、什么干部不好,什么干部应该表扬、什么干部应该受罚,谁能够带领农民“三增加”,谁就是好干部,农民可以选举生产队长,可以撤掉生产队长,还可以奖励生产队长。在这一方面,万里是一位彻底的改革者。

在安徽的两年半时间里,万里同志不断地到群众中去,和群众在一起,仅仅我们滁县地区他就来了 9 次,有时一下子调查几个县。在领导和推动安徽农村改革过程中,他总是经常深入基层和改革第一线,调查新情况,发现新问题,了解农民的新想法、农民的新选择,总结农民的新经验、农民的新创造,从不联产到联产,从“包产到组”到“包产到户”,从“包产到户”到“包干到户”,不断地把改革推向前进。安徽农村改革是群众推动改革不断深化、不断前进的过程,也是领导不断地调查研究、总结推广群众创造的过程,安徽农村改革是农民和县委、地委以及以万里为首的安徽省委支持互动、共同发力的结果。特别是如果没有以万里为首的安徽省委对农民群众、基层干部的支持、保护,改革在行进的每一个阶段都有可能被扼杀。

(十一届)三中全会前后,安徽农村改革得到了邓小平等中央领导同志的支持,发展得很快很好,但是在 1980 年 2 月万里同志离开安徽后,却出现了比较大的反复,滁县地区更是首当其冲。新上任的省委领导人来安徽工作前,叶剑英、邓小平同志都给他做了交代,高度肯定万里在安徽抓整顿班子、消除派性、落实农村政策的巨大成绩,肯定省委和地市县班子总体上是好的。这位新上任的省委领导人虽然是位老同志、好领导,在与安徽同志见面会上也表态要“前面乌龟扒开路,后面乌龟跟着爬”,但他不了解的是:农村人民公社体制是什么东西?“左”的错误在哪里?这些年来给安徽农民带来了哪些灾难？他也不知道安徽农民为什么那么坚决地要搞“包产到户”“包干到户”，他还认为“包产到户”就是把毛主席集体化的东西都搞掉了。所以，他在省委召开的“蚌埠会议”上批“包产到户”是什么工团主义、福利主义、修正主义，不点名地指责来安县委书记是“单干书记”。这在当时给全省特别是滁县地区支持“大包干”的各级干部造成了巨大的压力。王郁昭书记回地委传达了“蚌埠会议”情况，地委政研室副主任陈修毅马上表态说：“不能动，我们是决不会动的。”我们地委政策研究室、秘书室，是搞农村改革政策的参谋班子，地委书记如果犯错被处理了，我们也是一样犯错要受处理。但我们坚定地认为，农村改革没有错，向老百姓负责，就是向党负责。王郁昭书记领着我们咬着牙顶住了压力。

接着，从“蚌埠会议”到“巢湖会议”，省里是一个会议接着一个会议地批“包产到户”。万里刚到北京主持国家农委工作，但那时他和“包产到户”的境遇也不妙，连国家农委主办的《农村工作通讯》居然也接二连三地发表文章，公开反对万里和他支持的安徽“大包干”。为打破僵局，万里让吴象、张广友以安徽省委农工部的名义，写了一篇摆事实讲道理的文章，题目叫《联系产量责任制好处多》（注：文章最初不是这个题目，是《关于联产责任制的几个问题》），在《安徽日报》上发表。可是，安徽省委主要负责人不同意以安徽省委农工部的名义，也不让在《安徽日报》上发表。后来不得已交《人民日报》发表了。接着召开的“芜湖会议”，还是批“大包干”。“芜湖会议”时，小平同志已经发表谈话，说“肥西‘包产到户’，凤阳‘大包干’，面貌有很大改变”，已经明确支持安徽的农村改革了。但是“芜湖会议”上，安徽新任领导人依然坚持己见，不过有一个变化，就是不再批“包产到户”，专批“包干到户”了。他说，“包产到户”还可以，“包干到户”不行，是“两包一脚踢”，对农民没有一点抓手、没有一点控制了。以后的“合肥会议”上，他还是这样大批特批。面对新任省委领导人的无端指责和巨大压力,王郁昭始终坚定地支持和维护“大包干”,不惜在会议上公开发表自己的意见,第一,他举了大量实例说明联产承包责任制、特别是“包产到户”最能调动农民的积极性,最能发展生产力,论证“队不如组、组不如户”;第二,“包干到户”“包产到户”,这两个责任制形式有很多共同点,但是,“包干到户”没有那么多弯子,农民看不见的东西、统一分配的东西,很容易被人侵占,使农民利益遭到流失。这个环节现在被“大包干”给搞掉了,因此,“‘大包干’到户”比“包产到户”更能保护农民的利益,更受农民的欢迎。王郁昭坚定支持“大包干”不动摇,使得滁县地区继续推进“包干到户”,没有像省内某些地区出现大的波折。在这一方面,当时六安地委徐士奇书记也坚持得比较好。

1980 年 9 月,中央召开省委第一书记会议讨论农业生产责任制问题。这是万里跟耀邦同志建议的,他说,“包产到户”能够解决农业发展、农民吃饱饭的问题,是好的东西,但是,在中央文件上都是不容许的,群众这样做还是违法的。要想办法改变这种状况。但是在省委第一书记会上真正支持“包产到户”的不占多数,最后起草通过的中央 75 号文件,既向前迈进了一步,肯定在贫困落后地区可以搞“包产到户”,也可以搞“包干到户”;同时文件又是一种妥协,说在中等地区、好的地区,不能搞“包产到户”,好的地方要搞专业联产承包。这就是“切三刀”:贫困地区,15%到 20%的生产队可以“包产到户”;中间地区,搞“几统一”的“联产到劳”;集体经济好的地方,搞专业联产承包。

省委传达中央 75 号文件时,我作为工作人员参加了那次省委会议。当时说要按照文件精神办,就是中间地区、好的地方,不要搞“包产到户”。这时,滁县地区(实行)“包干到户”(的地方)已经占到一半以上了,中央 75 号文件的限制性规定已经脱离群众、落后实际了。因此,在我们滁县地区7个县委书记和地委书记王郁昭一块讨论如何贯彻落实中央75号文件时,大家都说还是要从我们地区的实际出发,还是要搞"'大包干'到户"。王郁昭说:"'包干到户'是改造了的'包产到户',我们要稳点。"滁县的县委书记张友道说:"专业联产承包我们试过,那个东西不行,我们搞不了,还得搞'大包干'"。来安县委书记王业美、凤阳县委书记陈庭元、嘉山县委书记贾长志,这些人意见统一,就是不管他什么中间地区还是非中间地区,也不管专业联产承包,我们还是要搞自己的"大包干"。尽管有各种限制,但是到1980年底,滁县地区"包干到户"(普及率)已经达到80%,1981年春天为90%。1981年下半年更达到98%,基本普及了"包干到户",滁县地区比全省要早一年。

1981年8月,北京来电话,通知王郁昭去北京参加起草中央文件,他是8月20号到北京,参加中央第一个"一号文件"的起草。地委书记参加中央"一号文件"起草是很少见的。他抓住机会向中央建言,第二次为凤阳"大包干"报户口。

王郁昭第一次为"大包干"报户口是在1980年1月的省委农业会议上,他讲责任制就是要顺应民心,民心就是规律,规律就在民心。发言中间,他脱开稿子呼吁,"包产到户"已经很多年了,还不被承认,要报个户口。万里同志插话说:"孩子已经生下来了,他妈妈说很好的,但不合法!群众已经批准了,只能同意。"万里始终是把群众作为第一裁判,我们领导不是裁判。实践是裁判,群众是裁判,群众是第一位的。我们为什么能够推进改革?改革为什么有力量?力量就在人民,就在群众,就在实践,在群众的实践。"大包干"真正能够调动这么多人的积极性,群众真正把这个事业当作自己的事业干,它就能够干好,就能创造,就能改变面貌。

这一次,王郁昭到北京为"大包干"报户口,说"大包干"已经很多了,不能再像以前文件规定,只有少数地方能搞,这里不能搞,那里只能怎么样。要肯定它是社会主义的责任制,让当地群众选择。文件从 1981 年 8 月开始起草,后来变成了 1982 年“一号文件”,这一次“大包干”真的报上了户口。当然,这个功劳不是滁县地区的,也不是王郁昭一个人的,是人民群众的推动,是万里同志和中央的。实事求是地说,在滁县地区、地委这个层次,对推进“大包干”、支持农民“大包干”上,起了上下配合的重要作用,在使农民的东西能够反映上去、给万里同志反映,同时将万里同志和省委的东西在我们地区落地、落实这方面,以王郁昭书记为首的滁县地委起到了关键性的作用。

1981 年,胡耀邦到安徽视察。胡耀邦讲得很清楚,全国粉碎“四人帮”以后有两年徘徊,安徽没有两年徘徊。自从万里同志到安徽后,政治上、经济上拨乱反正,农业政策开辟了新局面。胡耀邦这个评价和小平同志讲的是一致的,小平说农村改革是安徽、四川两省带头,我们就是根据这两个省积累的经验,制定了改革的方针政策。1983 年 3 月,安徽省委新领导班子成立,中央书记处的同志,万里、习仲勋、宋任穷、胡启立,他们接见安徽省委领导班子,万里同志说:“王郁昭同志有一个大的贡献就是搞了凤阳的‘包干到户’。今后不要骄傲,在安徽还要走出农村改革的路子来。”习仲勋同志在讲话中说:“我那个时候在广东,派人到安徽万里同志这里来取经,到滁县地区王郁昭同志那里去取经”。习仲勋同志是记住了这个的。2015 年 7 月 15 日,万里同志逝世的时候,李瑞环同志第一时间赶到了医院。一到医院,李瑞环就问有没有通知王郁昭同志。李瑞环同志说,王郁昭和万里是上下配合(就是指安徽“大包干”改革)。万里家人当时不知道王郁昭的电话,北京医院住院部有,他们马上就给王郁昭打来电话。王主任被人用轮椅推过去向万里同志遗体告别。

万里同志,也包括王郁昭同志、陈庭元同志,特别是安徽农民,为中国改革做出了巨大的贡献。改革的集中成果就是"'大包干'到户"的家庭联产承包生产责任制,彻底动摇了人民公社的基础,废除了人民公社制度,建立了农业新体制的基石。十九大提出家庭承包制的土地承包期再延长30年不变。说明它仍然在起基础性的作用,我们仍然要在这个基础上,完善配套、深化改革。同时要从农村改革的成功中汲取改革的精神、智慧和力量,来推动今后农村和城市的改革发展。

安徽农村改革精神怎么概括为好?这个我说不好,但我感觉最关键的还是群众。要尊重群众,包括尊重他们的权利、他们的利益、他们的选择、他们的创造,这是最基本的。体制问题不是靠我们凭空设计的,要让群众自己参与到改革当中,而且要使他们的利益、愿望在改革当中能够得到体现。只有依靠他们参与的改革、做出的选择,才能够体现群众的利益、群众的权利,才能够真正得到群众的拥护,在群众中扎根,保证它的实现。从群众中吸取改革的力量,推动发展。我看这是基本的。后来有一些改革,为什么没有成功?可能很重要的原因就是没有让农民自己参与到改革当中来,没有体现农民自己的利益、自己的选择、自己的创造,而是我们自己在那里设计。我们有些同志老是在那里强调,农村经营体制要统分结合、双层经营。实际上"统"这个层次,多年来一直没有搞好。为什么没有搞好?一个很重要的原因就是,这个"统"一直是政府在统、行政在统、我们当领导的在统、外部力量在统,而不是农民自己在统;农民在统的过程中也要有他的利益,要有他的权利、他的主体地位;我们光想着怎么去"统"农民,而不考虑如何让农民自己当家作主,作为主体来发展,不是和农民合作来搞,或者让农民自己相互合作来搞。这种搞法恰恰背离了当年农村改革的初衷,违背了安徽农村改革的价值取向和基本精神。

中国农村第一步改革成功以后,出现了一种偏差,就是群众在改革中被边缘化了。农村的改革发展好像与普通老百姓和农民群众无关,农民不是改革的主体,而是改革的旁观者,甚至是被改革的对象。以人为本,以人民为中心,这种改革和发展的价值取向永远不会过时!当我们全面深化农村改革,致力实现乡村振兴的美好愿景时,我们还是要依靠农民,还是要发掘农民的内在潜力,还是要激发农民的积极性和创造活力,团结带领农民努力奋斗去实现自己的权利和幸福。

当代中国的改革是从农村开始的,农村改革是从安徽开始的。安徽的农民、安徽的干部对中国改革开放做出了巨大的贡献。在迎接和纪念中国改革开放40周年的重大历史节点上,我们回顾和总结过去,回顾安徽农村改革筚路蓝缕的艰辛历程,我们应该更加珍惜改革开放的伟大成果,倍加珍惜当年改革领导者、先行者留下的精神遗产。我赞成将“解放思想、解放人”作为改革开放40年最大成果的提法。经济发展的成就,物质产品的丰富,道路楼房乃至城乡面貌焕然一新,当然令人欢欣鼓舞、骄傲自豪,但这都是现象性的东西。改革是当代中国的第二次革命,我们的改革是从解放思想开始,你不把旧的东西破除掉,把那个迷信破除掉,我们就不可能前进一步!改革也是解放生产力,按照马克思主义的生产力理论,人是生产力中最重要、最活跃的因素。

解放思想,到哪里去解放思想?只有到实际当中去,到群众当中去,才能解放思想。在上边不了解农民在这个旧体制下是怎么生活的,农民想着要改变这种让他们没有任何权利的体制,你如果不了解这些,就不可能从这种体制的束缚下解放出来。越到基层,越到群众中去,就越能看到和发现问题,你的思想才能越解放。

解放人,恰恰是人民群众自己解放自己。我们要支持人民当家做主,走出适合自己生存发展的路子。不是我们从外面去解放他们,是群众自己解放自己。要解放人,只有人的解放、人的发展,才有社会的发展,才是真正的发展。真正的发展,根本的体现是在人的解放,人的发展。还可以这样说,个人的解放、个人的发展,和集体的解放,社会的解放、发展是一致的。过去我们是只讲集体,只讲社会、公共,不讲个人。实际上,个人,你说他渺小吗?他加在一起就是人民群众,就是大多数。所以,他既是单个的个人,又不是单个的个人。不尊重个人,就不可能尊重社会。个人的发展和集体的发展、公共性的发展、社会性的发展,是密切联系的。就像马克思所说的,社会的全面发展,是在个人全面发展的基础上前进的。整个改革过程都是这样。家庭承包制是农民在土地,在农业经营上获得他的权利。农民流动就业是在工业化、城市化过程中,获得自己就业的权利,获得自己在城市生活定居、参加社会活动、成为平等市民的权利。整个改革过程就是群众不断增进自己权利的过程,人民的权利和社会的发展是完全一致的,是和国家、执政党的目标一致的,决不能把它们对立起来。恰恰是在这个基础上,我们的改革、我们的发展,才能有不断前进、不断进步的过程。

我支持王郁昭搞改革

——贾粹华口述

访谈时间：2018 年 4 月 24 日下午 15 时至 16 时 30 分
访谈地点：合肥中铁凯莱酒店
口 述 者：贾粹华(1978 年任滁县地委机关党委副书记，王郁昭同志夫人)
访 问 者：沈葵　李嘉树
录音整理：徐小满
文字整理：贾粹华　徐小满

我过去一贯是老头子(指王郁昭)在前，我在家里服务于他，所以出面的事，你看我过去出过场没？没有。有些事情尽管他不瞒着我，我也知道，但是我从来在公开的场合不露面。他临走的时候，拉着我的手跟我说："我们两个结婚都 62 周年了，我走了，你好好活。"我们两个感情比较深，我自己想啊，我要做些规划，要做点事，才能好好活。你不做事不奋斗，乐在其中是不可能的。我是离休干部，当过大学教师，去年(2017 年)一年我写了两篇文章，为老干部上了四次党课。我的定调是什么呢？就定在农业部的离退休干部的范围里面，这是我的底线。我也不图名不图利，我主要就是乐在其中，让大家了解我，我生活在他们之中，我就感到愉快了。

我还参加了两次读书会,我又帮助我们老头子完成了一件他没有完成的事,就是茶树花的开发,去年我参加了他们的调查。女儿还带我去了一趟日本,一趟台湾。今年我自己规划,我还要出去两次,上俄罗斯看看,下半年再去一个国家,女儿不带我去,我都 87 岁的老太婆了,哪个敢帮我买票让我走呢。所以必须要有女儿陪着。我还计划着要写两篇文章,我临来之前已经完成了一篇,题目是《农村改革与振兴乡村》,这是一个很大的题目,我利用这次回安徽做点调查,充实文章的内容。

我是巢湖人,我家父亲是个中学教师,我有一个哥哥、一个弟弟。我父亲早早地就说了,他只能供哥哥上大学,我是女孩子要尽快地自立,弟弟还很小。那我自立(我)怎么办呢?我就只能上师范,(因为上师范)吃饭不要钱。当时合肥解放得早,1948 年的 12 月就解放了,学校解散了,我们也没书念了,饭碗也端不成了,那我们上哪去呢？几个同学就商量，到芜湖去看看。那个时候芜湖在我们的脑子里头就认为（是）了不起的城市了，合肥远远不如芜湖，芜湖是四大米市之一，交通又便利嘛。那都是从书本上学的，芜湖到底什么样我也不知道，（就这样）几个同学到了芜湖。

在芜湖大砻坊那个地方，贴了一个布告，叫革命干校招生，什么叫革命？不懂。什么叫干校？不懂。但是里头有一条说得很明白，三个月就分配，正符合我尽快地端饭碗（的需求）。所以我为什么能离休呢？就从（1949 年）4 月份入干校起开始算工龄。刚解放我们就去了，在干校里学了三个月，学了三个月以后就毕业分配了。当时我提出来，到小学去教书，因为我之前是学师范的，这个能胜任，结果也是缘分，一分就分到安徽师范大学附小[①]。那个时候安徽大学从安庆搬到芜湖改成安徽师范学院，我就在附小任教，当了三年小学教师，老校长退休了，我 19 岁就当校长了。经过三个月培训，当了三年老师就当校长了。当了校长以后自己就好好干啊，但是看到大学生们都特别羡慕，我心里想还想上进的话这个学历不行，所以想出去念书了。到外面去念，经济条件不允许，也不晓得外面的世界是什么样的，所以我一心就想上安徽师范大学。我想我只要能考取的话，这些老师们的孩子都在我这上学，他们对我了解，肯定会录取我。经申请领导批准够五年工龄，我报考了安师大历史系，成为安徽师范大学第一届历史系的学生，好好地读了四年书。我要学跟要我学不一样，我是自己要学，所以我高度地自觉，争取每门功课都要达到五分。那时候是五分制，跟苏联学习每门课满分都是五分一样，所以我年年不是当班长就是当团支部书记，念了四年功课不错，表现也还可以，所以就留下当教师，就教了 20 多年的历史课。要不然怎么能认得王郁昭呢。

---

① 当时称为安徽师范学院附小，现今更名为安徽师范大学附小。

王郁昭当时在当军代表，虽然年轻，职务不高权力还怪大，说了算数。他比较明显的（特点）第一个就是搞改革、搞院系调整，比如说把上海复旦大学茶叶系搞到安徽农学院，又把安师大物理系搞到哪里，搞院系调整，他做了不少工作。第二个就是团结一大批教授，有的是右派，有的是国民党接收的，他都重用。所以他跟那些老教授的关系特别亲密，反正总的印象就是比较敢干。院系调整，原来一个母鸡就是芜湖的师范学院，回头派生出来安大、安师大、劳动大学、合师院，都是从这个母鸡分出来的。他 1948 年就进入安徽，整整在安徽干了 40 年，1987 年走的，连头带尾正好 40 年。前 20 年基本上都是搞教育。在大学里头像他这样的还比较少，当老师上课，写文章著书，每个礼拜做时政报告，又还当领导。他当过宣传部部长，当过教务长，一个 15 岁的孩子从家里出来能干这么多事，也是比较少的。在安徽的前 20 年去搞教育，后 20 年我们下放了搞农村。

后来老头子下放，我就改行了，改行搞行政。我们 1969 年下放（到利辛），1970 年到全椒。在全椒五年，是搞“农业学大寨”，1975 年以后，到滁县，在滁县待了八年。

1969 年“文化大革命”后期，我跟老头子带着一儿一女从合肥师范学院下放农村。当时我在合肥师范学院当老师，教了 20 多年的历史，像王胜俊他们都是我教过的学生。我们下放在利辛，有一户很困难，老两口就靠种田收那点粮食，维护（养活）三个儿子一个女儿。支持一户我们也没钱给人家，就是说帮助他指出路，这户的老大初中毕业以后我们帮他参军，到部队去了。然后他考上军事院校，（后来）提干，干得很好，最后他跟我们商量他想转业，想照顾家里，（我们给他）介绍到省里，省里给他安排在省审计厅，搞人事，现在是机关党委副书记，这是老大。老二中专毕业以后他很奋斗，还继续在职读书。中专毕业他来找我们就业，老头子把他介绍到阜阳试验区，现在在信访室当处长。后来他自己又补了本科，还读了硕士。老三读完书以后，他就说我不能走两个哥哥的路、拿死工资，家里不能彻底翻身。所以他就个人创业，现在是农民企业家，是村党支部书记、村主任，是省人大代表，是阜阳地区扶贫的状元，在全省扶贫是第三名。所以我这一次要到这个村子去做一个调查，怎样由贫困到富裕，怎样由贫穷到振兴，他是一个活的教材，我要写一个纪实报告，我今年这两篇文章不就有出路了嘛。平时自己再看看书，脑子也不糊涂，当老师出身的写两笔，虽写不深，但是也还能写写，能讲一点，使自己乐在其中。那么这样的话，在我们那个离退休老干部中间影响还不错，去年（被）评为先进工作者，今年被评为优秀党员。

老头子到了滁县后开始是当“革委会”主任，涂竹西是书记。我开始是地区机关党委组织部部长，后来通过民主选举，我被选为机关党委副书记。他们干的农村改革我也知道，但是我没有亲自参与。我给自己定个原则，就是老头子在前面干任何事情，我不出面。所以我去年我写了一篇文章《成功男人背后的女人》，我认为他是成功男人，我是他背后的女人。1982 年、1983 年，我们老头子当省长以后，我在机关党委开始也是搞组织部部长，后来我到了省直党校，卢荣景非要叫我去搞省直党校校长，还是第一校长，为什么叫我去呢？叫我去承担这个担子，把它从处升格，升为厅级单位，委派我，叫我去干。

在滁县我一直也在机关党委，但是我跟老头子都商量好，我说：“你到哪里都是一把手，你从来在外面都是领导我。”他倒过来说：“你在家里从来都是领导我。”这是讲风趣了，就说他在外面的事我从来不问，他要跟我讲，我就听着，我心里也明白，有些事我也知道，但是我从来不掺和，也给足他自由的空间，在外面去好好把工作搞好。女人掺和多了不好。所以我给自己是定的这个调，自己把自己的事搞好，把家搞好。他在凤阳在小岗干了那么长的时间，我一次都没去过。我自始至终都不参与，但是我都知道。老头子说凤阳太穷了，叫花子县，天大旱，太难搞了。他说那里没有人没有讨过饭。他说现在他们偷偷地搞了“包干到户”，那是1978年，就是习近平和他妈妈来考察之前。他就跟我说：“他们（指凤阳小岗的农民）搞‘包干到户’，这是外面不允许的，像这样搞，我压力太大了。”他还说，也只有这样搞农民才有饭吃。我说：“那你就搞啊，没有饭吃，你不搞吗？总比要饭好吧。”他说：“我这乌纱帽就靠不住了。”我就给他一句话，我说大不了我们再回农村，我们是从下放的地方来的，农村的艰苦我们知道，农村的生活，我们过过。

提携我们老头子的有两个人：一个是杨效椿，杨效椿是安徽省的模范党员，杨效椿懂政治，他搞组织部，全椒是老大难，老搞不上去，我们那时候全家下放在利辛，他就想到：王郁昭去哪里了？说他下放了，他说把他调到全椒，去解决全椒老大难。这样他才从利辛调到了全椒。来之前王郁昭跟我商量，他说：“我们是不是全家一起都去？”我说：“暂时不去，因为你在那里到底是长期还是临时的？要是临时的话，你回来我们还有个窝；要是长期的话，你相信我我会跟着你一起去。”后来他说：“那也好，那我先去。”（他）开始来才是县“革委会”的主任，大学校长搞县“革委会”主任，无怨言，跟那个军代表配合得非常好，搞科学种田，搞各种试验。他敢创新，结果五年就把全椒变成“大寨县”。搞成“大寨县”以后，名气就出去了，他又善于学习、善于总结，经常写写文章，人家就知道他了。1976年，滁县陈作霖书记要走，陈作霖积极推荐王郁昭到滁县来。在全椒干得那么好，搞科学种田，所以他到滁县去以后，干得好的第一件事就是社会调查。他组织了一两千人，分成了二百多个组，下去调查，调查农村政策的落实，这是起步，因为他去了之后两眼黢黑，心里没底。调查以后，他写了一百多篇文章。后来这个事情万里知道了,万里来安徽省任省委一把手,万里知道就通知王郁昭来,我们跟万里又不熟,这是第一次(和万里)见面。(万里)通知王郁昭到省里去,万里非常亲切,从晚上7点,就他俩把门关着,听他(王郁昭)汇报,问他:"你怎么搞调查的?你怎么组织的?查出来什么问题?你准备怎么做?"两个人一直谈到10点半,这是王郁昭第一次跟万里面对面交谈。万里就说:"你这个很好,你回去在这一百多篇文章里边好好地精简汇总。"最后选了15篇文章。省里正好开省级干部会,万里又通过其他方面的调查(收集了资料),和这15篇文章汇集在一块,这就成为有名的"六条"[①]。改革的春风就是"六条",也就是说"六条"是在滁县地委广泛调查的一百多篇文章的基础上,他们压缩成15篇报给万里,然后万里结合省里其他地方的东西汇到一块,基本调子是滁县的,汇总成"六条"。所以我最近写农村改革,我第一个就讲春风是怎么吹起来的。第二个我说18个手印是怎么出来的。这个内幕,别人不知道,我们知道。我第三个标题就说改革是怎样从黑户头到在省里和全国报上户口的。这是我们老头子和地委一班人努力的结果,他们不努力,不苦苦地哀求说理能报上户口吗?王郁昭生的孩子报不上户口唉。所以我讲的这三条,好多人都不知道,这是内幕。我说再不讲,黄掉了。最后我又讲了农村的改革跟振兴乡村,现在振兴乡村实际上是什么?还是土地的承包,责权利这三者分不开。为什么习主席在15年、30年的基础上,又把土地承包加30年,现在变成75年,农村的土地问题不搞好,其他改革都是假的。所以现在的振兴要从五个方面,不是光从经济上,文化、意识、自然环境和组织建设这几个方面都要振兴。而且现在国家强不强、农村美

① 1977年11月28日,中共安徽省委发出了《关于当前农村经济政策几个问题的规定(试行草案)》,后简称为"省委六条"。

不美、群众富不富,不是光听干部对上去汇报,要派人下来验收,要听老百姓怎么评价,这是真干。而且现在的振兴不要你有我有,大家都搞一样的,你种大蒜我也种大蒜,你种了大蒜发财了,我种了大蒜卖不掉。这个不行,要我无你有,这样子才行,要创新,不能千篇一律,要因地制宜,这样的话才能国家强、农村美、农民富。我们老头子那时候就搞了乡村文化,搞了“一村一品”。“一村一品”在阜阳搞了尼龙袋子,又搞了猪肉皮。现在又提出来“一村一品”,我无你有你才能富,要搞自己的特色。振兴不是搞一个模式,而且不是光凭你干部汇报,所以我觉得是真干。

我们老头子最大的特点是好学,学了以后,他能够在学的基础上给它捋出线条,捋出一个绳子出来,一拉底下都起来了,能抓住要领。然后这个要领上升到理论,下到基层再去验收,不断地创新。我们都做好了最坏的打算,所以他才敢在省委会上舌战群儒啊!又是芜湖会议,又是巢湖会议、蚌埠会议、合肥开会批什么共产主义,那时候万里走了,就压王郁昭嘛。最后好多地方,胆子小的,就下文改了。肥西的小井庄它就改了。我们老头子跟六安地区地委书记两个人,老头子讲得多一点。六安地委书记就说,王郁昭都苦口婆心地讲到这种程度了,就给他报个户口吧。最后还是万里、还是邓小平讲话,这才报上,那也只是省里户口,中央“一号文件”不出来,全国户口就报不上。

说到当年小岗生产队农民的事,那个头子叫严俊昌,他就偷偷地开会,就把村子里(的)人,死的死,要饭的要饭了,就剩这20户,有一户生病没来,还有一户在外头要饭不在,就剩这18个人,18个人都搞来开会,开会就说我们都穷成这个样子了。

老头子他就回来告诉我,他说他们偷偷开会了,盖了18个手印,而且说如果出了问题的话,将来孩子都由其他农民来代养,也是穷得不得过了。

老头子知道农民的穷,最后我们老头子就说:"既然是这样的话,还是好好干吧,干到年底能增产,我就能帮你多讲话。你要不增产,我没有资本给你讲话。"结果到年底真的增产了,增产了以后,老头子就许了他干三年。这之后人家反对他(指严俊昌),老头子就跟严俊昌说,他说:"你不要怕,我支持你干。以后哪个再那个(刁难)你的话,你打电话给我,就说我说的,同意你干三年。"老王在关键的时候,需要有个什么大动作,都事先同我说,牵涉到家庭,你比如说下放,他跟我说:"我马上要下放了,你们怎么搞?"我说:"你下放到哪里啊?"他说:"下放到安徽的西伯利亚,是最穷的地方。"我说:"你放心,虽然我不是被下放对象,我一定跟着你一起,负责把两个孩子带去。"我说:"无非就是农村苦一点,我们要是这次下去的话,我们要把自己的位置摆正,要把好房子让给教授住,我们住最差的,我负责把城市的生活带到农村去过。"我这句话对他是极大的安慰,到了那个地方以后,没有窗子没有门,是个弹棉花养牛的一个小棚子。我第二天到集镇买的砖头、石灰,找着瓦工,来帮我把窗子、门、地涂上搞上,从中间一隔,里头就等于是卧室,外头又是食堂、又是餐厅、又是厨房、又是会客室,反正分成两间,人家吃大鲶鱼,我就买的小鲫鱼小虾子吃,农民喜欢吃大肥肉,我买排骨吃,不是很好吗?然后30斤粮食,还有6斤是杂粮,我们也不会吃,我给它转化,我把墙头间围一块,买点鸡,我天天吃鸡蛋,一个星期杀个鸡,(过得)比城市还好,所以我这就叫城市的生活到农村去过。后来他到省里去开会,他买了一大桶小龙虾,带到沟塘去,到处爬,到第二年也不知道繁殖了多少。后院不起火,他就能安心地在前面干。所以在关键时候我必须要跟上他,支持他。(有一次)他说:"我明天要跟反对'大包干'的人斗了。"我说:"你主要讲什么?"(他说:)"我就是要给农民报户口、给'大包干'报户口,我已经做好了最坏的打算。"我说:"你最坏打算是什么?"他说:“最坏的打算我们再回农村怎么样?”我说:“可以。农村我们待过,也不是没过过。”结果第二天他就敢去发言了。我要拖他后腿,他就困难了。他看到农民确实是疾苦,必须要这么做,这时我就是不支持他,他也会这么做,所以就说明什么呢?他在每一个关键点的时候,我们能互相协商,对我尊重。协商以后的话观点一致,他就好去干。你像严俊昌要被逮,他就跟我说。后来他又跟我说,说马上要到凤阳小岗村去开个不讲话的会,我说开会还不讲话这怎么开呢?他说:“我叫他们挨家挨户看,从东头看到西头,看了以后,叫他们口服心服,家家粮食都满仓。”后来万里也去(小岗)看了一遍,万里临走的时候又去看一遍。改革中我都没直接参与,又轮不到我,我这个身份也不合适,但是大大小小的事我也还是知道的。

我们老头子跟曾希圣在淮北搞过分田到户,《十大好处》中间一部分文字就是他写的、他总结的。曾希圣为什么看上他呢?就是看他敢干,看他会写。说来也巧,老头子那时候在大学里边的时候,曾希圣是省委一把手,某个地方搞个原子科学展览,就抽调一些人去参观去学习,王郁昭也是一个,曾希圣领队。曾希圣看来看去看不懂,我们老头子他懂点皮毛,就在旁边给他简单讲一讲,实际上他不懂,他就懂点皮毛,都是平时学的,所以(曾希圣)就看上他了。回头省里成立科委,曾希圣的夫人是科委的主任,曾希圣就说:“我给你推荐一个人当你的得力助手。”就推荐了王郁昭,把他从合师院搞到科委,干了几年的科委秘书长。两年干很多事,把三线的厂大部分收回来了,建立了董铺水库等。曾希圣的夫人搞董铺水库,搞科研,搞半导体。我们家还有一个第一台半导体,后来“文化大革命”造反派在我家听见响声,(说)什么声音响,这个小盒子响啊,就一拿把它搞坏了。后来他在滁县搞地委书记的时候,他为了搞扬子公司,要搞电扇厂,我们家通过熟人在上海买了一台台式的华生电风扇。扬子搞电扇没有根据，他回来就跟我商量，他说："你可舍得我们把这台电风扇捐献出去，让他们拆，模仿来做。"我说："只要对你事业有利，我支持，我们这么多年都没扇不也过了。"就搞去了，搞去了以后扬子厂就有图了，有样子就好做了，结果电风扇就搞出来了。所以后来我家的电风扇只要扬子出个新的，就把旧的拿回去，送台新的给我们用，他为了表示感谢。我的第一台电风扇一直在厂里的展厅内。后来又搞电视机、搞电冰箱，都是我们老头子搞的。还有集资办学、集资办厂。那时候有什么新工艺，他就敢干，就有点子。

反正关键时候支持他，就只能这样，具体干事我不干涉他，我也不去掺和。因为在那种极"左"情况下夫人多出面没有好处。曾希圣搞责任田的时候，他是作为工作组队长到颍上，就搞了那个责任田，回头为了总结，要写《十大好处》，其中有一部分就是我们老头子写的，所以他有这个底。再加上《实践是检验真理的唯一标准》这篇文章发出来了，不管怎样农民苦得不得了，觉得"大包干"这个办法好，怎么的都要给他试验，到年底真正丰收了，农民有饭吃了，何乐而不为呢？如果搞不好，我们再改。

1953、1954、1955年，我们老头子在中央党校学了三年马列主义，补了一个大学文凭，要不然他哪能当省长呢。他马列主义学得还是可以的，他回来就跟我说，他说："哎呀，说这个小农经济，是十字路口经济，每时每刻产生资本主义。"他说："照我讲啊，每时每刻都产生商品经济。"十字路口经济我们学理论不都这么学嘛。他说不是的，应该是"每时每刻都产生商品经济"，小农经济不就是商品经济。他注意学，通过思维，自己有自己的想法，掺和到里头再去实践，所以就能提高，理论不接触实际是产生不了力量的。他学是真学，他那时候在中央党校学3年，他都能背《资本论》。老头子因为表现不错，留在了中央党校。回头中组部到中央党校来选干部，他到中组部当巡视员。后来又有种种原因,他回来了,又回到安徽师范学院。

万里来安徽任省委书记后与王郁昭才认识。凤阳搞“大包干”纪念馆要写个牌子,就是“大包干纪念馆”这几个字。那几个字多少人去找万里,万里都不写。万里讲:“我从来对外不写字”。最后不晓得哪个出点子,说“你找王郁昭啊”,结果就找到老头子,老头子也很爽快,说:“行,那我去试试。”他也不敢讲肯定,结果就把我拉着,我们两个一阵就到了万里家。到万里家以后,就把这事情跟他说,万里非常爽快,拿一张打字纸,底下垫个小板,坐在沙发上,就在板上用圆珠笔写的“大包干纪念馆”几个字。当时写的照片我家都有,我们都在场。写过以后,万里说照相,还照了好几张相。别人多少人请了几趟都请不到,我们老头子一去就请到了。他和万里彼此之间非常亲近,但私人从来没有接触过。后来我们调到北京以后,离休了,每年过年到他家去看一看,原来在安徽的时候,我也没见过万里,老头子都是跟他工作(上的)联系。他就告诉我今天万里来(凤阳小岗)了,说农民真是高兴,万书记来了,都拽着叫他进去看粮食堆得(到处)都是,(万里)走的时候(农民)搞个大稻箩,炒一稻箩花生,万里哪能吃那么多呢?农民可爽快了,一下都倒到车子上。丰收了嘛,这是农民的心意啊。没有万里他们也没有这个花生,这也是农民的感恩。

农村改革以后,我们老头子到北京去搞了一个劳动力研究会、一个扶贫基金会。扶贫基金会搞得很有成绩,成为5A级非政府群众组织,国家给的编制他不要,由一年只能搞一两千万,到他的手里一年能搞五六个亿。王郁昭重用人才不拘一格,他重用一个有改革思想的人,用他的才,创造了五六个品牌项目,打得非常响。后来联合国就要中国报扶贫项目,结果报了农村改革小岗村的“大包干”。报到联合国以后,联合国就说,这么好的一个政策能解决两亿多人吃饭问题。联合国副秘书长来中国专程与回良玉一起为王郁昭颁发了一个终身成就奖。在北京隆重召开了颁奖大会，这个奖牌还在我家。我说："老头子你真不亏啊，得到联合国的公认，这是一个极大的荣誉。"第二个荣誉是他写了好多文章，得了一个国家二等奖。社会科学没有一等奖，最高的就是二等奖，不像自然科学有一等奖。得二等奖发了一个证书，他的助手只要拿这个证书就能报高级职称。当时也没奖励钱，就说你有这个牌子，可以享受购房优惠。我们哪有钱买房子呢？后来儿子就说那不能浪费啊，他就给他儿子买了一个，确实是享受优惠。这个二等奖的证书还在，这是王郁昭在写作上的最高奖赏。在工作上的最高奖赏，就是联合国发的证书。

我这次回去争取再干一件事，就是我们老头子在改革开放中的时候记了工作笔记，他记得特别好，记了 20 多本笔记本。后来北京国家博物馆要搞文艺复兴之路，展厅上面盖了 18 个手印，底下一个橱窗就展着我们老头子的笔记本，就是当时的记录，万里时代的整个农村改革的记录。当时他（国家博物馆）要笔记本，我们老头子就非常高兴地都捐献了。回头万里要写文选，需要里边很多的材料，结果笔记本国家博物馆就不给了。最后复印一大口袋，崔传义、赵树凯他们要用，用过以后还装在袋子里，老头子就说："你哪天碰到他们，叫他们把那一袋子东西还我。"后来我就跟崔传义说，我说："老头子叫你把那一袋东西还来。"结果崔传义就还给我了，还给我以后我就往储藏室里头一扔，也没用，也没重视，也没整理。这一次赵树凯就向我建议，我以遗孀的身份，到博物馆去请求用现代化的设备，用电子给它复制下来，搞个复印件给我。我来争取，你们哪个想看都能看到。那是最真实的，他的原始的记录。我准备这次回去把这件事情办办。将来你们搞研究中心的时候，可以把这个捐献出来，作为一个重要的文物给你们。

真正提携他的两个人，除了杨效椿，第二个伯乐就是万里。万里一下子把他从局级，没有经过副省级，就直接提拔当省长，这是万里重用他。谈话的时候习仲勋在场。那时候习仲勋出来以后在中央还没分配，还没分配到广州。当时有四五个人找王郁昭谈话，习仲勋那些话讲得很得人心。他说："你不要受流言蜚语的干扰，你该怎么干你就怎么干。越是有本事，流言蜚语越多。"习仲勋那一次谈话最感人，因为他自己受过迫害，他能体会到，他说越是有本事的人越是有人嫉妒你、整你。

我们老头子心情最舒畅、最得意、文章写得最多，是在政协的时候。那时李瑞环到哪个地方都把我们老头带着，而且李瑞环是第一位，他就是第二位，首先就介绍这是我们中国的改革者。他随着李瑞环到了好多地方，做了不少社会调查，写了很多很有质量的文章。每一次政协开大会都有他一个中心发言，所以政协有他的资料是最多的。另外我们老头子到最后临终前三年，他自己写了一本自传，是政协给他出版的。他也不会打字，他完全是自己用铅笔，一个字一个字写的，也没有人给他帮助，完全是凭回忆写的。国家给予很高的评价，叫所有的干部都要好好读一读这个书，有借鉴之用。王郁昭在政协这一段时间里，有职务、有权力、有分享，所以心情特别舒畅，成果也最多。这次农村改革 40 周年的时候，政协要出一套八卷丛书，一卷里都是十本，十个人，有经济的、文化的、自然的、环保的、农村农业的。农村农业卷里边第一个人是杜润生，第二个就是我们老头子，其他还有吴仁宝、严俊昌、陈锡文，以及最近帮习近平专门写农业方面文章的李昌平，总共十个人。有一天政协办公室的主任带着一个记者到我家来，正式拿着文件告诉我，他们要出这套丛书，农村农业卷里边选了十个人，每一个人选了五篇文章，根本就没从我家里选，他们在政协里头，在一大堆文章里头就把文章选出来给我看，我一看都是老头子的代表作，非常好。4 月份就在政协出版社出版发行,所以这是农村改革 40 周年政协的一个大举措。我们老头子也能荣幸加入到这十个人中间,而且排在第二位。

这个承包制,现在在各行各业都要推广,干任何事情,离开责权利是不行的,是干不好的。所以习主席特别讲了这个,为什么改革的大旗还要继续举?就是要把责权利联系到一块,这次十九大这个报告里头特别讲了这个,任何事情离开责权利是搞不好的。

附录

参考文献

一、图书

欧阳淞,高永中.改革开放口述史[M].北京:中国人民大学出版社,2014.

1.农村改革是怎么搞起来的/万里

2.回顾安徽的农村改革/周曰礼

孟富林等.农村改革创新亲历记[C].合肥:安徽人民出版社,2008.

1.我所亲历的安徽农村改革/王光宇

2.坚持改革创新是农村发展的必由之路/孟富林

3.风起小岗/陆子修

4.农村伟大变革的序幕——省委"六条"出台前后/周曰礼

5."包产到户"是亿万农民的伟大创举/周曰礼

6.土地制度改革的回顾及我见/吴昭仁

中共安徽省委党史研究室.安徽农村改革口述史[M].北京:中共党史出版社,2006.

1.安徽农村改革是怎么搞起来的/万里

2.关于推行家庭联产承包责任制的问题/张劲夫

3.关于家庭联产承包责任制/王光宇

4.“包产到户”“包干到户”的前前后后/王郁昭

5.安徽农村改革的兴起/陆子修

6.凤阳“大包干”/陈庭元

7.关于安徽家庭承包制的产生与发展/周曰礼

8.安徽农村实行家庭联产承包责任制的一些情况/吴昭仁

9.安徽农村改革初期的一些情况/辛生

10.肥西县山南公社实行“包产到户”的经过/汤茂林

11.肥西县山南公社推行“包产到户”责任制的前前后后/王立恒

12.凤阳县小岗村“包产到户”的一些情况/严俊昌、严宏昌、严立学等

周曰礼.农村改革理论与实践[M].北京:中共党史出版社,1998.

1.家庭承包制是解放思想的产物/周曰礼

2.农民群众要求实行“包产到户”/周曰礼

3.“包产到户”情况的调查/周曰礼

4.人民公社体制改革是一场深刻的革命/周曰礼

5.安徽省农村靠“大包干”改变了面貌/周曰礼

中共中央党史研究室第三研究部.邓小平与改革开放的起步[C].北京:中共党史出版社,2005.

1.安徽农村改革的兴起/杨瑞毛

窦永记.起点——中国农村改革发端纪实[M].合肥:安徽教育出版社,1997.

中共肥西县委党史研究室.中国农村改革发端——安徽肥西山南小井庄[C].内部出版.

1.农村改革是怎样搞起来的/万里

2.“包产到户”是解放思想的产物/周曰礼

3.责任到户的性质及有关问题/郭崇毅

4.黄土地上的一场伟大变革/范先荣

5.山南试点　肥西开花/张广友

6.万里同志视察山南/县档案馆　张广友

7.江淮地区农村“包产到户”见闻/吴象、张广友

8.我是怎样参与农村经济体制改革的/郭崇毅

9.肥西县实行“包产到户”的回忆/汪言海

全国政协文史和学习委员会.见证共和国农村改革[C].北京：中国文史出版社，2009.

1.我所亲历的安徽农村改革/王光宇

2.中共安徽省委“六条”出台前后/周曰礼

3.在安徽农村改革的日子里/黄璜

4.风起小岗三十年/陆子修

5.小岗村“秘密契约”的内部新闻/李超

6.回忆肥西黄花村的“包产到户”/陈锡根

7.六安地区关于“包产到户”的两次讨论/汪言海

8.“张浩事件”的由来及对安徽农村改革的影响/钱念孙

9.我是怎样为农村改革开第一腔的/汪言海

中共安徽省委党史研究室.安徽改革开放实录[C].北京：中共党史出版社，2014.

1.敢为天下先——滁州农业“大包干”纪实/孙明开、谢 玲

柏晶伟.为农业“大包干”报户口的人——王郁昭[M].北京：中国发展出版社，2007.

陈大斌.中国农村改革纪事 1978—2008[M].成都：四川人民出版社，2008.

陈怀仁，夏玉润.起源——凤阳“大包干”实录[M].合肥：黄山书社，1998.

陈桂棣,春桃.小岗村的故事[M].北京:华文出版社,2009.

陈锡文,赵阳,罗丹.中国农村改革三十年回顾与展望[M].北京:人民出版社,2008.

陈新兴.土地之子——陈庭元纪念文集[M].合肥:安徽人民出版社,2010.

崔传义.中国农村经营变革调查[M].太原:山西出版集团,山西经济出版社,2009.

丁龙嘉.改革从这里起步——中国农村改革[M].合肥:安徽人民出版社,1998.

杜润生.中国农村改革决策纪事[M].北京:中央文献出版社,1999.

胡成功.凤阳改革十年[M].合肥:安徽人民出版社,1988.

李洁.生存逻辑与治理逻辑:安徽农村改革的先期探索[M].北京:社会科学文献出版社,2017.

李小群.安徽农村改革[M].合肥:安徽文艺出版社,2011.

黎田.滁州市纪念"大包干"二十周年丛书[M].合肥:安徽人民出版社,1998.

陆益龙.嵌入性政治与村落经济的变迁——安徽小岗村调查[M].上海:上海人民出版社,2007.

米德成.纪念"大包干"30周年:1978—2008.中共凤阳县人民政府,内部出版.

钱念孙.龙抬头——"大包干"的前前后后[M].南京:江苏文艺出版社,2008.

孙自铎,田晓景,殷君伯.中国农村改革30年——来自改革发祥地的报告与思考[M].合肥:安徽人民出版社,2009.

万里.万里文选[M].北京:人民出版社,1995.

魏后凯,闫坤.中国农村改革与发展研究:农村发展研究所建所40周年纪念文集[C].北京:中国社会科学出版社,2018.

吴庭美,夏玉润.希望之路——凤阳“大包干”的由来.合肥:安徽人民出版社,1988.

王立新.安徽“大包干”始末[M].北京:昆仑出版社,1989.

王立新.要吃米找万里——安徽农村改革实录[M].北京:北京图书馆出版社,1999.

王文升.铁流壮歌——“大包干”与大突破[M].北京:中央文献出版社,2006.

王郁昭.“大包干”与大趋势[M].北京:光明日报出版社,1987.

王郁昭.农村改革纵横谈[M].合肥:中国科学技术出版社,1998.

王郁昭.往事回眸与思考[M].北京:中国文史出版社,2012.

夏玉润.小岗村与“大包干”[M].合肥:安徽人民出版社,2005.

张广友.联产承包责任制的由来与发展[M].郑州:河南人民出版社,1983.

张广友.改革风云中的万里[M].北京:人民出版社,1995.

张德元,何开荫等.变迁——安徽农村改革述论[M].合肥:安徽大学出版社,2007.

郑明武.希望田野——小岗村“包产到户”与中国改革开放起步[M].长春:吉林出版集团有限责任公司,2010.

滁州市地方志办公室,中共滁州市委党史研究室.滁州农业“大包干”:第一卷[M].合肥:安徽人民出版社,2015.

中共凤阳县委办公室.“大包干”的四年.内部出版,1983.

中共滁县地委办公室.“大包干”故乡的有一张答卷.内部出版,1990.

二、文章

崔传义.为“大包干”报“户口”[N].社会科学报,2008-03-06(001).

陈虎山.推动安徽农村改革的四位县委书记[J].党史纵览,2008(11):48-52.

陈怀仁.万里与凤阳“大包干”[J].邓小平研究,2018(3):117-134.

董光巨.农村改革的引路人——记万里的两次山南之行[J].党史纵览,1998(05):4-5.

江鲲池.潮头从这里卷起——我国农业家庭联产承包责任制诞生记[J].党史纵览,2008(11):16-23.

吉晓华.小岗农业“大包干”起源探析[J].中国农史,2002(02):7.

罗会祥.安徽“大包干”是怎样起步的?[J].文史精华,1998(08):57-61.

鲁受教.“大包干”在凤阳[J].农村工作通讯,1981(05):20-21.

李孙强.中国农村改革源头探究——凤阳小岗村“大包干”到户[J].经济与社会发展,2012(08):5-9.

马顺龙,鲁德永.“大包干”带来大发展:凤阳县小岗村“大包干”始末及发展回眸[J].江淮,2009(07):15-16.

马社香.对山南小井庄“包产到户”试点的回顾与思考——周曰礼访谈录[J].中共党史研究,2009(4):92-97.

王郁昭.“包产到户”是农村集体经济管理上的新突破[J].农业经济问题,1981(05):3-8.

王郁昭.中国改革从农村突破:“包产到户”及其引申[J].改革,2008(08):5-13.

王郁昭,胡雪琴.我为“包产到户”做好了被撤职的准备[J].中国经济周刊,2009(Z2):52-53.

吉景峰.凤阳农民“大包干”纪实[J].上海农村经济,2008(07):35-38.

黄伟.为农业“大包干”报户口——访安徽省原省长王郁昭[J].百年潮,2008(07):63-67.

聂皖辉.万里在农村改革中的智慧和胆略[J].党史纵览,2008(09):4-11.

钱江.划时代的红手印——小岗村“大包干”契约的产生经过[J].党史博览,2008(09):10-13.

吴庭美.一剂必不可少的补药——凤阳县梨园公社小岗生产队“包干到户”的调查[J].农村工作通讯,2003(03):50-53.

温雪勇.冲破坚冰——万里与中国农村改革[J].福建党史月刊,2001(01):18-21.

赵树凯.万里与安徽农村改革[J].中国发展观察,2008(12):4-10.

赵树凯.“大包干”政策过程:从“一刀切”到“切三刀”[J].华中师范大学学报(人文社会科学版),2018(02):19-30.

赵树凯.小岗故事考究[J].中国发展观察,2018(11):47-49.

周曰礼.谈谈联系产量责任制[J].江淮论坛,1979(02):32-37.

周曰礼,吴象.万里与安徽农村改革[J].纵横,2008(08):31-33,36-37.

周曰礼.山南公社“包产到户”试验纪实[J].江淮,2009(07):17-18.

张春生.二十年回首“大包干”[J].瞭望,1997(40):3.

张广友.我参与报道安徽农村改革[J].百年潮,2008(08):32-35.

张万舒.中国,有这样一个村庄[J].瞭望,1981(02):38-41.

张志勇."包产到户",万里第一[N].经济观察报,2015-07-20(033).

中共凤阳县委."大包干"的办法好[J].江淮论坛,1979(02):38-42.

中共凤阳县委调查组.政策放宽 穷社翻身——凤阳县梨园公社"包产到户"的调查[J].农业经济丛刊,1980(06):18-21.

中共安徽省委宣传部,安徽省社会科学院调查组.改革是人民群众的伟大创造——小岗村农业"大包干"的启示[J].求是,1998(23):2-6.

后　记

在国务院参事室(中央文史研究馆)指导下,在安徽省政府参事室(省文史研究馆)直接领导和主持下,全国文史研究馆系统“纪念改革开放40周年”口述史重点选题——《中国农村改革的破冰之旅——凤阳、肥西农村改革亲历者口述史》,历时一年,撰写完成,交由黄山书社付梓,与读者见面。

2017年10月,中央文史研究馆面向全国文史研究馆系统下发《关于开展“纪念改革开放40周年”口述史及相关文史资料征集工作的通知》。安徽省政府参事室(省文史研究馆)高度重视,时任省文史研究馆馆长黄德宽教授主持召集部分馆员、社科专家,申报选题,商定实施方案。经中央文史研究馆审核批准,确定安徽省文史研究馆为示范单位,并将《中国农村改革的破冰之旅——凤阳、肥西农村改革亲历者口述史》列为2018年中央文史研究馆重点选题。为使选题按计划、高质量地顺利进行,省政府参事室(省文史研究馆)成立编委会,党组书记、室主任白和平为主任,党组成员、室副主任兼省文史研究馆常务副馆长刘江颍为副主任。在编委会的精心组织、周到安排下,选定有关文史馆馆员、专家学者开展工作,并指定文史处郏根斌处长、聂元安副处长等为参与选题的文史馆馆员、专家学者提供采访、调研、会议等全方位保障。

中国改革从农村开始,农村改革从安徽开始。40年前,凤阳、肥西农民穷则思变,悄悄地实行“大包干”“包产到户”;以万里为首的安徽省委和各级领导干部体恤农民疾苦,支持和保护农民敢于改革的勇气,共同揭开了中国农村改革的大幕。从此,以“大包干”“包产到户”为主要形式的家庭联产承包责任制走向全国，成为当代中国农村的基本经济经营制度。农村改革的成功，影响、鼓舞和撬动着城市及全国各个方面的改革，改变了整个国家的面貌。改革开放成为当代中国最鲜明的特征，为中国特色社会主义宏伟事业蓬勃发展、走向辉煌，提供着源源不竭的动力。

在纪念改革开放40周年的重要时刻，我们这些承担《中国农村改革的破冰之旅——凤阳、肥西农村改革亲历者口述史》的课题组成员，把能够参与其中、留下珍贵历史记忆，视为应尽的责任。从2018年1月到9月，课题组先后到肥西、凤阳、合肥等地，分5次集中采访了20多位当年农村改革亲历者。40年前，这些亲历者或是辛勤劳作的农民，或是忙碌基层的干部。他们正值青春，风华正茂；而今，都年逾六旬，有的已是耄耋老人。面对采访，他们如数家珍，娓娓道来。当年的历史，在他们的口述中鲜活起来。肥西山南的王必根、李祖应，已疾病缠身，但回忆起当年的改革经历时仍不乏激情，讲到艰难之处，眼泛泪花，感慨万千。凤阳的詹绍周，头脑清晰，思维敏捷，口述一气呵成，根本看不出已是“米寿”老人。年近九旬的原滁县地委书记王郁昭夫人贾粹华老师、王郁昭秘书崔传义专程从北京赶来，他们不顾旅途疲劳，接受采访。因《一剂必不可少的补药》调查报告受到万里赞扬的凤阳县委秘书（后任中共凤阳县委书记）吴庭美，半年时间里，医院就下了三次病危通知，一俟病情好转就在病房里接受我们的采访。还有当年凤阳县委书记陈庭元的秘书陈怀仁、时任肥西山南区（今山南镇）委书记的汤茂林的同事张玉岚，虽退休多年，都积极张罗我们在当地的采访活动。特别是陈怀仁，十分热心，费尽周折地联系到近10位当年担任公社书记职务的农村改革亲历者，这几乎囊括了凤阳县全部健在的老公社书记。正是这些老公社书记的亲述，极大地丰富了口述史的内容。

伴随采访深入，万里、王郁昭、王光宇、陈庭元、陆子修、周曰礼、汤茂林等安徽农村改革者群体的形象愈加生动伟大。凡与人民同心、带领人民追求幸福的人，人民是不会忘记的，历史也将永久铭记。安徽“大包干精神”将鼓舞我们不忘初心，砥砺前行，大力推进新时代的乡村振兴，全面实现“两个一百年”的中国梦！

在对采访者的口述进行文字整理后，本书编委会组织有关专家对口述史文字稿展开评审，获得评审专家的一致通过，并给予好评。

按照国务院参事室（中央文史研究馆）《通知》的要求，我们还对农村改革亲历者的口述进行实时录音、录像，根据录音做了原始文字记录，并将这些第一手材料作为征集的文史资料，提供给国务院参事室（中央文史研究馆）。

《中国农村改革的破冰之旅——凤阳、肥西农村改革亲历者口述史》的出版，得到了安徽省文史研究馆战略合作单位——安徽省社会科学院的大力支持，在实地采访中得到了中共凤阳县委、县政府，中共肥西县委、县政府的支持和配合。黄山书社总编辑贾兴权、责任编辑向焱、编辑室主任石松为本书出版加班加点、劳心劳力。承担本课题的全体成员在沈葵组长的带领下，专业有术、勤勉努力，使得采访、文字整理和后期审改任务顺利完成。

值此课题完成和本书出版之际，谨向为课题实施和本书出版提供帮助和支持的地方、单位和同志们，表示诚挚的谢意！

安徽省人民政府参事室
安徽省文史研究馆　口述史课题组

2018年12月